最早的中國

二里頭文明的崛起

最早的中國

二里頭文明的崛起

許宏 著

中和出版
OPEN PAGE

繁體版序

我很高興這本小書能在香港出版繁體版，並願就相關問題與讀者朋友再做敘談，以利對這書及其寫作背景的理解。

先講一件與本書有關的事。我的一位當大學教授的朋友，曾將這本書推薦給他們聘請來在中國講學的一位歐洲某國的教授，這位教授是中國通，乍看書名，似乎表露出些許抵觸之意。我的朋友先給他翻看了書中的兩段話，讓他了解筆者的立意：「在考古學家致力解決的一長串學術問題中，把考古學文化所代表的人群與歷史文獻中的國族或者王朝歸屬對號入座的研究，並不一定是最重要的。暫時不知道二里頭姓夏還是姓商，絲毫不影響它在中國文明發展史上的地位和分量。」「國家級重大科研項目『夏商周斷代工程』公佈的年表……也只能看作是一種説法而已。」據説那位教授看了這兩句，表示此書應該還是值得一讀的。

我想不少讀者朋友都會有同感，感覺這本書應該是中國本土學者在學術上「尋根問祖」之作，很可能脱不了在簡體中文圈內自説自話、文化本位主義的窠臼。中國有句老話，叫「屁股決定腦袋」(位置決定想法)，本人當然也難以免俗。探尋「中國」的由來，「中國」之所以為「中國」，的確是中國本土學者一直懷有的學術理想。讀者朋友讀了此書，當然會有自己的判斷，權且把它當成一個觀史的特殊視角吧。就筆者本人而言，我是把它定位為一本嚴肅的學術著作的，儘管它的形式和語言風格是輕鬆平易的。其實我個人更看重的是其中冷峻的反思意識，儘可能扎實的推理思辨，以及比較考古學的宏觀視野。

讀者諸君應該能感知到，這本小書雖然只是立足於二里頭都邑這一個點，但筆者力圖從全球文明史的視角，觀察它在東亞大陸早期城市、國家和文明以及中原中心初興過程中的位置與歷史意義，而這些又是如何影響了日後整個中國古代王朝文明的特質。

如書中所述，我們知道在東亞大陸，現在的中國境內，上古時期曾有眾多相互獨立的國家並存。而顧名思義，在漢語的語境下，在「國」前冠以「中」(central) 的前綴，「中國」也就有了「中央之城」或「中央之邦」的意蘊。這同時也說明最初的「中國」已並非初始階段的國家，顯然，它一定是一個在當時具有相當的影響力、具有排他性的核心。因而，我們也就不能說最初有多個「中國」，作為發達、複雜的政治實體的「中國」也是不能無限制地上溯的。依本書給出的推斷性意見，作為政治實體出現的「最早的中國」，只能追溯到距今 3700 年前後的二里頭文化，中原中心也只是在此時才正式形成。而在此之前，作為廣域王權國家概念的「中國」還沒有形成。顯然，這種認識在中國學者中是頗為保守的。

就本人的史觀而言，筆者認為整個中國古代史可以分為三個大的階段，即從無中心的多元 (前國家時代和小國林立的時代)，到有中心的多元 (出現作為「國上之國」的廣域王權國家的時代)，最後是一體一統化 (龐大帝國的時代)。其中的兩個大的節點，第一是二里頭，第二是秦王朝。因而，儘管二里頭都邑在東亞文明史上既不是最早的也不是最大的都邑，但毫無疑問它是最重要的都邑之一，是東亞大陸國家形態從多元走向一體化的一個重要的節點。日後龐大的中心性帝國的出現，其基因是始於二里頭都邑和二里頭文化的。這是我們強調中國古代史中二里頭文化歷史地位的一個要因。

梳理二里頭及其所處的早期中國階段的考古學材料，本人痛感只懂中國已經搞不清中國了。中國乃至東亞大陸從未自外於世界；是最早的全球化風潮——青銅冶鑄技術的東向傳播擴散，催生了東亞大陸最早的廣域王權國家，也即「最早的中國」。這一波瀾壯闊的畫卷已初具輪廓，其細節的補足，尚有待以考古學為主的多學科的通力協作。

作為一個重要的組成部分，全球文明史的總體建構，不能沒有中國資料和相關的研究。倘本書及後續的研究能有所助益，則幸甚。

由衷感謝香港中和出版有限公司在編輯出版過程中所做的努力。

許宏

2022 年 2 月 22 日於赴二里頭途中

目　錄

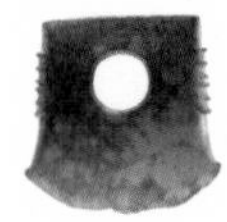

引　子

「知道『中國』是怎麼來的嗎？」設想我們在熙熙攘攘的北京王府井大街上隨機採訪遊客，提出這一問題。再設想一下，我們會得到怎樣的回答。

時間的阻隔使上古史在我們的記憶裡猶如霧中之花。很可能，不少朋友腦海中對早期「中國」的印象，更多來自古代文獻的片斷記載甚至傳說。對於文字產生前或產生之初還沒能留下清晰記載的時代而言，考古學是我們探古尋根的一個不可替代的重要手段。

這本小書，就是一個考古人試圖通過對無字「地書」的解讀，向您講述的關於「中國」誕生的故事。

二里頭，本是一個地處中原腹地洛陽平原的普通村莊的名字。和中國千千萬萬個村落名一樣，她樸素得不能再樸素。但就在她的身後，在綠油油的麥田下，卻隱藏着 3000 多年前華夏族群一段輝煌的歷史，這段歷史也被其後人遺忘了 3000 多年，直到 60 多年前她進入了考古工作者的視野，才從此躋身於中華文明史乃至世界文明史的殿堂。我們也由此知道，在數千年華夏史前文化積澱的基礎上，這裡產生了最早的「中國」。

由二里頭遺址遠眺邙山「生於蘇杭，葬於北邙。」遠處逶迤的山嶺就是被古代中國人作為人生理想之第一追求的「風水寶地」—— 邙山。老鄉把我們發掘的宮殿區稱為「金鑾殿」，這裡的確有中國最早的「金鑾殿」

解題

「中國」的由來

「中國」的概念及其流變

要講清楚最早的「中國」是怎麼來的，先要與大家一起梳理一下「中國」一詞的來龍去脈。

在古代中國，「國」字的含義是「城」或「邦」。從字形上可以看出，一個邦國是以都城為中心而與四域的農村結合在一起的，它又是以都城的存在為標誌的。「中國」即「中央之城」或「中央之邦」。「中國」一詞出現後，僅在古代中國就衍生出多種含義，如王國都城及京畿地區、中原地區、國內或內地、諸夏族居地乃至華夏國家等。「中國」成為具有近代國家概念的正式名稱，始於「中華民國」，是它的簡稱，英文為 China；現在是「中華人民共和國」的簡稱。[1]

其中，最接近「中國」一詞本來意義的是「王國都城及京畿地區」，那裡是王權國家的權力中心之所在，已形成具有向心力和輻射性的強勢文化「磁場」。其地理位置居中，有地利之便，因此又稱為「國中」「土中」或「中原」。從這個意義講，「中國」的出現與東亞大陸最早的廣域王權國家（或王朝）的形成是同步的。

應當指出的是，早期國家在空間上是由若干「點」而非「面」組成的，[2] 這些不同等級的聚居點以中心城市為中心形成統治網絡，現代觀念中劃定邊境線的國界的概念，那時還不存在。最早的「中

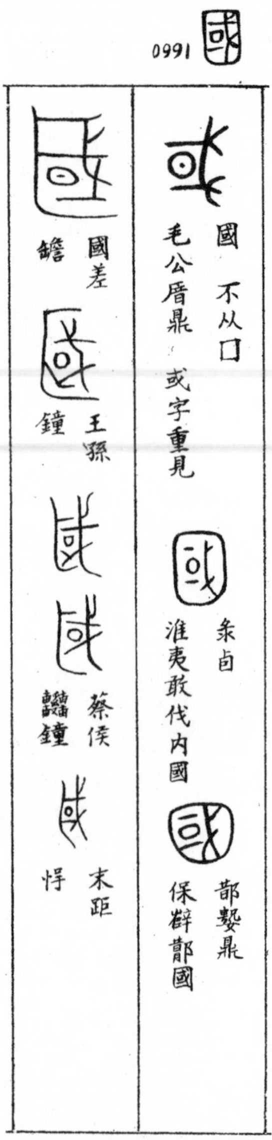

金文中的「國」字[3] 在金文（青銅器銘文）中，「國」字的原始字形作「戈」加「口」，即「或」字。其中，「戈」是聲符，也兼有執戈守城之意，「口」表示城邑。到了春秋時期，四周又被加上了外廓——「囗」，表示國之疆界。最初的「國」並沒有明確的疆界，最早的「國」字也忠實地記錄了這一特徵

[1] 邱永君：《漢語「中國」一詞由來考》，《學習時報》2007 年 10 月 26 日。

[2] 王玉哲：《殷商疆域史中的一個重要問題——「點」和「面」的概念》，《鄭州大學學報（哲學社會科學版）》1982 年第 2 期。

[3] 容庚編著：《金文編》，中華書局，1985 年。

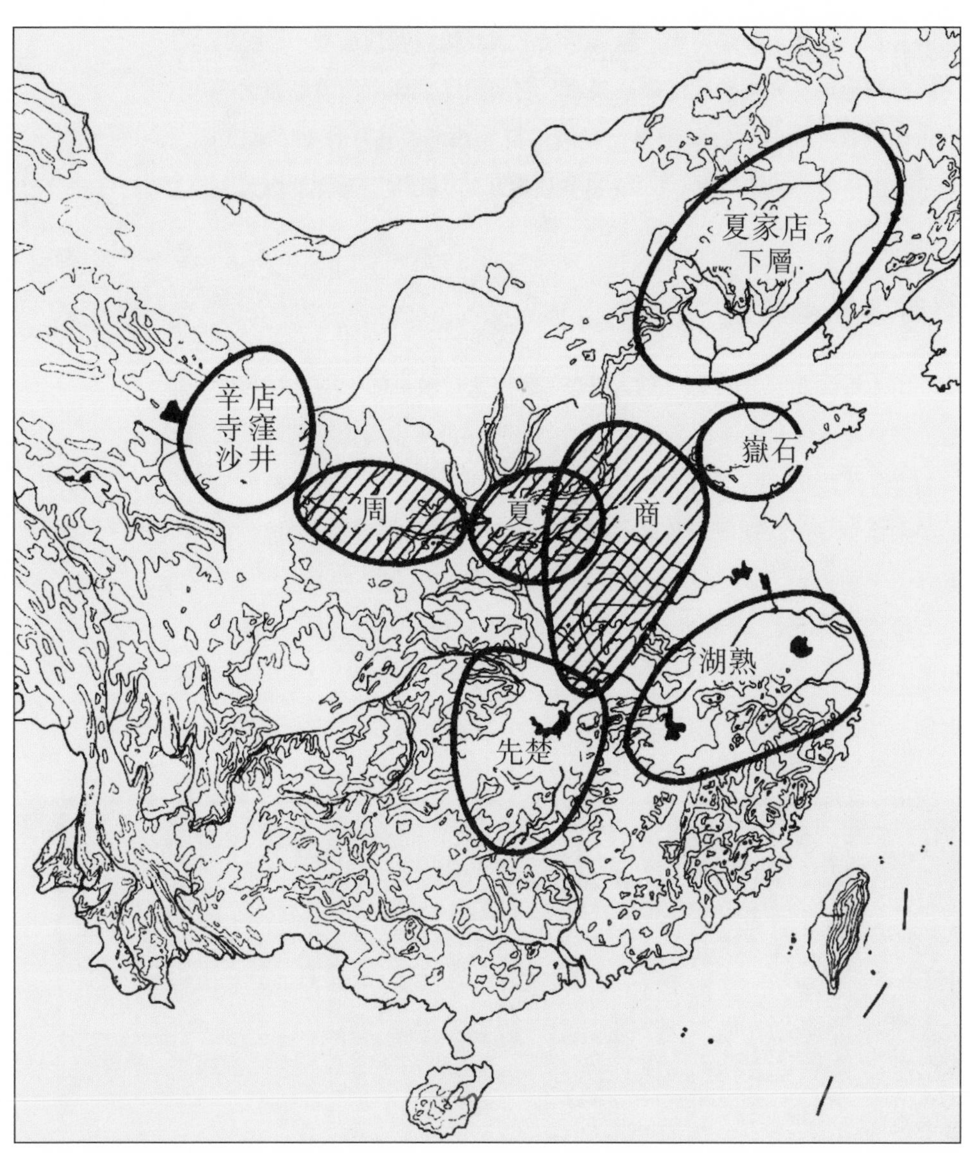

崛起於中原地區的三代王朝[4]

國」也僅指在群雄競起的過程中興起的王國都城，以及以都城為中心的社會政治實體所處的地域，尤其是它的中心區域。其後，隨着東亞大

[4] 張光直著，印群譯：《古代中國考古學》，生活．讀書．新知三聯書店，2013 年。

陸由王國時代進入帝國時代，隨着歷代王朝政治版圖的擴大，「中國」一詞作為地域、文化和政治疆域概念，它的內涵也經歷了不斷擴大和變化的過程。同時，它的由來也逐漸不為人知，人們往往知「中國」而不知最早的「中國」在何處，它是如何崛起的，又有過怎樣的輝煌。

看看文獻怎麼説

由上述分析可知，最早的「中國」應當就是最早的王朝都城和它附近的京畿地區。在傳世文獻中，「中國」一詞最早出現於東周時期成書的《尚書》和《詩經》等書中。《尚書 · 周書 · 梓材》是周公教導他的弟弟康叔如何治理殷商故地的訓告之詞。其中「皇天既付中國民越厥疆土于先王」，意即皇天將中國的土地與人民交給周的先王治理。

這裡的「中國」應指關中至河洛一帶的中原地區。而《詩 · 大雅 · 民勞》中「惠此中國，以綏四方……惠此京師，以綏四國」的「中國」則與「京師」同義。殷墟甲骨文中也有「中商」「大邑商」「天邑商」等

《尚書》中關於「中國」的記載[5] 文獻中記載的最早的王朝是夏、商、周三代王朝，它們分佈的核心區域不超出以黃河中游為中心的中原地區，這一帶也就是最早的「中國」

[5]（清）阮元校刻：《十三經注疏》，中華書局，1980 年。

國寶「何尊」[6]

何尊銘文中的「宅茲中國」 銘文記載了周初成王開始營建東都洛邑時，在一次祭典上對宗室子弟宣佈的誥命。這是最早出現「中國」字樣的出土文獻

[6] 中國青銅器全集編輯委員會編：《中國青銅器全集》第 05 卷西周 1，文物出版社，1996 年。

帶有文化本位色彩的、對本朝王都的自稱，其含義應與西周時代的「中國」相當。

西周金文把最早的「中國」指向洛陽盆地

洛陽古代都城形勢圖[8] 今天，在東西綿延 30 多公里的盆地中心，由西向東排列着東周王城、隋唐洛陽城、漢魏洛陽城、二里頭遺址、偃師商城五大都城遺址，被譽為華夏文明腹心地區的五顆明珠

在出土文物中，「中國」一詞最早見於西周初年的青銅器「何尊」的銘文。[7] 這一國寶級重器於 1963 年出土於陝西寶雞。長達 122 字的銘文講到周武王在滅商之後就有營建東都的重大決策，曾祭告上天說「余其宅茲中國，自之乂民」，意欲建都於天下的中心，從這裡統治人民。這篇銘文把「中國」的最早地望確指為洛邑所在的洛陽盆地及以其為中心的中原地區。《史記 · 周本紀》在記述這段歷史時，也引用周

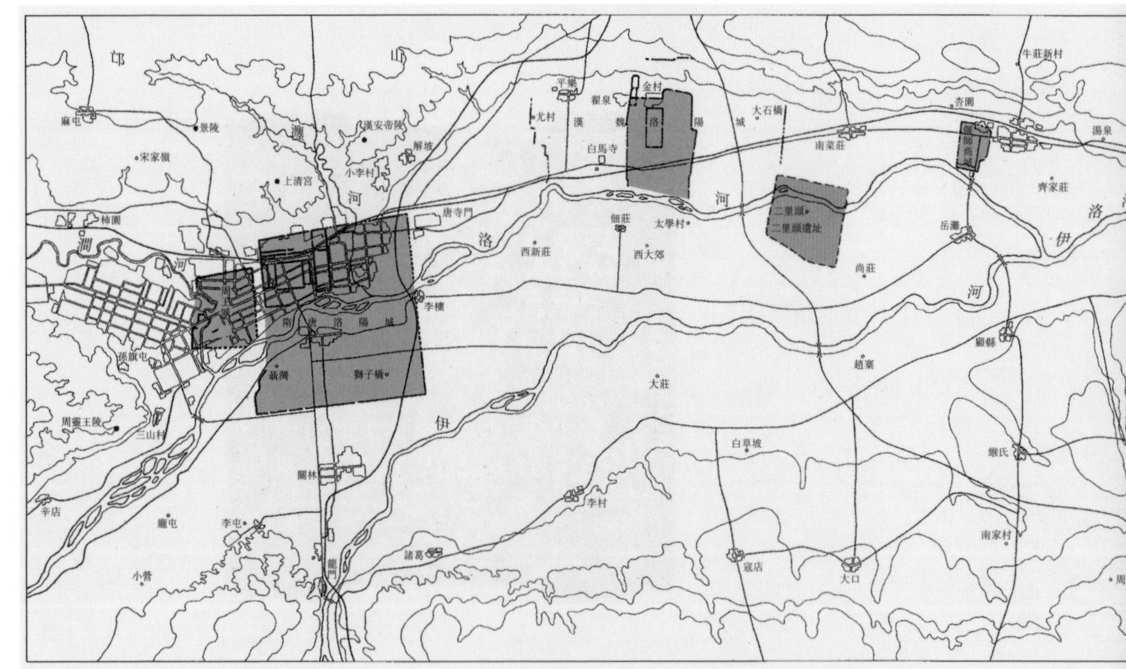

[7] 中國青銅器全集編輯委員會編：《中國青銅器全集》第 05 卷西周 1，文物出版社，1996 年。

[8] 中國社會科學院考古研究所編著：《中國社會科學院考古研究所考古博物館洛陽分館》，文化藝術出版社，1998 年。

公的話，認為洛陽盆地為「天下之中，四方入貢道里均」。

為西周王朝所青睞，被認為是「天下之中」而營建東都的洛陽盆地，在長達 2000 餘年的時間裡，先後有十餘個王朝建都於此。司馬遷的《史記》中即有「三代之居皆在河洛之間」的記載（《史記・封禪書》）；其後，又有東漢、曹魏、西晉、北魏、隋、唐等朝代在此營建都邑。這在世界文明史上也是極為罕見的。其中，二里頭遺址就是洛陽盆地這一最早的「中國」區域內最早的一座大型都邑。

開創紀元

由「多元邦國」到「一體王朝」

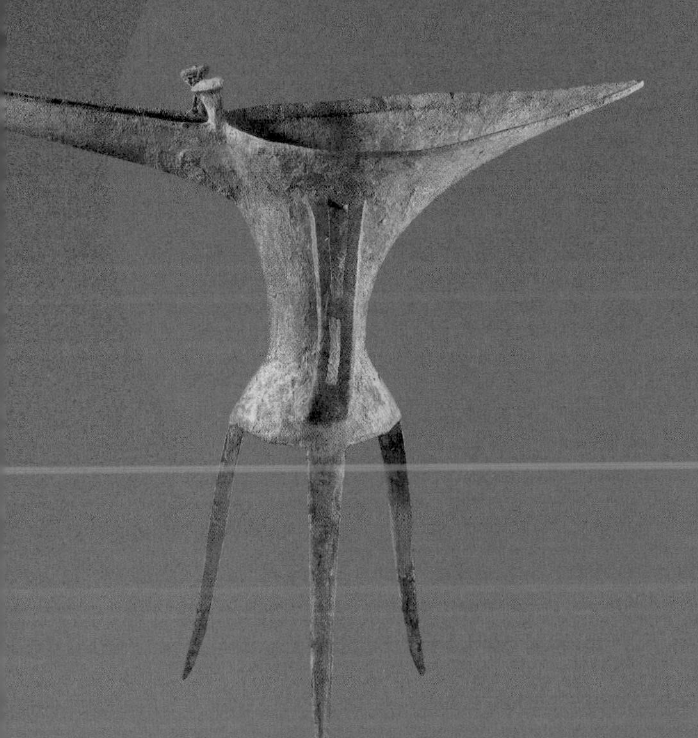

「滿天星斗」的英雄時代

在東亞大陸，從大體平等的史前社會到階層分化、國家形成的文明社會的演進，經歷了一個相當長的過程。在被中國古代文獻稱為「王朝」的夏、商、周三代廣域王權國家形成之前，在廣袤的黃河、長江流域，各區域文化獨立發展，同時又顯現出跨地域的共性。這是一個眾多相對獨立的部族或古國並存且相互競爭的階段，北京大學的嚴文明教授，把它稱為「龍山時代」(約相當於公元前 3000–前 2000 年)。[1] 而根據最新的考古學和年代學研究成果，這一時代的上限約當公元前 2800 年，下限或可下延至公元前 1700 年左右，與二里頭文化早期相銜接。[2]

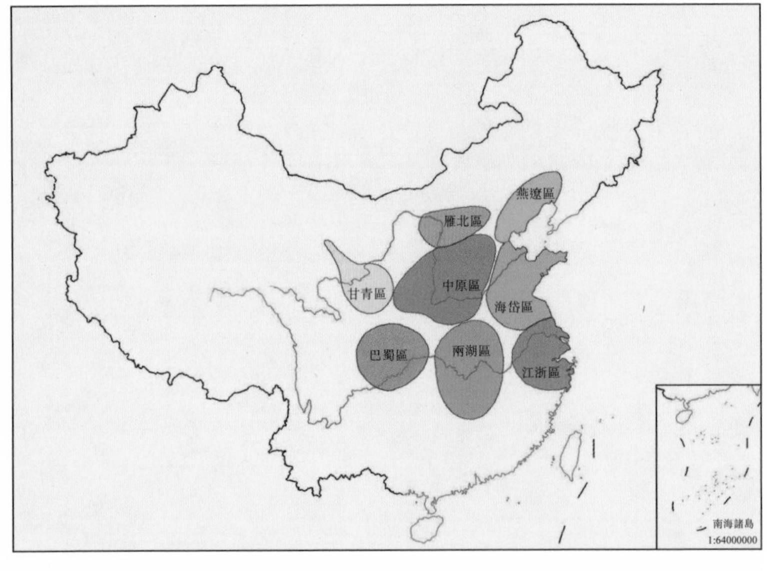

史前時代黃河、長江流域的主要文化區 [3]

[1] 嚴文明最早提出「龍山時代」的概念，將其大致框定在約公元前 2600–前 2000 年。詳見嚴文明：《龍山文化和龍山時代》，《文物》1981 年第 6 期。此後，嚴先生接受了更多學者的意見，也主張將廟底溝二期文化及各區域與其大體同時的諸考古學文化「劃歸龍山時代的早期」，這樣，龍山時代的上限就由公元前 2600 年左右上溯至 3000 年左右。詳見嚴文明：《龍山時代考古新發現的思考》，《紀念城子崖遺址發掘 60 周年國際學術討論會文集》，齊魯書社，1993 年。

[2] 許宏：《先秦城邑考古》，金城出版社、西苑出版社，2017 年。

[3] 嚴文明：《農業發生與文明起源》，科學出版社，2000 年，有改動；底圖審圖號：GS（2016）1569 號。

新石器時代至青銅時代早期主要考古學文化的年代與分佈

年代（公元前）	地區						
	長江上游	黃河上游	黃河中游	長江中游	黃河下游	長江下游	西遼河
3500			仰韶文化晚期 ↓	大溪文化	大汶口文化中期 ↓	崧澤文化 ↓	紅山文化 ↓
				油子嶺文化 ↓			
		馬家窯文化 ↓				良渚文化早期 ↓	
				屈家嶺文化 ↓			
3000						良渚文化中期	小河沿文化 ↓
			廟底溝二期文化 ↓		大汶口文化晚期 ↓		
						良渚文化晚期 ↓	
2500				石家河文化 ↓			
	寶墩文化 ↓		中原龍山文化 ↓		海岱龍山文化 ↓	廣富林文化 ↓	
		齊家文化 ↓		肖家屋脊文化 ↓			
2000							
			新砦類遺存				
			二里頭文化 ↓		嶽石文化 ↓		
	三星堆文化 ↓	區域青銅文化 ↓				馬橋文化等 ↓	夏家店下層文化 ↓
1500			二里崗文化 ↓				
							魏營子文化 ↓
			殷墟文化 ↓	區域青銅文化 ↓	殷墟文化 ↓		
						區域青銅文化	
1000	十二橋文化			西周文化			

這些小的社會組織在古文獻中被稱為「萬邦」(如《尚書 · 堯典》:「百姓昭明，協和萬邦」) 或「萬國」(如《左傳 · 哀公七年》:「禹合諸侯於塗山，執玉帛者萬國」)。現在有的學者認為它們應當就是早期國家，也有的學者稱其為族邦，或認為它們相當於西方學術界所指的「酋邦」(chiefdom)，換言之，還到不了國家的水平。[4] 這些名實之辯作為學術問題還會持續下去，但它們已屬於不平等的複雜社會，卻是大家都同意的。那時還沒有出現跨越廣大地域的強勢核心文化，天下形勢可以用「群雄競起」或「滿天星斗」來形容，也是一個不爭的事實。有人把這一風起雲湧的時代形容為中國的英雄時代，那確是一個激動人心的時代。

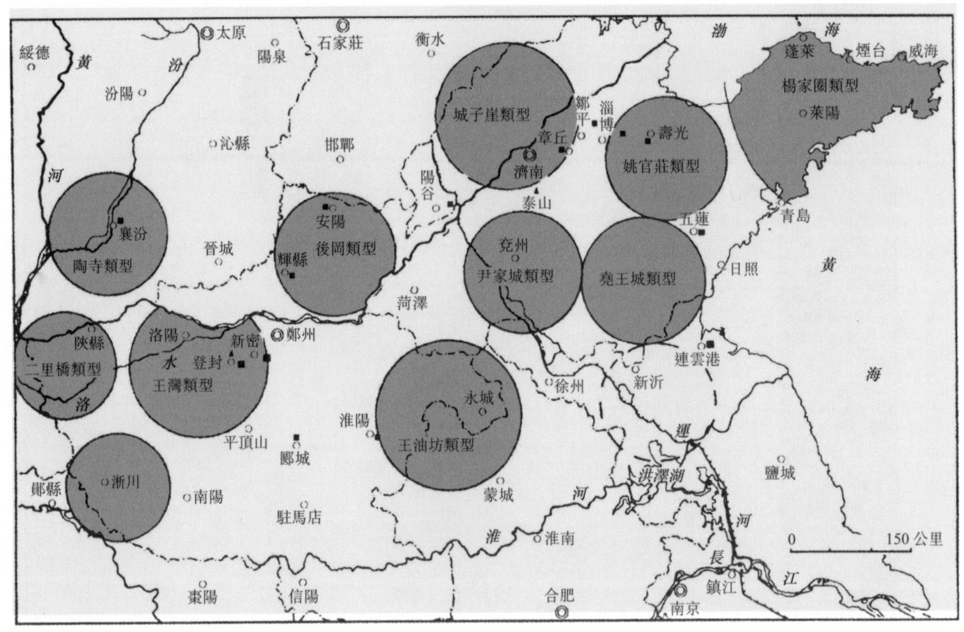

龍山時代的中原地區邦國林立 [5]

[4] 李學勤主編 :《中國古代文明與國家形成研究》，雲南人民出版社， 1997 年。中國社會科學院考古研究所、中國社會科學院古代文明研究中心 :《中國文明起源研究要覽》，文物出版社，2003 年。

[5] 錢耀鵬 :《中國史前城址與文明起源研究》，西北大學出版社， 2001 年。

文明時代的三大台階：邦國、王國與帝國

廣域王權國家形成之前眾多小的政治實體並存競爭的這個時代，有人稱為「邦國時代」，也有人稱為「古國時代」「萬邦時期」等，意思大致相近，指的都是「小國寡民」式的社會組織共存的時代。這一邦國時代，與王國時代（夏、商、周三代王朝）和後來的帝國時代（秦漢以至明清），構成了中國古代文明發展史的三個大的階段[6]。在這個過程中，國家實體因兼併而從多到少乃至歸一，而中心王朝的統治與影響範圍日益擴大。史載禹時萬國，周初三千，春秋八百，戰國七雄，至秦漢一統為帝國。與社會組織——國家的由多變少相對應，其權力中心——都邑則由小變大，有一個從中心聚落到小國之都、王國之都直至膨脹為帝國之都的過程。

其中，最具里程碑意義的是中央王國即早期王朝的誕生。這時的社會多個層次並存，既有地處中原的王國，也有周邊的邦國（它們與王國有從屬、半從屬或同盟的關係，有的時服時叛。相對於中央王國，它們或可稱為「方國」），還有尚未發展為邦國的酋邦一類「複雜社會」，甚至平等的氏族部落社會。從這個意義上講，作為較邦國更高一級的文明形態，王國中可能還包含着邦國（或稱為「方國」）等政

河南登封王城崗龍山時代城址遠景

[6] 王震中：《中國古代國家的起源與王權的形成》，中國社會科學出版社，2013 年。

治實體，因此也可以通俗地被形容為「國上之國」。鑒於此，包含「中央」「中心」「王都」「京畿」等含義在內的「中國」的概念，也就不可能上溯到小國寡民的「邦國時代」，而應當是與最早的王朝，即「中央王國」同時出現的。

古城寨夯土城牆斷面，最高處距地表 16 米多

瑞典東方古物博物館推出的以中國史前彩陶為中心的展覽，名為「中國之前的中國」(China before China)。這一展名的含義是「藉以展示生活在今日中國這塊土地上的遠古人們的豐富多彩的文化創造力，

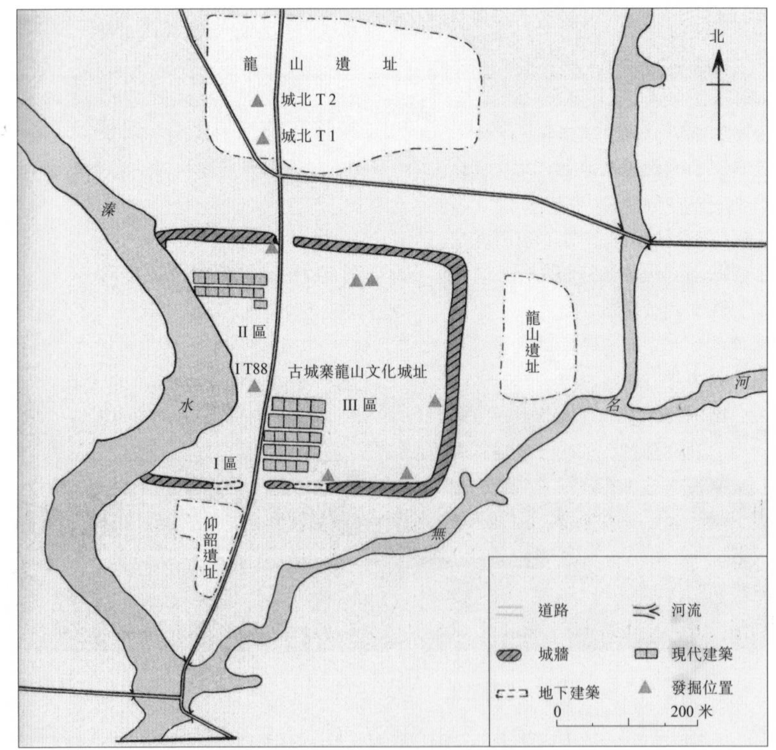

河南新密古城寨龍山時代城址平面圖

華夏早期國家與都邑形成過程

文化分期	時期	絕對年代（公元前）	總體聚落形態	社會組織	聚落防禦設施	宮城宮殿宗廟	古典文獻
新石器時代／史前一原史時代	仰韶時代前期	約 5000–3500	大體平等	前國家（部族？）社會	圓形環壕		
	仰韶時代後期至龍山時代前期	約 3500–2300	初步分化，中心聚落與大遺址群出現	向國家社會轉化（酋邦或邦國）	環壕為主。夯土城址出現，最早呈圓形		
	龍山時代後期至新砦文化期（夏？）	約 2300–1700	高度分化，大型中心聚落（初期都邑？）出現	紛爭加劇，邦國林立	環壕普遍化，不甚規則，夯土城址多為矩形	大型夯土建築出現（初期宮廟？）	「執玉帛者萬國」（《左傳》）
青銅時代／原史一歷史時代	二里頭時代（夏／商？）至西周時代	約 1700–771	分化嚴重，超大型都邑出現，都邑不斷龐大化	中原廣域王權國家（王朝）出現	差序都邑（無外郭城）	宮殿基址群、宮城出現；宮廟一體，以廟為主	「凡邑有宗廟先君之主曰都」（《左傳》）
鐵器時代／歷史時代	春秋戰國時代	770–221		諸侯國林立；分立集權的領土國家出現	從內城外郭到城郭分立	宮廟分離，以宮為主（戰國始）	「築城以衛君，造郭以守民」（《吳越春秋》）
	秦漢時代	221–		帝國興起	帝都突破城郭限制，形成首都圈		

這是發生在中國這個國家成立或說定了名稱數千年之前的事」[7]。這與我們對「中國」的理解是一致的。

從考古發現看，屬於「邦國時代」的龍山時代，城址林立。據初步統計，在後來以二里頭文化為先導的中原王朝興起的黃河中游地區，已發現的龍山時代城址即達 10 餘座，面積一般在數萬至數十萬平方米。但至二里頭時代，隨着面積逾 300 萬平方米的超大型都邑 —— 二里頭的崛起，各地的城址相繼廢毀，退出了歷史舞台。[8] 這應是中原地區從邦國時代邁入王國時代的真實寫照。

考古學上的「文化」

考古學家口中的這個詞，簡單地說就是過去的一群人留下的一套東西及其蘊含的信息。這套東西區別於生活在不同時空的另一群人的另一套東西。它包括「不動產」，如房子、墓葬、垃圾坑等，也包括祭祀、生產、飲食、日用等一應物品。考古學家藉此解析古代社會。它一般以最初發現地或較重要的遺址所在地的小地名來命名。考古學家最想做的就是「透物見人」，看看是甚麼樣的一群人在甚麼樣的環境下做了甚麼，為甚麼，又是怎樣留下了這些東西，甚至想探究他們是怎麼想的。從這個意義上講，考古學上的「文化」又並不限於「物」的層面。

「中國」誕生於二里頭時代

二里頭遺址位於洛陽盆地東部的偃師市境內，遺址上最為豐富的文化遺存屬二里頭文化，其時代約為距今 3800—3500 年，相當於古代文獻中的夏、商王朝時期。著名的「二里頭文化」即由此而得名。

隨着二里頭都邑與二里頭文化的崛起，華夏文明由「多元的邦國」時期進入了「一體的王朝」時期。龍山時代並存共立、光燦一時的各區域文化先後走向衰敗或停滯，與其後高度繁榮的二里頭文化形成了較為強烈的反差。我們稱其為中國早期文明「連續」發展過程中的「斷裂」現象。[9] 值得注意的是，這一「斷裂」現象在中原腹地的嵩山周圍雖然也存在卻不甚明顯，二里頭文化恰恰是在這一地區孕育發展，最後以全新的面貌橫空出世，成為中國乃至

[7] 沈辰：《安特生與丁文江的早期中外考古合作及其影響 —— 讀〈中國之前的中國〉》，《華夏考古》2007 年第 3 期。

[8] 許宏：《先秦城邑考古》，金城出版社、西苑出版社，2017 年。

[9] 許宏：《「連續」中的「斷裂」—— 關於中國文明與早期國家形成過程的思考》，《文物》2001 年第 2 期。

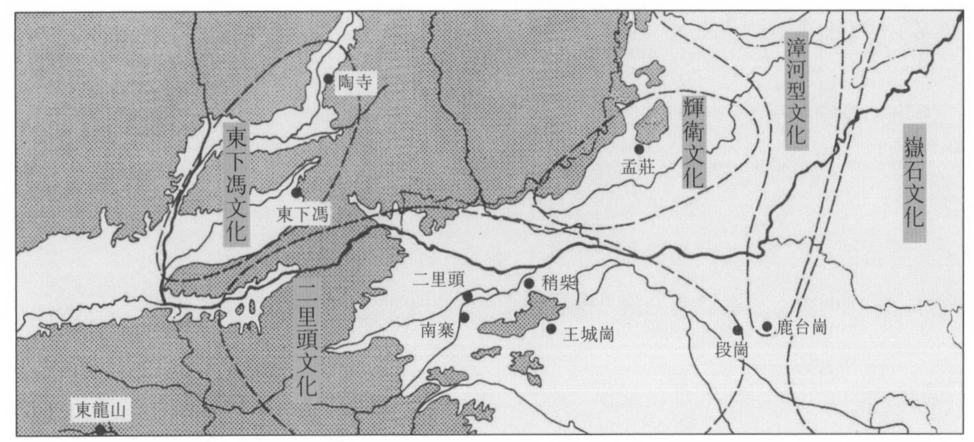

二里頭時代的中原[10]

二里頭文化的直接分佈範圍並不太大，它以河南中西部中原龍山文化分佈區域為根據地，以洛陽盆地的二里頭王都為中心，其直接控制範圍應在直徑200公里以內，它的周圍還分佈着其他擁有獨立勢力的集團

東亞歷史上最早出現的核心文化——王朝文化。這匹一鳴驚人的黑馬的出現，就此改變了東亞大陸的文化格局。

當然，這並不是説「滿天星斗」般的多中心狀況就此宣告終結，二里頭時代也呈現出多元的文化態勢。但二里頭文化的社會與文化發達程度，以及前所未有的強勢輻射態勢，使其當之無愧地成為這一時代的標誌性文化。由於二里頭文化開創性的歷史意義，我們稱它所處的時代為「二里頭時代」(目前的考古學與文獻史學研究的進展，尚不足以支持以夏王朝的史跡為核心內容的「夏文化」以及「夏代」的最終確立。這裡仍暫時依照考古學的慣例，用具有典型性的考古學文化來命名這一時代)。[11] 二里頭時代的二里頭都邑，就是當時的「中央之邦」；二里頭文化所處的洛陽盆地乃至中原地區，就是最早的「中國」。

作為世界幾大原生文明發祥地之一的東亞大陸，到了二里頭時代，才正式擁有了可以與其他文明古國相提並論的文明實體。二里頭文化與後來的商周文明一道，構成華夏早期文明的主流，確立了以禮樂文化為根本的華夏文明的基本特質。因此可以説，二里頭時代的出現在中華文明發展史上具有劃時代的歷史意義。

[10] 張立東：《論輝衛文化》，《考古學集刊》第10集，地質出版社，1996年。

[11] 許宏：《略論二里頭時代》，《2004年安陽殷商文明國際學術研討會論文集》，社會科學文獻出版社，2004年。

一點一面：最早「中國」的兩大特質

以二里頭遺址和二里頭文化為代表的最早的「中國」這一文明實體，顯現出東亞大陸人類發展史上史無前例的兩大特質。這兩大特質，可以用一「點」一「面」來概括。一「點」，是指其都邑中心的龐大化與複雜化，堪稱「華夏第一王都」；一「面」，是指其大範圍的文化輻射，形成中國乃至東亞地區最早的強勢「核心文化」。

「華夏第一王都」的中國之最

我們不妨先列舉二里頭遺址的若干重要發現，從中可以窺知它作為王朝都邑的高度發達與複雜程度，這在中國歷史上都是前所未有的。

這裡發現了 ——

最早的城市幹道網；

最早的宮城（後世宮城直至明清「紫禁城」的源頭）；

最早的中軸線佈局的宮室建築群（建築上的王權表徵）；

最早的大型多進院落和「四合院」宮室建築；

最早的青銅禮器群（含容器與兵器，華夏青銅文明之肇始）；

最早的大型圍垣官營作坊區；

最早的青銅禮器鑄造作坊；

最早的綠松石器作坊。

這裡是 ——

公元前二千紀前半葉最大的中心性城市（現存面積約 300 萬平方米），

最早的具有明確城市規劃的大型都邑。

此外，玉質禮器、各類龍形象文物、白陶和原始瓷的發現，以及骨卜的習俗、鼎鬲文化的合流等，都是「中國」元素的大匯聚。

千紀

千紀（millennium）與世紀（century）對應，一個千紀是 1000 年，等於 10 個世紀。

東亞最早的「核心文化」

與早於它的眾多史前文化相比，二里頭文化的分佈範圍首次突破了地理單元的制約，幾乎分佈於整個黃河中游地區。其文化因素向四圍輻射的範圍更遠大於此，北達燕山以北，南至由東南沿海到成都平原的整個長江流域，東及豫魯交界，西到甘青高原一帶。

鑒於上述，我們可以說，二里頭遺址是迄今所知中國最早的廣域

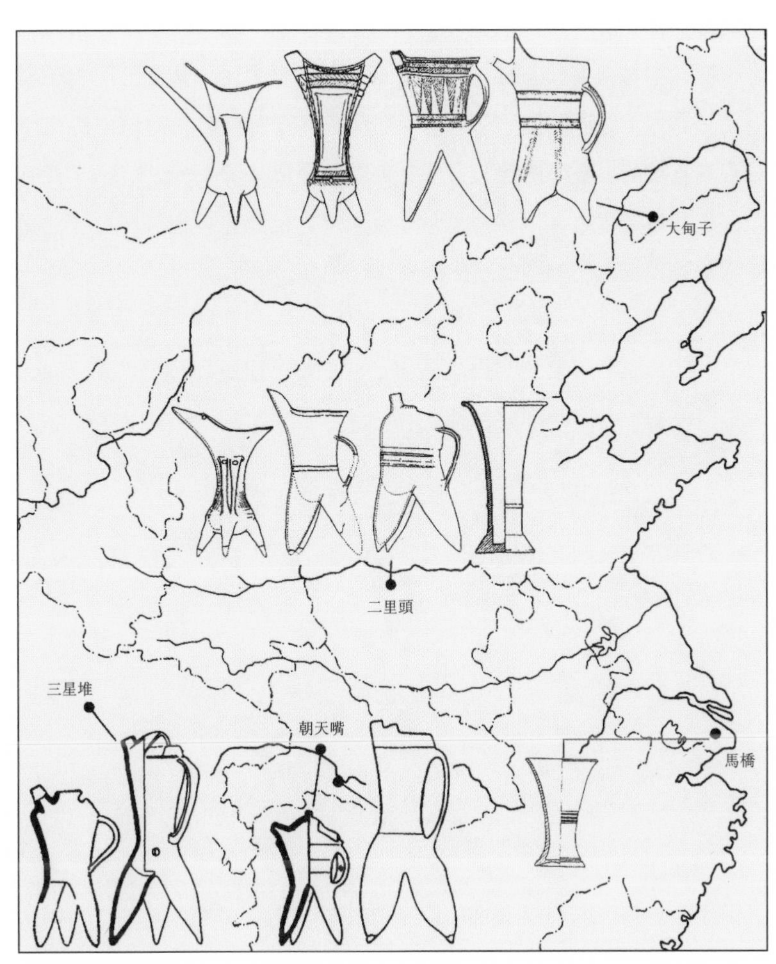

二里頭式陶酒器的分佈[12] 具有二里頭文化風格的陶酒器盉（或鬶）、爵、觚等，在二里頭文化的興盛期已到達了距中原相當遠的地域

[12] 岡村秀典：《夏王朝 —— 王権誕生の考古学》，講談社（東京），2003 年，有改動。

王權國家的都城；而在當時文化發展程度最高的二里頭文化，則成為東亞地區各族團在走向社會複雜化進程中第一支遙遙領先的核心文化。

從事物發展演變的規律上看，量變的積蓄是絕對的，質變不過是人們從哲學或史學高度進行的宏觀而抽象的概括定性。正如一些學者指出的那樣，文明的演進是一段路途而不是一道門檻，是一個歷史過程而不是一個歷史事件。但這一演進過程也不是勻速的，還真的有一些跳躍性的節點，可以稱為「突變」或「巨變」，讓考古學家們精神為之一振。譬如上面談及的二里頭遺址出土的眾多的中國之最，在中國歷史上都是「史無前例」的，考古學家還沒有在早於它的龍山時代中找到其直接的、順暢的源頭。作為東亞地區最早的「核心文化」，二里頭文化的崛起也給人以橫空出世、異軍突起的感覺。也許，這樣的關鍵性節點就可以叫作開創歷史的新紀元吧。

全球視野

中國文明興起的世界背景

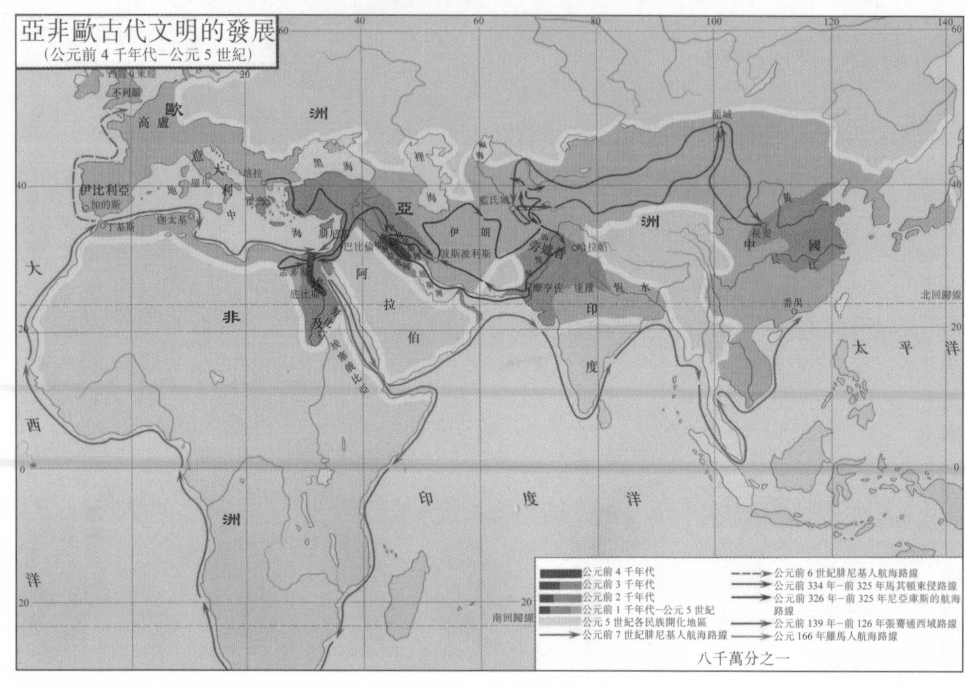

歐亞非大陸早期文明的分佈[1]

「舊大陸」的大河文明

從全球文明史的角度看，分佈於大部分地區的若干人類社會都大體在公元前 10000 年至公元前 8000 年前後跨越了人類歷史上一個大的分水嶺，即進入新石器時代，發生了「農業革命」。「這一革命促使底格里斯河和幼發拉底河流域、尼羅河流域、印度河流域以及黃河流域得以發展出古代的大河流域文明。古代文明始於大約公元前 3500 年並一直延續到公元前的第二個千年。」[2] 依時代先後，這四大文明分別是美索不達米亞文明（兩河流域文明）、埃及文明、印度河文明（哈拉帕文明）和中國文明（以黃河和長江流域為中心）。

這些文明發祥地基本上位於北回歸線至北緯 40 度線之間的暖溫

[1] 張芝聯、劉學榮主編：《世界歷史地圖集》，中國地圖出版社，2001 年。

[2] ［美］斯塔夫里阿諾斯（L. S. Stavrianos）著，吳象嬰等譯：《全球通史：從史前史到 21 世紀》（第 7 版修訂版），北京大學出版社，2006 年。

帶和亞熱帶，其共通之處是河川及其兩岸都有肥沃的沖積平原，這些平原都孕育出了發達的農耕社會。各個農耕社會的興起及其內涵存在着地域、發展階段和演變過程等諸多的差異，同時也存在着某些共性。這些文明中心都有高度發達的農業，積蓄了豐富的剩餘農產品，從而促進了人口的增長和聚落的擴大、貿易的增加和分工的細化。一般認為，在這些大河流域，治水和灌溉需要大規模的共同作業，因而產生了強有力的權力中心和統率者。但也有學者認為，大河流域的人工灌溉，是在建立了文明和國家之後才得以真正實現的，應該說是文明的結果而不是文明的原因。無論如何，以王權為中心的古代國家的出現是大河文明發展的共同結果。

全球主要文明發祥地的歷程

公元前	埃及文明	愛琴文明	美索不達米亞文明		印度河文明	中國文明
			南部	北部		
3500	前王朝 地區性小國		烏魯克時期			
	早王朝		傑姆代特奈斯爾時期			
3000			蘇美爾早王朝			
					前哈拉帕文化	
2500	古王國 金字塔始建					
			阿卡德王朝		哈拉帕文化	龍山時代諸文化
		王宮以前	新蘇美爾			
	第一中間期					
2000	中王國			古亞述		
		舊王宮	古巴比倫 重新統一			新砦類遺存
	第二中間期	新王宮	漢謨拉比在位			二里頭文化
			赫梯			
1500	新王國					二里崗文化
		邁錫尼		中亞述		
						殷墟文化
1000						西周文化

還有學者認為，愛琴海也是一大發祥地

除了這些「大河文明」，在號稱「藍色星球」的地球上，當然還有若干以島嶼為據點的獨特的「海洋文明」。追根溯源，它們應是大河文明先驅擴展的結果，同時又具有較強的獨立性，表現出不同於大河流域文明的特色。有的甚至被認為也屬於文明的發祥地，如愛琴海上的克里特文明。

約公元前 1900 年，地中海東部愛琴海區域的克里特島上發展出了克里特文明，又稱米諾斯文明。「米諾斯文明」一名，來自古希臘神話中的克里特賢王米諾斯。克里特文明，屬於該地青銅時代的中晚期。它是歐洲最早的古代文明，也是希臘古典文明的前驅。以精美的王宮建築、壁畫及陶器、工藝品等著稱於世。一般認為，它是在對外貿易中受到美索不達米亞文明和埃及文明的影響。如建築模式、數學以及線文字等，都可能模仿自埃及文明。政治結構也與埃及和美索不達米亞相似。有的學者將其形容為具有華麗的「王宮文化」的，纖細優美、個性豐富的女性化文明。

這一文明終結於公元前 1450 年左右，此後的克里特為邁錫尼人所佔領。克里特文明的興盛期，與二里頭文化大體相當。

文明古國異同觀

學者們在對各大文明古國的比較研究中，經常用形象的語言高度概括它們的特色。這些分析，有助於我們從總體上把握它們的本質特徵。

如相對於上面提到的克里特文明的華麗而纖細的女性美，美索不達米亞文明則被認為極具睿智而充滿男性的雄渾。它與埃及文明相比，活力四射但又具有不穩定性，政治經常以區域性的城市國家為基礎發生變動，充滿榮枯盛衰，因而可被稱為經受了血與火的洗禮的動

烏爾城址中的神廟

拉伽斯城邦的石雕像

蘇美爾的象形文字泥版

阿卡德帝國薩爾貢面具

烏爾王軍旗

美索不達米亞文明　美索不達米亞文明以極具特色的楔形文字泥版、宏大的神殿建築等「黏土」來表現自我，巨大的「廟塔」是這一文明的標誌性建築

吉薩金字塔群（公元前三千紀中葉）

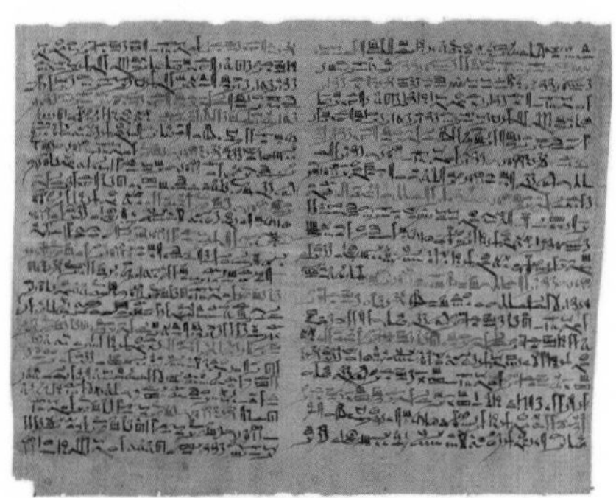

醫學紙草文書（公元前 1600 年前後）

貴族墓壁畫：涅巴蒙捕鳥圖（公元前二千紀下半葉）

法老孟考拉與女神雕像（公元前 2500 年前後）

埃及文明　埃及文明以象形文字和包括金字塔在內的巨大石造建築為象徵，這支文明慣常使用的重要材質則是「石料」

態文明。這支巨大的文明因其地理上呈開放之勢而有文化上「雜交」的優勢。這與中原文明是頗為相近的。

埃及文明由於地緣的原因，與外界的交流處於從屬地位，可以稱為相對穩定的靜態文明，像這支文明慣常使用的重要材質「石料」一樣。尼羅河水流穩定，以洪水的可預知性著稱，被視為讓人感恩的永不枯竭、慷慨好施的源泉，而不像美索不達米亞的河流那樣被看作帶來洪災的罪魁禍首。

從這一點上看，中國文明與後者接近，黃河母親雖孕育出了華夏文明，但在歷史上，它基本上是作為「害河」而出現的。治水與救災，是貫穿古代中國史的一條重要的主線。

在埃及，社會穩定、政治集權和對安然之死的追求（來世觀念）之間存在着內在的聯繫。是這些因素促成了大型墓葬紀念物和木乃伊的保存方式的產生，因而有學者稱其為「墓葬文化」。強大的政治結構和謹慎的墓葬安排之間的聯繫在中國文明中也存在，儘管二者在具體的宗教信仰方面差別很大。

全球文明史中的中國文明

就社會複雜化和文明興起的時間而言，美索不達米亞文明和埃及文明在公元前 3500 年左右即已出現了國家，產生了文字、作為權力中心的城市以及複雜的社會結構等大多數後世文明所具有的特徵。受美索不達米亞文明影響的印度河流域文明大約興起於公元前 2700 年或稍晚。再向東，從烏拉爾山脈一線到印度洋以東的廣大地區，因地理的阻隔而很少受到西方文明的刺激。公元前 3000 年左右，在黃河和長江流域已出現了若干社會複雜化程度較高的、可以被稱為「邦國」的政治實體，如大汶口文化（中晚期）、良渚文化等。這種「萬邦」林立的狀況持續了一千多年，才出現了相當於美索不達米亞文明的蘇美爾早王朝、埃及文明的早王朝和印度河文明的哈拉帕文化那樣的較大規模的王權國家——以二里頭文化為先導的中原王朝文明。可以說，作為文明誕生前提的定居與農耕發生的時間，中國與其他文明發祥地不相上下，只是充分發展的時代來得晚了一些。就現有材料而言，這批東亞最早的青銅文明的興起，應與歐亞大陸青銅文化的東傳有密切的關聯。

中國地理環境的基本特點是自成獨立的地理單元，並且有一種天然的多元向心結構。相對於今天，在交通不發達的史前，很難同外界發生經常性的文化交流；即便受到外界的影響，其力度也大打折扣。因而，中國史前文化及早期文明基本上是在相對封閉的地理條件下發

位於世界東方的中國[3] 中國的地形很像一個大座椅，背對歐亞大陸而面向海洋。它的四周有高山、大河、草原、沙漠和海洋的阻隔，從而形成一個相對獨立的地理單元

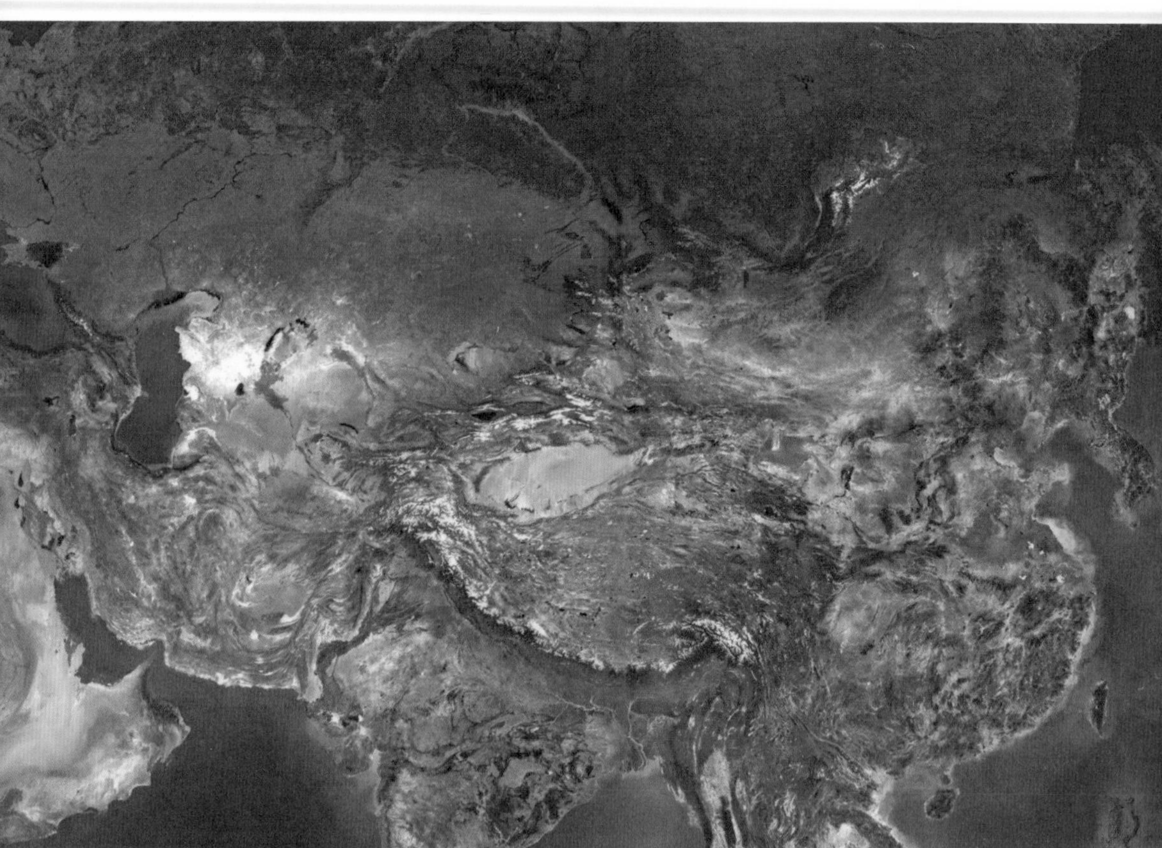

[3] 范毅、周敏主編：《世界地圖集》，中國地圖出版社，2011 年。

展起來的。但與此同時，我們也不能忽視其在產生和發展的過程中所接受的外來文化因素的影響。

在全球古代文明發祥地中，中國文明數千年間大致連續演進，獨具特色，而其他幾支文明在經歷了各自的輝煌後，都相繼退出了歷史舞台，以致今天的考古學家和歷史學家對這幾支文明創造者的族屬和來去行蹤等，仍然沒有準確的把握。相比之下，我們對中國古代文明的探索有着得天獨厚的有利條件。

歷史清晰度：另一視角的比較

讀上述幾大文明發祥地的歷史書，你會覺得其信息含量和敘述的細緻程度，超出我們對中國早期文明史的了解。原因何在？關鍵取決

漢謨拉比法典碑

於文字文獻材料的豐富程度。美索不達米亞文明早在公元前 3500 年前後，即發明了象形文字，後來發展出一套系統的表音符號，其文字是刻於泥版上的楔形文字。到公元前 2000 年前後，蘇美爾人就寫下了世界最古老的故事《吉爾伽美什史詩》。與二里頭文化同時代的古巴比倫，已有了著名的刻於石碑上的《漢謨拉比法典》。

埃及文明使用象形文字，寫於莎草紙上或刻在石頭上，留下了大量帶有豐富歷史信息的文字材料。此外，這些文明中心還保存下來為數眾多的顯現生活細節的圖像。考古學家憑藉這些文字和圖像，可以進行詳細的編年，復原當時人們的日常生活，甚至深及人們的思想意識和宗教活動。

愛琴海的克里特文明使用的線形文字，據研究，係源於埃及的象形文字，這支文明也有保持大規模文獻記錄的傳統。

在印度河文明中，雖然也發現了不少銘刻在石、陶、象牙上的字符，出土的印章上保存了一套複雜的文字系統，但至今仍無法解讀，所以考古學家對這支文明的了解遠不如美索不達米亞文明和埃及文明。這與早期中國的情況是相近的。

印度河文明　摩亨佐．達羅遺址出土的印章和石人像等（公元前 2500－前 2000 年）

為甚麼早期中國的紀年不確切？

與其他文明發祥地發現了豐富的早期出土文獻相比，在中國，最早的包含大量歷史信息的出土文獻——甲骨文，屬於高度發達的商王朝晚期（約公元前1300–前1046年），它本身並沒有明確的紀年材料。其後的西周時代的銅器銘文，能夠推定王年的也寥寥無幾。根據《史記》的記載，確鑿的中國歷史紀年只能追溯到西周共和元年，即公元前841年。再往前，只能是仁者見仁、智者見智的推算了。

我們先看看西周王朝的始年，也就是著名的武王伐紂這一重大歷史事件的準確年代吧。據「夏商周斷代工程」的統計，兩千多年來，中外學者根據各自對文獻和西周曆法的理解推算，形成了至少44種結論。最早的是公元前1130年，最晚的是公元前1018年，前後相差112年。那麼再往前推算，商王朝的第一代君王商湯起兵滅掉夏桀，以及大禹的兒子夏啟建立夏王朝，都是在哪一年呢？各種文獻說法不一。比如商王朝的存在時間，有的說458年，有的說496年，也有說500多年、600多年的，最長的是629年。又如夏王朝的存在時間，有的說431年或432年，有的說471年或472年。由於採用不同的說法，從西周初年開始的計算累計誤差，各種結果相差就超過200年。[4]

所以，以往中國歷史年表上關於夏代的存在年代只能含糊地寫着上限為公元前22世紀或公元前21世紀，夏商之交為公元前17世紀，後面時常再打上個問號以示慎重和留有餘地。即使在今天看來，這也是合適的。在「夏商周斷代工程」啟動之初，有學者曾推斷說，幾年後，或許會把上述諸多說法統一為一種說法，或許會再增添一種或數種新說法。現在看來，「工程」是通過驗證討論、斟酌比較，在以前的眾多說法中選出了一個專家們心目中的最優解，專家們自己也沒有說

[4] 夏商周斷代工程專家組編著：《夏商周斷代工程1996–2000年階段成果報告（簡本）》，世界圖書出版公司，2000年。

夏（公元前 2070－前 1600 年）

禹 啟 太　康 仲　康 相	少　康 予 槐 芒 泄	不　降 扃 廑 孔　甲 皋	發 癸

商前期（公元前 1600－前 1300 年）

湯 太　丁 外　丙 中　壬 太　甲	沃　丁 太　庚 小　甲 雍　己 太　戊	中　丁 外　壬 河亶甲 祖　乙 祖　辛	沃　甲 祖　丁 南　庚 陽　甲 盤庚（遷殷前）

商後期（公元前 1300－前 1046 年）

王	年代（公元前）	年數
盤庚（遷殷後） 小辛 小乙	1300－1251	50
武丁	1250－1192	59
祖庚 祖甲 廩辛 康丁	1191－1148	44
武乙	1147－1113	35
文丁	1112－1102	11
帝乙	1101－1076	26
帝辛（紂）	1075－1046	30

西周（公元前 1046－前 771 年）

王	年代（公元前）	年數
武王	1046－1043	4
成王	1042－1021	22
康王	1020－996	25
昭王	995－977	19
穆王	976－922	55（共王當年改元）
共王	922－900	23
懿王	899－892	8
孝王	891－886	6
夷王	885－878	8
厲王	877－841	37（共和當年改元）
共和	841－828	14
宣王	827－782	46
幽王	781－771	11

夏商周年表　國家級重大科研項目「夏商周斷代工程」公佈的年表，將夏、商、周王朝建立的年代分別定為公元前 2070 年、前 1600 年和前 1046 年，也只能看作一種説法而已

這是唯一解。這是一種科學的態度，探索是沒有止境的。

「定論」「正確」「錯誤」一類傾向於絕對定性的詞，似乎並不適用於早期歷史與考古研究領域。出土文字材料的匱乏、傳世文獻的不確定性，導致我們對早期中國的紀年只能做粗略的把握。「疑則疑之」既出於不得已，也是一種科學的態度。

尋夢之旅

從故紙堆到考古現場

文獻記載的早期王朝史可信嗎？

中國歷史源遠流長，有豐富的文獻典籍流傳於世。它的厚重、連貫和詳盡歷來是我們民族引以為豪的。但有關早期王朝歷史的文獻摻雜傳說，且經數千年的口傳手抄，甚至人為篡改，究竟能否一概被視為信史，歷來都有學者提出質疑。

中國的早期王朝國家形成於何時？西漢太史公司馬遷在中國最早的通史巨著《史記》中，記有夏、商（殷）、周三個相繼崛起的王朝。最後的周王朝因有詳細的記載並有出土青銅器銘文和甲骨文的印證，自西周末期的公元前 841 年之後更有確切的紀年，已經可以確證。但司馬遷所處的漢代，已距夏、商千年有餘，相當於我們現在寫唐宋史。誰能證明太史公描繪的夏、商時期發生的種種事件，以及歷代夏王、商王的傳承譜系是完全可靠的呢？甚至歷史上究竟有沒有過夏、商王朝存在，從現代史學的角度看，都是值得懷疑的。

清代以後，學者們逐漸考證清楚，即使公認的最早的文獻《尚書》，其中談論上古史的《虞夏書》，包括《堯典》《皋陶謨》《禹貢》等名篇，也大都是戰國時代的作品，保留古意最多的《商書》之《盤庚》，也經周人改寫過。進入戰國時代，隨着周王王權式微，謀求重新統一的各諸侯國相互征戰，各國的君主都自詡本國為中國之正宗，因此都把祖先譜系上溯至傳說中的聖王，其中偽造聖王傳說的例子也不少。

關於夏、商王朝的制度，到春秋時代已說不清楚了。孔子即曾慨歎道：「夏禮，吾能言之，杞不足徵也；殷禮，吾能言之，宋不足徵也。文獻不足故也。」（《論語・八佾》）作為夏人、商人後代的杞國和宋國，都沒有留下關於王朝制度的充足證據。連夏、商王朝的追憶都變得十分模糊，更不必説它們以前的堯、舜時代了。況且，流傳下來的這些文獻記載比孔子的時代還晚，即便夏王朝曾經存在過，要想從古文獻中得知它的確切狀況也是相當困難的。

王系的疑竇

據《竹書紀年》《左傳》《史記 · 夏本紀》的記載，夏王朝自禹至桀共十七王。其中，除了外敵入侵導致太康遷都之際，以及第十一、十二代王時兩度兄弟相繼外，王位繼承上都是採取非常安定的父子相繼的傳位法。然而，這與以兄弟相繼為主的商的王系相比，確實給人以不太自然的感覺。因為從王位繼承法的演化進程看，兄弟相繼較父子相繼是較為原始的、容易產生動亂的方式。當然不能排除這樣的可能性，即商人有兄弟相繼的習俗，相反夏人則有父子相繼的相對進步的習俗。因族屬的不同而有不同的社會習俗，是很正常的。然而，如果以父子相繼為準則，那麼未成年的王和昏庸的王即位，王權的不穩定就是無法避免的，所以必須確立穩定的國家制度。夏王朝是否已確立了這樣的體制，就是個問題。

依王國維的考證，《史記 · 殷本紀》所記載的商王的系譜，與由殷墟甲骨文中復原出的王系大體一致。包括商先公（前王朝時代的統治者）在內的王系能被確切地傳承下來，與商王朝及其後代舉行定期的祖先祭祀的傳統有關。不過，兄弟相繼的情況，見於開國之君湯（大乙）至第二十七代王庚（康）丁；總計十四代先公以及庚（康）丁至第三十一代帝辛（紂）的五代商王則是父子相繼。商代末期這五代父子相繼的商王統治時期，顯示出穩定的王權的確立。問題是商先公即前王朝時代的父子相繼。

如果把兄弟、從兄弟等同代人作為一代加以統計，那麼夏王朝從禹到桀（履癸）共十四代十七王。與其同時代的商先公帝嚳到示癸也恰好是十四代，其中七人的名號也與夏王的名號相類。這一點早已由

夏王世系與商先公世系的比較

夏—啟—○—相　—○—○—槐—芒—○—不降—……履癸
‖　‖　‖　↘　↙　‖　‖
嚳—契—○—相土—○—○—冥—亥———王恆—……示癸

著名學者陳夢家先生指出。

十四代中有半數的人名如此相似，這恐怕難以看作偶然的一致。何況夏王朝與商的先公時代在時間上是重合的，而且都是父子相繼。鑒於此，陳夢家推斷夏與商本屬同族，而後才有了將夏和商在系譜上一分為二的作偽行為。[1]

其實關於夏世系中的王名，清代學者崔述已有懷疑，顧頡剛先生等對其非真實性更有進一步的考辨。[2] 有學者進而將傳世文獻中的夏世系分為傳說、過渡、現世三個階段，指出其中「太康—中康—相—少康」四位夏后是連接傳說階段與現世階段的人為虛構的過渡階段世系，是商代中期「太戊—仲丁—外壬—河亶甲—祖乙」五位商王事跡的史影。由此可知傳世文獻中的「夏世系」並不完全可信，而諸如「自禹至桀十七世……用歲四百七十一年」(《竹書紀年》) 之類關於「夏年」的記載也就隨之失去了可信度。[3]

「古史辨」掃蕩傳統古史

20 世紀初，一批熱心追尋真理的知識分子，受西方現代治學方法的熏陶，以「離經叛道」的反傳統精神，開始對國史典籍進行全面的梳理和檢討，從而攪動了以「信古」為主流的中國學界的一潭死水。

代表人物顧頡剛，在 1923 年提出了著名的「層累地造成的中國古史」的論點。他尖銳地指出，「時代愈後，傳說的古史期愈長」，「時代愈後，傳說中的中心人物愈放愈大」。例如周人只談論過禹，孔子至多提到堯、舜，戰國時開始談論黃帝、神農，到漢代才加上盤古。所以，我們「即不能知道某一件事的真確的狀況，但可以知道某一件事

[1] 陳夢家：《商代的神話與巫術》，《陳夢家學術論文集》，中華書局，2016 年。

[2] （清）崔述撰著，顧頡剛編訂：《崔東壁遺書》，上海古籍出版社，1983 年。顧頡剛、童書業：《夏史三論》，《古史辨》第七冊下，上海古籍出版社，1982 年。

[3] 李宏飛：《夏商世系探索》，《甲骨學 110 年：回顧與展望》，中國社會科學出版社，2009 年。

顧頡剛與《古史辨》
從 1926 年起，顧頡剛等學者把當時持各種觀點的論文陸續結集出版，這就是著名的《古史辨》。到 1941 年，共出版了七大冊。「古史辨」，成為 20 世紀上半葉中國史學界乃至知識界一個最大的亮點

在傳說中的最早的狀況」。此後，以他為首的一批學者發表文章，對先秦古史的主要說法予以逐條批駁，認為被後人奉為金科玉律的那些傳統古史的說法，大都是出於儒生們的偽造。[4] 這導致史學界圍繞古代史料真偽問題展開了一場大論戰。

「古史辨」運動讓傳統史學徹底擺脫了儒家「經學」框架的沉重束縛，動搖了歷代相傳的三皇五帝體系，在客觀上引起人們對用現代科學的眼光重新考察中國文明起源和進程的興趣，推動了中國早期歷史的研究。正如顧頡剛先生自己總結的那樣，這場古史之辨「對於今日研究古史的人們，在審查材料和提出問題上給予了許多的方便，同時也可給讀者一種嶄新的歷史觀念」。

與此同時，由盲目信古到全盤否定式的疑古，也頗受矯枉過正、「疑古過頭」之譏。但正如有的學者指出的那樣，也許對於沉痾太重的中國傳統史學，不下此烈藥不足以使其猛醒。也許正是藉助這場有點兒不分青紅皂白的掃蕩，後來的學者才有足夠的空間對古史做比較從容、比較客觀的剖析，真正做到擇其善者而從之。[5]

[4] 顧頡剛等編著：《古史辨》（全七冊），上海古籍出版社，1982 年。
[5] 李季：《千秋索隱　百年尋覓 —— 中國文明的起源》，四川教育出版社，1998 年。

現代考古學在中國應運而生

疑古思潮在 20 世紀上半葉達於極盛。「上古茫昧無稽」(康有為語) 是從學界到公眾社會的共同感慨。

客觀地看，對於古籍，我們既不能無條件地盡信，也沒有充分的證據認為其全係偽造。對其辨偽或證實工作，只能就事論事，逐一搞清，而無法舉一反三，從某書或某事之可信推定其他的書或其他的事也都可信。既不能證實又不能證偽者，肯定不在少數，權且存疑，也不失為科學的態度。

「古史辨」運動留給後人的最大遺產，在於其疑古精神。無「疑」則無現代之學問。

在這樣的學術背景下，源於西方的現代考古學在中國應運而生。與世界其他文明發祥地不同，中國考古學在誕生伊始，就以本國學者而非西方學者作為研究主力。中國考古學家與其研究對象間的親緣關係，決定了中國考古學的探索不同於西方學者對其他文明的所謂「客觀研究」。通過考古學這一現代學問尋根問祖，重建中國上古史，探索中國文化和文明的本源，成為中國考古學自誕生伊始直至今日最大的學術目標。

由已知推未知的探索

20 世紀初葉，甲骨文的發現與釋讀，證明《史記 · 殷本紀》所記載的商王朝的事跡為信史。這給了中國學術界以極大的鼓舞。王國維先生本人即頗為樂觀地推論 :「由殷周世系之確實，因之推想夏后氏世系之確實，此又當然之事也。」[6] 由《史記 · 殷本紀》被證明為信史，推斷《史記 · 夏本紀》及先秦文獻中關於夏王朝的記載也應屬史實，進而相信夏王朝的存在。這一推論成為國內學術界的基本共識，也是

[6] 王國維 :《觀堂集林》，中華書局，1959 年。

王國維《觀堂集林》公佈這一重大發現的兩篇著名的論文就收錄在這部文集中

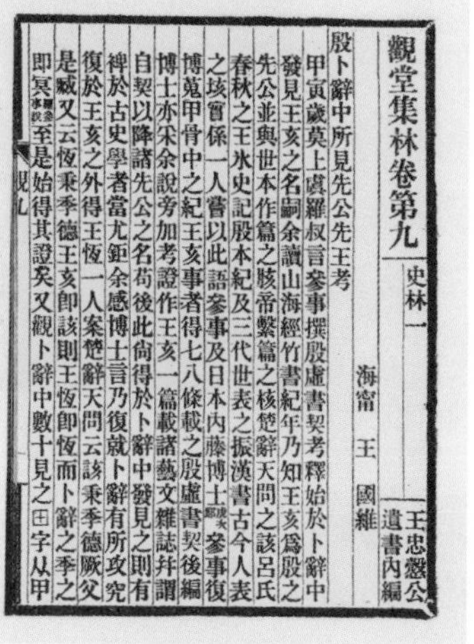
觀堂集林卷第九
史林一
王忠慤公遺書內編
海寧 王 國維

殷卜辭中所見先公先王考

甲寅歲莫上虞羅叔言參事撰殷虛書契考釋始於卜辭中發見王亥之名嗣余讀山海經竹書紀年乃知王亥為殷之先公並與世本作篇之胲帝繫篇之核楚辭天問之該呂氏春秋之王氷史記殷本紀及三代世表之振漢書古今人表之垓實係一人嘗以此語參事及日本內藤博士（虎次郎）參事復博蒐甲骨中之紀王亥事者得七八條載之殷虛書契後編博士亦采余說旁加考證作王亥一篇載諸藝文雜誌并謂自契以降諸先公之名苟後此尚得於卜辭中發見之則有禆於古史學者當尤鉅余感博士言乃復就卜辭有所攷究復於王亥之外得王恆一人案楚辭天問云該秉季德厥父是臧又云恆秉季德王亥即該則王恆即恆而卜辭之季之即冥（羅參事說）至是始得其證矣又觀卜辭中數十見之田字从甲

觀九

其為上字無疑田為田字之省亦無可疑不僅可為弟前說之證亦足證尊說之精確至今隸甲字全與田同但長其直畫想公於此益信今隸源流之古矣（弟二札）

丁巳二月參事聞余考卜辭中殷先公先王索稿甚亟既寫定即以草藁寄之復書兩通為余證成上甲二字之釋第一札作於閏二月之望第二札則二十日也余適以展墓反浙至滬讀此二書開緘狂喜亟錄附於後越七日國維記

殷卜辭中所見先公先王續考

丁巳二月余作殷卜辭中所見先公先王考時所據者鐵雲藏龜及殷虛書契前後編諸書耳踰月得見英倫哈同氏戩壽堂所藏殷虛文字拓本凡八百紙又踰月上虞羅叔言參事以養痾來海上行裝中有新拓之書契文字約千紙余盡得見之二家拓本中足以補證余前說者頗多乃復寫為一編以質世之治古文及古史者閏二月下旬海寧王國維

高祖夒

前考以卜辭之及為夒即帝嚳之名但就字形定之無他證也今見羅氏拓本中有一條曰癸巳貞于高祖（下闕）

20 世紀 30 年代安陽殷墟發掘 安陽殷墟的發掘，確認這裡是商王朝的晚期都城遺址，從而在考古學上確立了高度發達的殷商文明。這就給探索中國早期文明提供了一個可靠的時間和文化特徵上的基點。(左) 王陵區商王大墓的發掘 (右) 小屯宮廟區的發掘

夏文化探索的前提之所在。

豐富的文獻典籍理所當然地成為中國第一代考古學家開展最初的田野工作的問路石。

中國學者最早獨立進行的田野考古活動，是 1926 年李濟在山西夏縣西陰村的發掘，其契機是循着文獻記載尋找夏王朝的遺跡。由中國政府出資和組織的第一次大規模發掘，是始於 1928 年的河南安陽殷墟

發掘，其目的是循着文獻記載與甲骨文確認商王朝的遺跡。[7]

殷墟發掘的主持人、被稱為「中國考古學之父」的李濟先生在 20 世紀 30 年代即指出：「殷商以前仰韶以後黃河流域一定尚有一種青銅文化，等於歐洲青銅文化的早中二期，即中國傳統歷史的夏及商的

「中國考古學之父」李濟

鄭州商城的發現 面積巨大的夯土城圈及青銅重器等重要遺存的出土，表明這是一處大型都邑，一般認為是商代前期的商王朝都城。東城牆至今仍高聳於地面

20 世紀 80 年代發現的青銅器窖藏

[7] 李濟：《安陽》，上海人民出版社，2007 年。

前期。這個文化埋藏在甚麼地方，固然尚待考古學家的發現；但對於它的存在，我們根據我們考慮各方面事實的結果，卻可以抱十分的信心。」[8] 這一預言在 20 年後果真應驗了。

以商王朝都城殷墟為基點，循着由已知推未知的思路，考古學家又繼續探索商王朝前期乃至夏王朝的遺跡。20 世紀 50 年代在河南鄭州發現了早於殷墟文化又與其一脈相承的新的考古學文化，即二里崗文化。至此，考古學上的商文化被上推至二里崗期。受到這一發現與研究進展的鼓舞，中國學者又制定了一項矢志追求的重要學術目標，即結合古代文獻，從考古學上尋找夏族和夏王朝的文化遺存，進而恢復夏代歷史的本來面貌。

徐旭生尋「夏墟」找到二里頭

説來有趣，中國考古學上的許多重大發現，都出於偶然的機遇，而不是按照既定的學術目的探察所得。然而，二里頭遺址的發現卻恰恰屬於後者，它是歷史學家與考古學家在踏查傳説中的「夏墟」時發現的。

古史學家徐旭生

徐旭生先生是 20 世紀前半葉活躍於學界的著名古史學家，國學功底深厚，兼有留學法國的背景，學術視野開闊。他的代表作《中國古史的傳説時代》初版於 1943 年，在學界產生了重要的影響，該書在其後的數十年中多次重印。[9] 進入 50 年代，為從考古學上探索夏王朝，身為中國科學院考古研究所（現屬中國社會科學院）研究員的徐旭生，先把成書較早、可信度較高的上古文獻中關於夏王朝都城和主

[8] 李濟：《殷虛銅器五種及其相關之問題》，《蔡孑民先生六十五歲紀念論文集》，中央研究院歷史語言研究所，1935 年。

[9] 徐旭生：《中國古史的傳説時代》（增訂本），文物出版社，1985 年。

要活動地域的記載加以排比梳理，指出最有可能找到夏文化遺存的兩個區域：「第一是河南中部的洛陽平原及其附近……第二是山西西南部汾水下游一帶。」以此為線索，1959 年夏，他以 70 多歲的高齡率隊尋找「夏墟」，踏查了河南省登封、禹州、鞏義、偃師等地的數處遺址。偃師二里頭遺址的發現就是這次調查最重要的收穫。[10]

鑒於二里頭遺址出土物豐富、面積廣大，且位於史籍記載的商王朝的第一座都城「西亳」所在地，徐旭生認為該遺址「為商湯都城的可能性很不小」，於是引起學術界的極大關注。當年秋季，河南省文化局文物工作隊和中國科學院考古研究所分別進駐二里頭遺址進行發掘，其後發掘工作由後者獨立承擔。

徐旭生憑傳世文獻「摸」到二里頭，其中一個最大的啟示是：文獻中關於古史的傳說並非全是無稽之談；經過系統梳理考證的文獻，

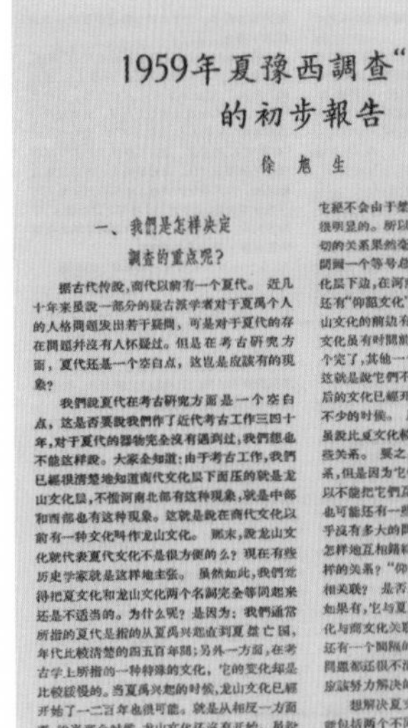

1959年夏豫西調查"夏墟"的初步報告

徐旭生

一、我們是怎样决定調查的重点呢？

据古代传說，商代以前有一个夏代。近几十年来虽說一部分的疑古派学者对于夏禹个人的人格問題发出若干疑問，可是对于夏代的存在問題并沒有人怀疑过。但是在考古研究方面，夏代还是一个空白点，这豈是应該有的現象？

我們說夏代在考古研究方面是一个空白点，这是否要說我們作了近代考古工作三四十年，对于夏代的器物完全沒有遇到过，我們想也不能这样說。大家全知道：由于考古工作，我們已經很清楚地知道商代文化层下面压的就是龙山文化层，不惟河南北部有这种现象，就是中部和西部也有这种现象。这就是說在商代文化以前有一种文化叫作龙山文化。那末，說龙山文化就代表夏代文化不是很方便的么？現在有些历史学家就是这样地主张。虽然如此，我們觉得把夏文化和龙山文化两个名詞完全等同起来还是不适当的。为什么呢？是因为：我們通常所指的夏代是指的从夏禹兴起直到夏桀亡国，年代比較清楚的四五百年間；另外一方面，在考古学上所指的一种特殊的文化，它的变化却是比較緩慢的。当夏禹兴起的时候，龙山文化已經开始了一二百年也很可能。就是从相反一方面看，說当那个时候，龙山文化还沒有开始，虽說可能性不大，却也絕不能說完全沒有可能。至于龙山文化衰熄的时期，或較夏桀稍早，也許当夏桀亡国以后它还残存一个短时期。无論如何，它絕不会由于桀的亡国而突然停止存在，也是很明显的。所以龙山文化与夏代的文化有很密切的关系果然毫无疑問，可是要把这两个詞中間画一个等号总是很不妥的。另外，在龙山文化层下边，在河南北部、中部和西部的有些地方还有"仰韶文化"层的存在，这就足以証明在龙山文化的前边有一个"仰韶文化"。但是这两个文化虽有时間前后的区别，却不是繼續相承，一个完了，其他一个才开始，还有空間上的不同，这就是說它們不是在同一个地方兴起，因而較后的文化已經开始，而較前的还可以繼續存在不少的时候。从这一个观点来看，"仰韶文化"虽說比夏文化較早一些，可是仍很可能同它有些关系。要之，龙山文化与夏文化有很深的关系，但是因为它們中間还有互相错綜的地方，所以不能把它們互相等同；"仰韶文化"同夏文化也可能还有一些关系。这两点，在现在看来，似乎沒有多大的問題。可是龙山文化与夏文化，怎样地互相錯綜？"仰韶文化"与夏文化有什么样的关系？"仰韶文化"与龙山文化又怎样地互相关联？是否还有一种仰韶、龙山混合文化？如果有，它与夏文化又怎样地关联着？龙山文化与商文化关联的詳情如何？在它們中間是否还有一个間隔的短时期？这些同其他一系列的問題都还很不清楚，为现在的考古工作人員所应該努力解决的問题。

想解决夏文化的問題还需要指明这个詞可能包括两个不同的涵义。上面所說的夏文化全是从时間来看，所指的是夏代的文化。可是从前的人相信我国自炎黄以来就是統一的，我們却不敢附和，我們相信在夏代，氏族社会虽已到了

·592·

考古

1959 年刊佈的「夏墟」調查簡報　對於二里頭遺址，徐旭生在調查報告中感歎，「如果鄉人所説不虛，那在當時實為一大都會」。二里頭終於進入慧眼識珠的學者的視野

[10] 徐旭生：《1959 年夏豫西調查「夏墟」的初步報告》，《考古》1959 年第 11 期。

可以作為我們探索中國早期文明的有益線索。

一甲子的巨大收穫

自 1959 年秋季以來的 60 年裡，二里頭遺址的田野工作持續不斷，累計發掘面積達 4 萬多平方米，取得了一系列重要的成果。考古人薪火相傳，趙芝荃（1928—2016）、鄭光（1940—）、許宏（1963—）三任考古隊長先後主持發掘工作，參與田野工作的人員達數百人。

考古工作者在這裡發現了大面積的宮殿建築基址群和宮城城垣，以及縱橫交錯的道路遺跡；發掘了大中型宮室建築基址 10 餘座，大型青銅冶鑄作坊 1 處，綠松石器製造作坊 1 處以及其外圍的圍垣設施，與製陶、製骨有關的遺跡若干處，與宗教祭祀有關的建築遺跡若干處，以及中小型墓葬 400 多座，其中包括出土成組青銅禮器和玉器的貴族墓葬。此外，還發現並發掘了大量中小型房址、窖穴、水井、灰坑等遺跡，獲取了大量陶、石、骨、蚌、銅、玉、漆器和鑄銅陶範等遺物。[11]

20 世紀 60 年代的發掘現場

[11] 中國社會科學院考古研究所編著，許宏、袁靖主編 :《二里頭考古六十年》，中國社會科學出版社，2019 年。

20 世紀 60 年代揭露的 1 號宮殿基址主殿

20 世紀 70 年代揭露的 2 號宮殿基址南門與南廡

作為中國文明與早期國家形成期的大型都邑遺存，二里頭遺址的重要學術地位得到了國內外學術界的公認。同時，二里頭遺址地處古代文獻所記載的夏王朝的中心區域，二里頭文化的年代也大體在夏王朝的紀年範圍內。因此，二里頭遺址理所當然地成為探索夏文化和夏商王朝分界的關鍵性遺址。學者們在夏文化的探索上傾注了極大的熱情，呈現出百家爭鳴的盛況，其參與人數和發表學說之多，歷時之

當地的老人和婦女是考古隊發掘的主要勞動力

傳為盜墓者發明的「洛陽鏟」在考古勘查中仍發揮着重要的作用

2002 年宮殿區東部建築群發掘場景

「非典」中抱了個大金娃娃：發現中國最早的「紫禁城」

2003 年宮殿區的發掘

長，討論之熱烈，都遠超其他學術課題，為海內外學術界所矚目。[12]

二里頭：究竟姓夏還是姓商

如前所述，二里頭遺址是在探索「夏墟」和夏文化的過程中被發現的。如此巨大、輝煌的一座都邑，使得嚴謹而保守的學者們也禁不住感歎它所透出的濃重的「王氣」。大家都同意它已進入了文明時代，但這到底是誰留下的都城呢？中國考古學家對此抱有濃厚的興趣。

自發現以來，有關二里頭遺址與夏文化的爭論持續不斷。二里頭早於鄭州商城，但它究竟是夏都還是商都，抑或是前夏後商，學者們長期以來聚訟紛紜，爭議不休。徐旭生先生本來是在踏查「夏墟」的過程中發現二里頭遺址的。但他根據文獻記載，以及 50 年代當時對相關文化遺存的認識，仍推測二里頭遺址「為商湯都城的可能性很不小」。此後這一意見在學術界佔據主流地位達 20 年之久。20 世紀 70 年代後期，北京大學鄒衡教授獨自提出「二里頭遺址為夏都」說，學

筆者陪同鄒衡教授考察二里頭遺址（2005 年）

[12] 河南省考古學會、河南省博物館編：《夏文化論文選集》，中州古籍出版社，1985 年。鄭傑祥編：《夏文化論集》，文物出版社，2002 年。

界遂群起而攻之。此後，各類觀點層出不窮。從作為先行文化的中原龍山文化晚期到二里頭一、二、三、四期，直至二里崗文化初期，每兩者之間都有人嘗試着切上一刀，作為夏、商文化的分界，而且都有各自的道理。三十年河東，三十年河西，到了世紀之交，學界又一邊倒地形成了以鄒衡先生的觀點為中心的共識。近年，這一共識又有所搖擺，人們開始認可二里頭文化只是夏文化的一部分的觀點。

鄒衡《夏商周考古學論文集》

說到這裡，有人會問，「主流觀點」和「共識」就更接近歷史的真實或者真理嗎？那麼在原來的「主流觀點」和現在的「共識」之間，哪一個更接近史實或者真理呢？而且，別忘了還有一句老話叫「真理往往掌握在少數人手裡」。夏商周考古學的大家鄒衡教授，正是憑着這樣的信念特立獨行，堅持己見，才迎來了以他的觀點為中心的學界的「共識」。然而這句老話是否又過時了呢？

可以這樣講，專家學者提出的每一種觀點都有其道理和依據，而幾乎每一種觀點所依憑的證據又都能找出例外和反證來。你在讀了本書和其他相關論著，了解了關於夏商之爭的來龍去脈和焦點後，也可以提出自己的觀點來。只不過所有提法都只是可備一說，代表一種可能性，你說服不了對方，對方也辯不倒你而已。用一句稍顯正規的說法就是，這一問題暫時還不具有可驗證性。由於迄今為止沒有發現像甲骨文那樣可以確證考古學文化主人身份的當時的文字材料，二里頭的王朝歸屬問題仍舊是待解之謎。

研究史的啟示

說到底，不會說話的考古遺存、後代的追述性文獻、並不「絕對」

的測年數據，以及整合各種手段的綜合研究，都無法徹底解決信史時代之前人群的族屬與王朝歸屬問題。以往的相關討論研究都還僅限於推論和假說的範疇。二里頭都邑王朝歸屬之謎的最終廓清，仍有待於包含豐富歷史信息的直接文字材料的發現和解讀。

眾所周知，碳十四測年技術這一物理學的測定方法，給考古學年代框架的確立帶來了革命性的變化。它使缺乏直接文字材料的早期歷史，尤其是史前時代和原史時代的研究，開始有了「絕對年代」的概念。但既有的研究表明，無法消除一定誤差的測定值，能否滿足偏於晚近、要求精確年代的夏商周時代的研究需求，仍是學術界關注的話題。

應當指出的是，在考古學家致力解決的一長串學術問題中，把考古學文化所代表的人群與歷史文獻中的國族或者王朝歸屬對號入座的研究，並不一定是最重要的。暫時不知道二里頭姓夏還是姓商，絲毫不影響我們對它在中國文明發展史上的地位和分量的認知。説句實在話，這也不是考古學家最擅長的。考古學家最拿手的，是對歷史文化發展的長程觀察；同時，儘管懷抱「由物見人」的理想，但説到底考古學家還是最擅長研究「物」的。對王朝更替這類帶有明確時間概念的、個別事件的把握，肯定不是考古學家的強項。如果揚短避長，結果可想而知。回顧一下研究史，問題不言自明。

話説回來，目前掌握的各方面的材料，也確實不足以徹底解決這類問題，換句話説條件還不成熟。那就不妨把它放一放，作為一個待解之謎，讓它吊着考古學家和歷史學家的胃口，引誘着他們去發現更多的奧秘，大家拭目以待，肯定還會有令人振奮的發現。

地靈中原

「第一王都」的誕生背景

東方「大兩河流域」：農業起源的溫床

東亞大陸這個巨大的地理單元，又可以再劃分為三個自然地理區域，即青藏高寒區、西北乾旱區和東方季風區。前兩區的自然環境較差，人口稀少，文化發展相對滯後。後者又可分為東北、華北、華中和華南四個地區，其中東北地區緯度較高，氣候寒冷，不可能成為農業起源的地區，文化發展也受到一定的阻礙；華南地區氣候炎熱多雨，食物資源非常豐富，在史前時期沒有發展農業的迫切需要，從而也影響到史前文化的發展。

在東方季風區中，華北和華中的自然條件最好。華北地處黃河流域中下游，屬於暖溫帶季風氣候，年降水量多在 400－500 毫米，為半乾旱和半濕潤地區。華中基本上屬於長江流域，為亞熱帶季風氣候，年降水量達 1000－1500 毫米，而且水熱同步，四季分明，是全球同緯度地區氣候條件最好的地方。這兩個地區都有漫長的冬季，食物比較匱乏，需要尋找能夠長期儲藏的食物資源以彌補冬季食物的不足。能夠滿足這個條件的只有某些可以栽培的野生穀物，華北有狗尾草和野生黍，可以培植為粟和黍；華中有普通野生稻，可以培植為栽培稻。因而這兩個地區便成為旱地粟作農業和水田稻作農業起源的大溫床。這兩大農耕區的分界，大致在秦嶺與淮河一線，延續至今。在新石器時代，這裡逐步形成兩大農業體系，聚落眾多，人口稠密，這就為日後中國文明的起源打下了堅實的基礎。

鑒於此，著名考古學家嚴文明把孕育出中國文明的這兩大流域稱為東方的「大兩河流域」[1]；而中國古代文明，實際上是東方的「兩河流域文明」，它是一個比美索不達米亞要大得多的兩河流域文明。

[1] 嚴文明：《東方文明的搖籃》，《農業發生與文明起源》，科學出版社，2000 年。

東亞季風前沿及其變化趨勢 [2]　近年來，有學者指出，與降水量密切相關的東亞季風對中國的古氣候和古環境起着支配性作用。它不僅是影響湖泊水位、植被、洪水等環境狀況的最重要因素，也極大地影響着人類在這一地區為適應生態環境採取的行為方式

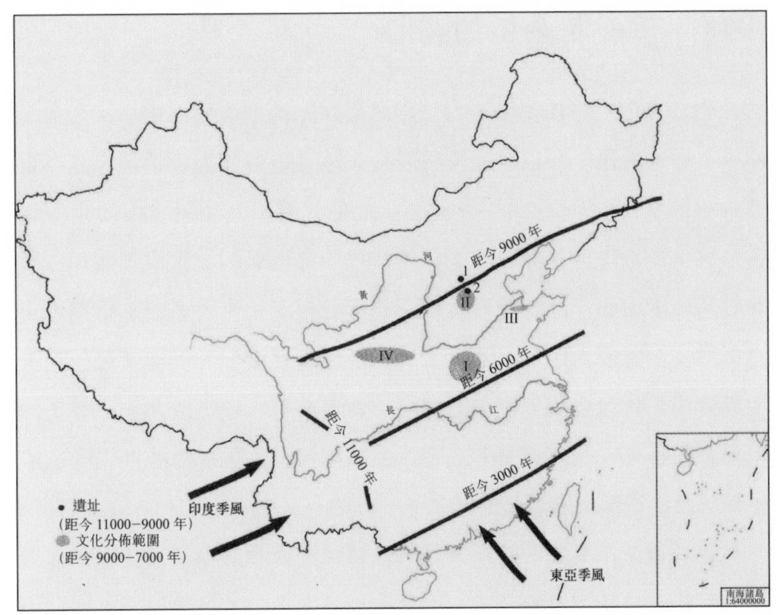

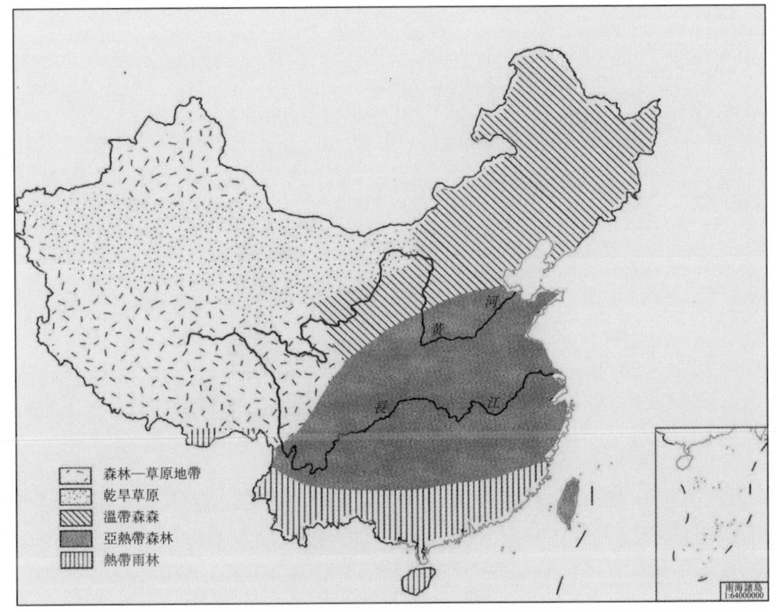

中國距今 6000 年的植被覆蓋情況 [3]

[2]　劉莉著，陳星燦等譯：《中國新石器時代：邁向早期國家之路》，文物出版社，2007 年，有改動；底圖審圖號：GS（2016）1569 號。

[3]　同上注。

中原：重瓣花朵中的花心

由於黃河、長江流域的自然環境優越，地理位置適中，又是最早進入文明的地區，所以在往後的發展中總是處在領先的地位，成為東亞地區經濟文化發展的核心地區。而在這個核心地區之中的中原地區，又由於地理位置優越，能夠博採周圍各區域的文化成就而加以融合發展，從而在一定時期形成核心之中的核心，自二里頭文化開始成為中國文明發展的中心。華夏文明就是從這裡發生，以後又擴展到更大範圍的。各地史前文化相互作用，此消彼長，逐漸從多元一體走向以中原為核心、以黃河和長江這「大兩河流域」為主體的多元一統的格局，再把周圍地區也帶動起來。

這種重瓣花朵式的結構既是一種超穩定性的結構，又是保持多樣性因而充滿自身活力的結構。由於這種結構本身所具有的凝聚與向心

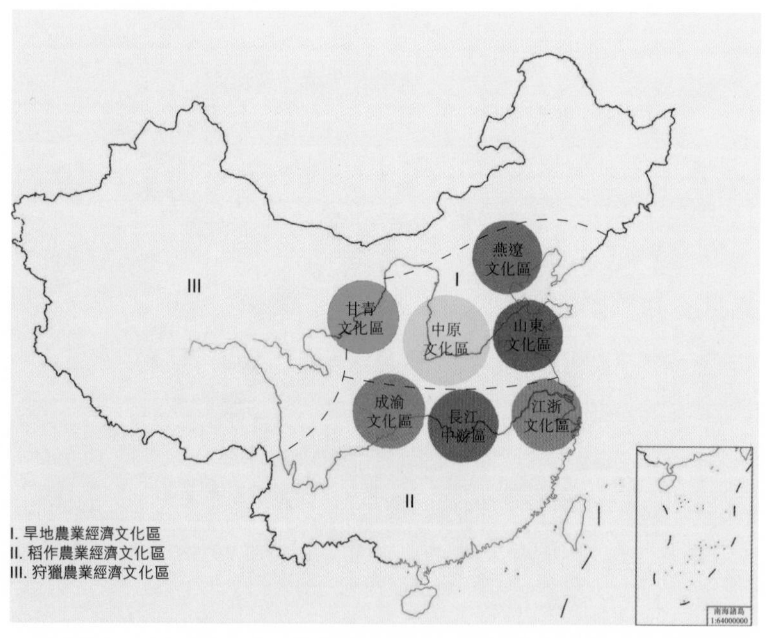

東亞「大兩河流域」史前文化圈的分佈 [4]

嚴文明教授把整個中國的古代文化形容為一個重瓣的花朵：中原是花心，周圍的各文化中心好比是裡圈花瓣，再外圍的一些文化中心則是外圈花瓣。這種結構的產生是以中國自然地理這一客觀條件為前提的

[4] 嚴文明：《中國史前文化的統一性與多樣性》，《文物》1987 年第 3 期。

的作用，因而能夠在文明產生以後的發展過程中，相鄰與相近的文化逐步融合，從而使文化的統一性越來越強，具體表現為花心部分越來越大。中國文明的歷史之所以幾千年連綿不斷，就是與這樣一種多元一體的重瓣花朵式的文化結構與民族結構的形成與發展分不開的。[5]

當然，關於這一重瓣花朵中中原「花心」地位形成的時間，究竟是始自仰韶文化極盛期，還是仰韶時代晚期、龍山時代，抑或二里頭時代，學術界還有不同的意見。[6]

四方輻輳的交通戰略要地

從水系上看，處於華北和華中地區的有黃河、淮河和長江三大水系。而鄰近黃河主幹道的洛陽至鄭州一帶當然屬於黃河流域。這些中原城市，給人的印象都是與黃河鄰近的城市，但其以南直接就是南方的大水系。指出這一點是相當重要的，它具有兩方面的意義。其一，它是連接中原與南方各地的交通孔道，中原在南北交通上處於極為重要的樞紐地位；其二，與南方水系相關聯的生態環境，和與黃土地帶所代表的黃河水系的生態環境，在嵩山南北一帶相交錯。

再看看洛陽至鄭州一帶與黃河以北地域的關係。即使在整個黃河流域，洛陽至鄭州一帶也是屈指可數的可以安全地渡過黃河、維持安定的南北間交通的適宜之地。而且，在黃河以北，連綿的太行山脈由南至北縱向隔斷華北地區，就中原與黃河以北的交通而言，有沿太行山脈東側連接燕山南北一帶的通道、沿其西側的晉中盆地連接鄂爾多斯和內蒙古中南部的通道。中原恰好位於這兩大通道的南端，是兩者的交匯之地。

[5] 嚴文明：《中國史前文化的統一性與多樣性》，《文物》1987 年第 3 期。

[6] 趙輝：《以中原為中心的歷史趨勢的形成》，《文物》2000 年第 1 期。趙輝：《中國的史前基礎——再論以中原為中心的歷史趨勢》，《文物》2006 年第 8 期。許宏：《二里頭與中原中心的形成》，《歷史研究》2020 年第 5 期。

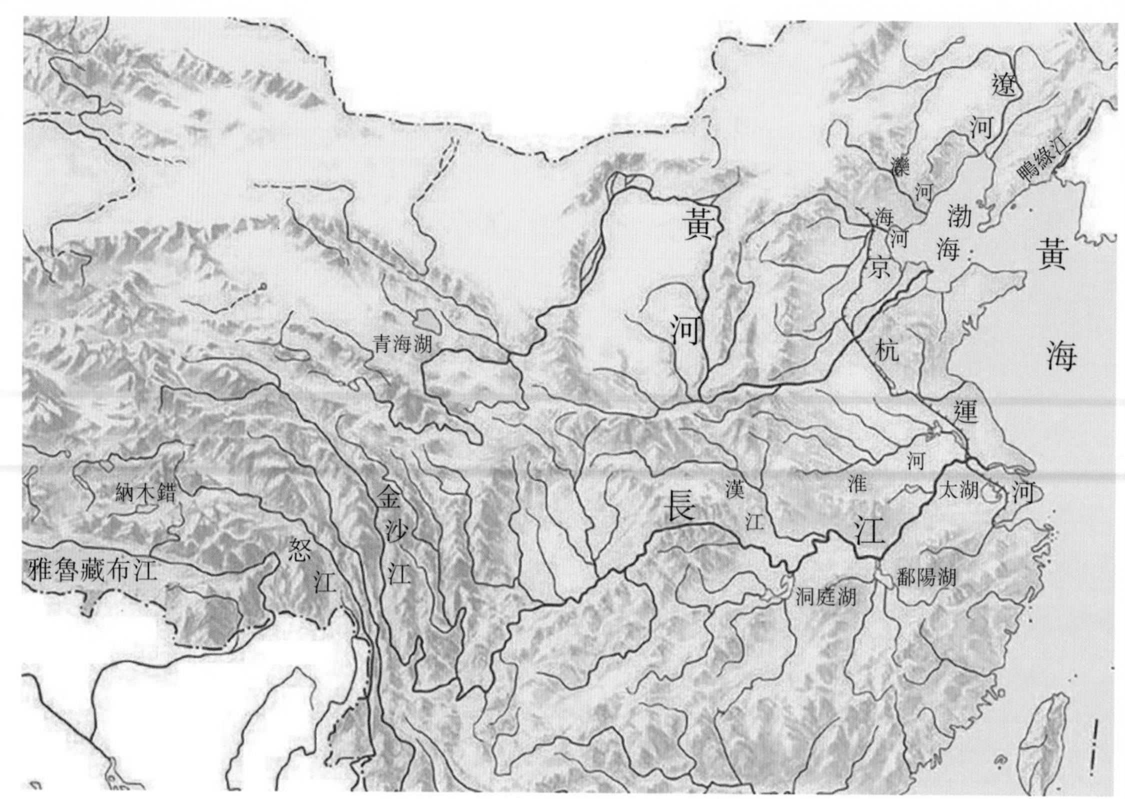

黃河、長江及其周邊水系　我們看看這張圖就可以得知：由洛陽盆地向南越過嵩山，即可到達淮河的支流潁河和汝河的上游，從而進入淮河水系。再南下至南陽盆地，即可到達漢江的支流白河，進入長江水系。由潁河、汝河入淮河向下，則很容易地進入長江下游；由白河入漢江向下，則達於長江中游的城市武漢

以黃河沖積平原相隔，中原也正位於以西的關中平原和以東的海岱地區之間，是與東西雙方保持緊密交通聯繫的重要孔道。向東由黃河、古濟水、淮河可達黃河下游，向西由黃河、澗河河谷過三門峽、函谷關可達關中甚至更西的地區。

可知，中原正處於東亞大陸東西、南北間交通中樞的位置上。如後所述，在二里頭時代，帶有二里頭文化因素的遺物，在燕山南北、鄂爾多斯、甘青一帶、四川盆地、長江中游、長江下游以及華南等地，即上述交通要道終點所在的遠方都有發現。二里頭文化橫跨嵩山北側的洛陽盆地與嵩山南側的潁河、汝河流域，二里頭文化所代表的社會，也整合為跨黃河流域和淮河流域的政治實體，更將其勢力擴展至黃河以北，形成東亞大陸前所未有的地域關係的中心點。

兩大農業區的交匯帶

另一方面，中原又是東亞大陸東西、南北生態地理條件各異的諸地域的交叉區。在新石器時代，這裡就是粟作農業區和稻作農業區的交匯地帶。二里頭文化的社會即建立在以粟作農耕和稻作農耕為主的多元農業的基礎上。

史前時期多數地域性文化所代表的社會組織，往往因適應單一的環境而建立在單一的農業基礎之上，如長江下游地區良渚文化建基於稻作農業之上。有學者研究指出，這類文化適應當地生態環境和進化的程度越深，就越容易走進進化的「死胡同」。假如環境變遷或其他原因導致其基礎發生動搖，這種社會就難以找到新的發展方向，也就極有可能因其脆弱性而走向衰退甚至崩潰。[7] 二里頭的崛起與飛速發

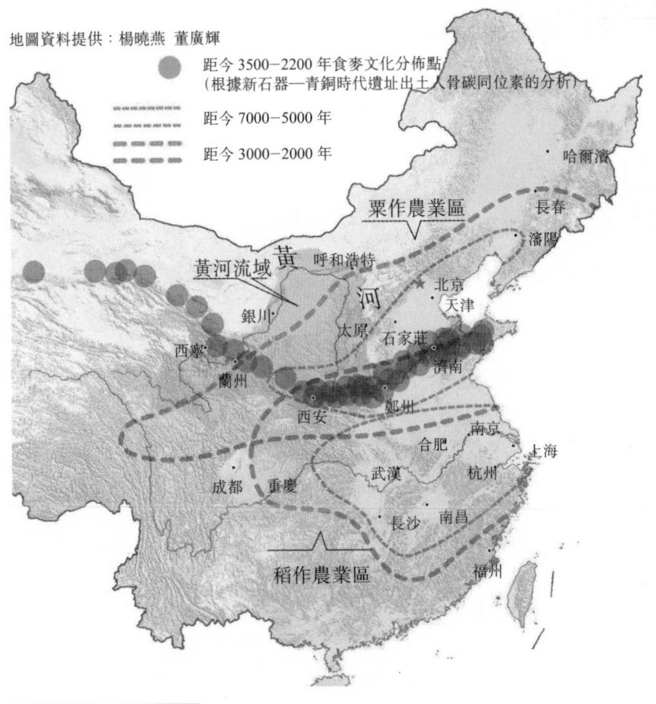

中國史前粟作與稻作分佈區 [8] 中原地區恰是史前粟作和稻作農業的交匯區

[7] 趙輝：《良渚文化的若干特殊性——論一處中國史前文明的衰落原因》，《良渚文化研究——紀念良渚文化發現六十周年國際學術討論會文集》，科學出版社，1999 年。

[8] 楊曉燕：《小米、大米和麥子最早混種於黃河流域》，《中國國家地理》2017 年第 10 期。

展，與這種模式恰好形成鮮明的對比，旱地作物與水田作物的互補，可以使其更大程度地適應自然環境的變化，從而因具有相對穩定的生業基礎而大大增強了生命力。

兩大自然和文化板塊的接合部

如果您面前有一張彩色的中國地形圖，您會很自然地發現前述中國三個自然地理區域基本上是由三個大的色調來表現的，即青藏高寒區大體呈褐色，西北乾旱區大體呈黃色，而東方季風區則大體呈綠色。其中，後二者的交界線由東北綿延斜下而至西南，劃分出面向內陸和面向海洋的兩大地理板塊。著名的「胡焕庸線」—— 中國人口地理分界線與其大致相合。

胡煥庸線

中國地理學家胡煥庸（1901—1998）在 1935 年提出的劃分我國人口密度的對比線。最初稱「璦琿—騰衝一線」，因地名變遷，現稱「黑河—騰衝一線」。

中國著名考古學家蘇秉琦教授指出：東亞大陸面向內陸的部分，多出彩陶和細石器；面向海洋的部分則主要是黑陶、幾何印紋陶、有段和有肩石器的分佈區域，民俗方面還有拔牙的習俗。我在早年梳理中國史前時期甕棺葬的材料時，也發現面向內陸的部分，甕棺葬較多見；而面向海洋的部分，甕棺葬則極罕見。[9]

美國學者吉德煒教授也把中國新石器時代文化劃分為兩個大的文化共同體，即中國西北部和中原地區的西部為一個共同體，東部沿海和中原地區的東部為另一個共同體。他把這兩個文化共同體稱為

[9] 蘇秉琦、殷瑋璋：《關於考古學文化的區系類型問題》，《文物》1981 年第 5 期。許宏：《略論我國史前時期甕棺葬》，《考古》1989 年第 4 期。

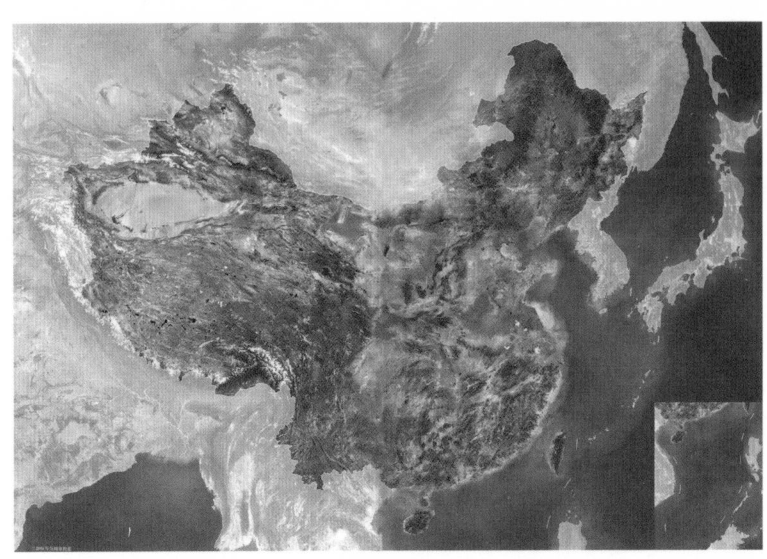

中國地形圖[10]

西北部文化圈和東部沿海（或東部）文化圈，認為兩大文化圈之間在技術和審美的若干方面表現出極大的差異，並指出兩個大文化共同體的相互影響具有重要意義。[11]

無論從地理還是文化上看，中原都處於兩大板塊的交匯地帶。

新石器時代的東亞大陸廣大地域，曾普遍使用過兩種三足炊器，即實足的鼎和空足的鬲。因而曾有學者把中國古文化稱為「鼎鬲文化」。鼎分佈於海岱地區、長江中下游，以及中原地區的東部和南部；鬲則分佈於整個華北西北部、中原地區的北部和西部。[12] 從宏觀上看，兩者的交錯區域正好位於洛陽至鄭州一帶，這也正是東亞大陸面向內陸和面向海洋兩大文化系統的交匯地。二里頭文化先盛行用鼎，後亦用鬲，鼎鬲共存，暗寓着面向內陸的鬲文化和面向海洋的鼎文化的碰撞與融合。高度興盛的王朝文明正是這種碰撞和融合的產物。蘇秉琦

[10] 范毅、周敏主編：《世界地圖集》，中國地圖出版社，2011 年。

[11] [美] 吉德煒著，陳星燦譯：《考古學與思想狀態 —— 中國的創建》，《華夏考古》1993 年第 1 期。

[12] 嚴文明：《中國古代文化三系統説 —— 兼論赤峰地區在中國古代文化發展中的地位》，《中國北方古代文化國際學術研討會論文集》，中國文史出版社，1995 年。

教授把黃河中游以汾、渭、伊、洛流域為中心的中原地區，稱作「在中華民族形成過程中起到最重要的凝聚作用的一個熔爐」[13]。

作為王朝文明之先導的二里頭文化，形成於新石器時代兩大文化板塊的交匯地帶。其後的商周王朝時期，伴隨着中原王朝勢力圈的擴大，屬於華北系統的鬲擴散到長江流域和海岱地區。同時，東南系統的鼎在早期王朝時代的中原，作為陶器器類之一種走向衰退，卻作為中原王朝青銅禮器的代表性器物而得到重用，成為商周王朝禮儀用器的核心。興起於中原王朝的、作為青銅禮器之製造基礎的陶範製作技術，實際上是新石器時代後期興盛於華北文化系統的製模技術，與東南文化系統中發達的快輪技術相互融合的產物。因此，在新石器時代文化系統間的相互關係中，可以窺見中國文明形成的文化史的源流。

洛陽盆地：形勝甲天下的「地理王國」

洛陽盆地地處黃河中游的河南省西部，屬中原腹地。從東西方向看，這裡正處於黃土高原的東南緣，中國地勢的第二階梯和第三階梯的過渡地帶。

該區域的地貌大體可分為山地、丘陵、平原三大類型。盆地內南北高，中間低，略呈槽形。北部為邙山黃土丘陵，中部是呈三級階地的伊、洛河沖積平原，南部為萬安山低山丘陵和山前洪積沖積坡地。盆地呈東西狹長的橢圓形，地勢自東向西傾斜，盆地內西部海拔 150 米左右，向東逐漸降至 110 餘米。整個盆地的總面積逾 1000 平方公里。[14]

盆地內是廣袤的平原，地勢平坦開闊，交通便利；氣候溫暖，物產豐茂。肥沃的沖積平原保證了農業生產的豐收，使之能夠養活密集的人口。相對封閉的自然環境顯然也有利於軍事防衛，盆地周圍山巒

[13] 蘇秉琦：《中國文明起源新探》，生活・讀書・新知三聯書店，1999 年。

[14] 黎承賢、韓忠厚等：《洛陽》，中國建築工業出版社，1990 年。河南省地方史志編纂委員會編纂：《河南省志・地貌山河志》，河南人民出版社，1994 年。

洛陽盆地地勢圖 洛陽盆地四面環山，其北、西分別以秦嶺山系崤山支脈的邙山和周山為屏，東南、南臨嵩山及其餘脈萬安山。其中邙山是黃河與洛河的分水嶺，嵩山是洛河與汝河、潁河等淮河水系的分水嶺。洛陽盆地在地質學上屬坳陷盆地，盆地內有伊、洛、瀍、澗諸河流縱橫其間，其中洛河及其支流伊河橫貫盆地，在盆地東部匯合為伊洛河，最後注入黃河。既相對獨立，又四通八達，地理形勢相當優越

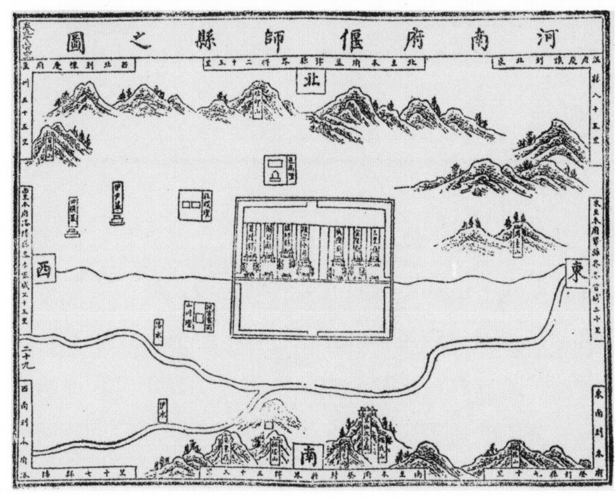

《永樂大典．河南府志》中的偃師縣圖

相交處的交通孔道上，歷代設有多處關隘要塞，號稱東有轘轅之險，西有崤函之固。因此，洛陽盆地歷來為兵家必爭之地，帝王建都之所。

有學者從生態環境的角度論述了洛陽盆地所具有的多重過渡性特徵：氣候方面，這裡處於北亞熱帶向暖溫帶的過渡帶；地形方面，這裡處於二級階梯向三級階梯的過渡帶；緯度方面，這裡處於中緯度向

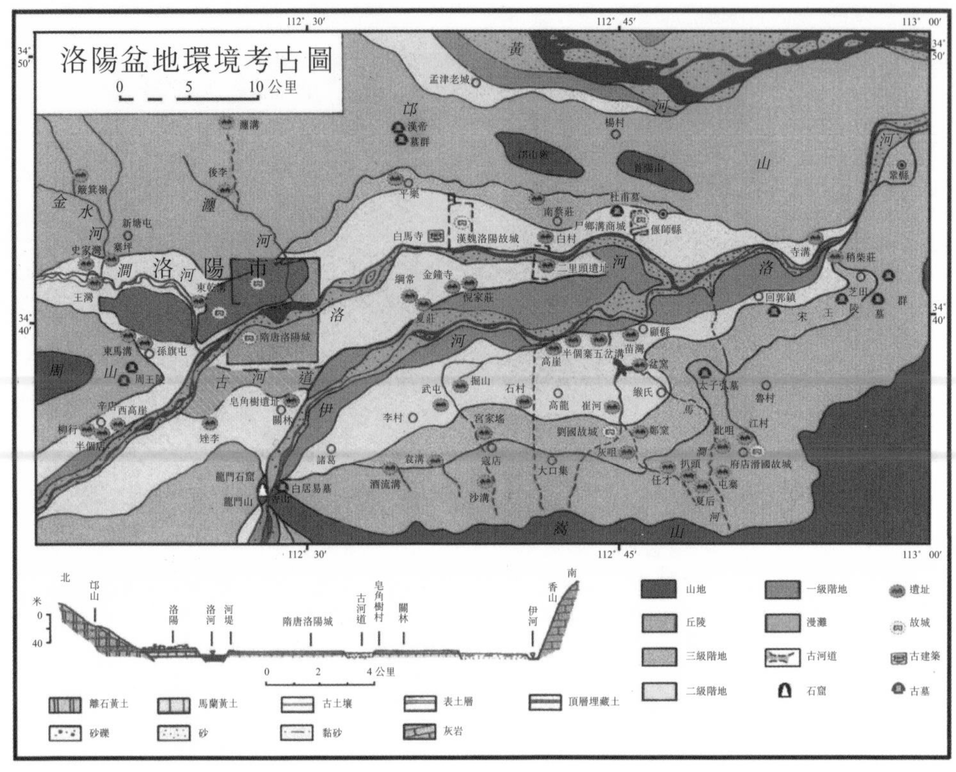

洛陽盆地環境考古圖 [16]

高緯度的過渡帶；經濟文化類型方面，這裡處於粟作農業和稻作農業的過渡帶；文化傳統方面，這裡則是四方文化的輻輳之地。這些過渡性特徵及其所具有的多重邊緣效應（edge effect），使洛陽盆地不僅具有多重的生態適宜性，而且具有很強的環境承載力，從而成為早期王朝建國立都的理想生境。[15]

建於盆地內的都邑如二里頭遺址、偃師商城、周王城、漢魏洛陽故城、隋唐洛陽城都分佈在盆地北側寬廣的二級階地上，顯現出以盆地周邊山脈為屏障，以整個盆地為「大郭」的氣勢。中國古代以水之

[15] 宋豫秦、韓玉玲等：《中國文明起源的人地關係簡論》，科學出版社，2002 年。

[16] 洛陽市文物工作隊編：《洛陽皂角樹（1992 ～ 1993 年洛陽皂角樹二里頭文化聚落遺址發掘報告）》，科學出版社，2002 年。

北、山之南為「陽」。上述幾大都邑，都位於古洛河的北岸（隋唐洛陽城雖跨河而建，但其重心仍在洛北），是為「洛陽」。而二里頭遺址是其中最早的一處，因此可說是最早的洛陽。

二里頭：「文化雜交」的碩果

有學者引進生態學上交會帶（ecotone）和邊緣效應的概念原理，指出在這樣的地理和文化背景下，中原文化區系才能從四面八方吸收各地優良文化因子與本身文化融合為一，從而產生了雜種優勢文化。而中國古代文明的基礎就是以中原文化為主體與四周文化所產生的雜種優勢文化。[17] 這一概念頗具啟發性。

讀世界文明史，常常會感覺良渚文明與埃及文明何其相似：單一的經濟，較為封閉的地理環境，極少的對外交往，內部封閉而高度發達的祭祀政治。湯因比認為，埃及文明的悲劇就在於它的純潔性，正是這種純潔性使得埃及文明很早就喪失了發展的動力，正是因為缺乏「文化雜交」，它很早就成了文明進化道路上的「木乃伊」。[18] 從這一點上看，二里頭文明則頗像兩河流域的美索不達米亞文明，接受四方衝擊的洗禮，在血與火中「涅槃」昇華；同時也得四方之賜，東西南北文化因素的融合，成就其高度的發展和政治（處理共同體內外人與人之間的關係）的成熟。只有具備了這種「雜交」之利，經歷衝突、磨合和陣痛，才容易達致文明的高度。

二里頭的這種「雜交」融合的特徵，表現在多個方面，如農耕社會與畜牧型農耕社會的交流融合，粟作農業與稻作農業的融合，建基於兩大農業體系的不同信仰祭祀系統的融合，以及鼎文化與鬲文化的融合，青銅文化與玉文化的融合，等等。這些內容都將在下文中逐步展開。

[17] 陳良佐：《從生態學的交會帶（ecotone）、邊緣效應（edge effect）試論史前中原核心文明的形成》，《中國考古學與歷史學之整合研究》，「中央研究院」歷史語言研究所（台北），1997 年。
[18] ［英］阿諾德・湯因比著，郭小凌等譯：《歷史研究》，上海人民出版社，2010 年。

王都氣派

城市規劃的先端

絕妙的都邑選址

就都邑的選址而言，二里頭的地理位置極其優越。其地處洛陽盆地東部，背依邙山，南望嵩嶽，坐落於古伊洛河（古代伊河和洛河在二里頭上游即已匯合，因此從嚴格的意義上講應稱為古伊洛河而非古洛河）北岸的微高地上。

二里頭遺址衛星影像

勘查結果表明，遺址東西最長約 2400 米，南北最寬約 1900 米，現存面積約 300 萬平方米

二里頭遺址的地貌
現在遺址南緣偏東臨古河道處仍有高差在2–3米的斷崖

二里頭都邑創建之初，洛陽平原一帶的風光遠不是今人站在當地能想像得出來的。那是一片被綠色覆蓋着的大地。從那個時期的遺址中出土的植物花粉和動植物遺存看，山上是鬱鬱蔥蔥的森林，平原上的濕地隨處可見。

現在流經二里頭遺址北部的洛河河段，是始於漢魏時期「堰洛通槽」的水利工程使洛河故道逐漸淤塞而改道的。[1] 遺址現存範圍的東緣、南緣、西緣大體接近於原始邊緣，僅其北部遭到洛河河床的切割破壞。[2] 據現有資料分析，其北緣最大可能位於現洛河河床內，估計原聚落面積應在400萬平方米左右。

[1] 段鵬琦：《漢魏洛陽城與自然河流的開發和利用》，《慶祝蘇秉琦考古五十五年論文集》，文物出版社，1989年。中國社會科學院考古研究所洛陽漢魏城工作隊：《北魏洛陽外郭城和水道的勘查》，《考古》1993年第7期。

[2] 中國社會科學院考古研究所編著：《偃師二里頭（1959年～1978年考古發掘報告）》，中國大百科全書出版社，1999年。杜金鵬、許宏主編：《偃師二里頭遺址研究》，科學出版社，2005年。中國社會科學院考古研究所編著：《二里頭（1999～2006）》，文物出版社，2014年。中國社會科學院考古研究所編著，許宏、袁靖主編：《二里頭考古六十年》，中國社會科學出版社，2019年。本書所引二里頭遺址的考古資料主要出自上引書，一般不另注明。

從微地貌上看，二里頭遺址似乎地處地勢低下的河流下游近旁。查《偃師縣誌》，二里頭遺址所在的伊、洛河間的「夾河」地區，歷朝歷代，洪澇災害不斷[3]，按說並非理想的建都之地。到過二里頭遺址的人，如果僅是參觀了位於二里頭村南的考古研究所二里頭工作隊駐地和宮殿區一帶，也都認為它不過坐落於平展的洛陽平原之上而已。但如果你站在遺址南面的伊洛河故道內眺望緊臨河道的遺址，是可以用「仰望」來形容的。遺址範圍內海拔 119 米左右，形成凸起的台地，以東南部和東部最高。遺址外圍海拔 117－118 米。據了解，整個遺址中心區的高地在 20 世紀後半葉歷年平整土地的過程中，至少被削掉 1 米以上，說明以前遺址的海拔應當更高。

前些年，我們在二里頭遺址發掘時，曾聽當地的村民講：1982 年夏，伊、洛河流域大水，整個「夾河」地區全部被淹（據《偃師縣誌》記載，此次洪災中伊、洛河出現特大洪峰，多處決堤，受災嚴重），唯有二里頭、圪當頭、四角樓、北許四村間這片高地在水面之上。這片高地，正是考古工作者探明的二里頭都邑所在地！經核實，當時的水位線在海拔 118 米左右，與我們確認的遺址現存邊緣線基本吻合。這從一個側面反映了二里頭遺址微地貌的優越性，頗合於《管子》中「高毋近旱而水用足，下毋近水而溝防省」的擇都原則。

二里頭的今昔：聚落演變大勢掃描

近年二里頭遺址的考古勘查與發掘，使我們對遺址空間佈局及其演變過程有了更多的了解。

最早出現於二里頭的，是仰韶文化晚期和隨後的中原龍山文化早期的幾個小聚落，它們僅沿古伊洛河北岸零星分佈。在龍山文化聚落廢毀後數百年，才有新的人群即二里頭文化的秉持者（也可以把他們

[3] 偃師縣誌編纂委員會編纂：《偃師縣誌》，生活．讀書．新知三聯書店，1992 年。

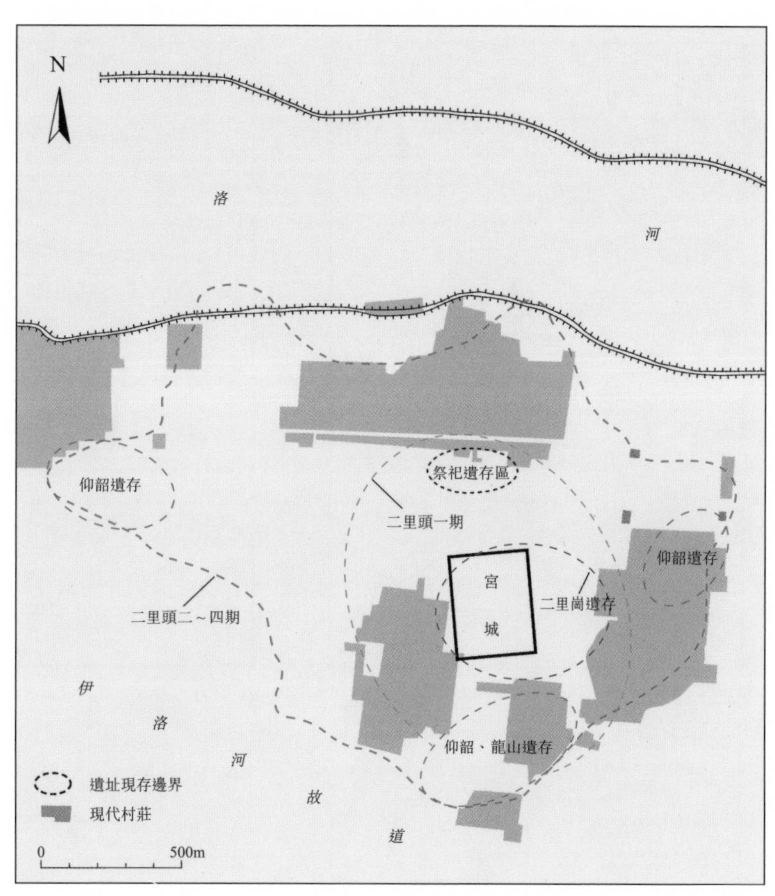

二里頭遺址各期遺存分佈範圍示意

稱為二里頭人)，於公元前1800年前後來此安營紮寨。在被考古學家稱為二里頭一期的初期階段，聚落面積就超過了100萬平方米，似乎已發展成伊洛地區乃至更大區域的中心。如此迅速的人口集中只能解釋為來自周邊地區的人口遷徙。這一時期的出土遺物包括不少貴族用器，如白陶、象牙和綠松石製品，以及青銅工具，但由於晚期遺存對該期堆積的嚴重破壞，聚落的佈局尚不清楚。

從第二期開始，聚落的面積已有300萬平方米以上，宮殿區(約12萬平方米)出現縱橫交錯的大路，興建起了大型宮室建築。宮殿區以南有圍垣手工業作坊區，鑄銅作坊和綠松石器作坊可能都已開始生

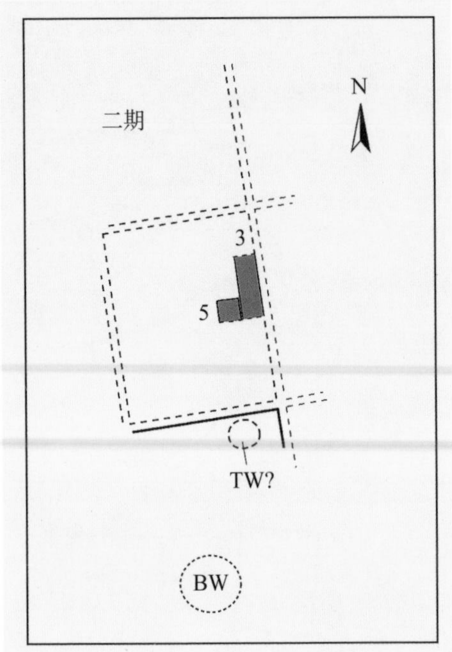

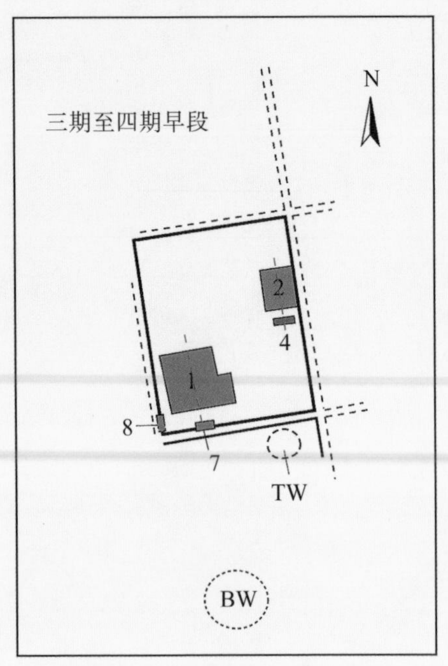

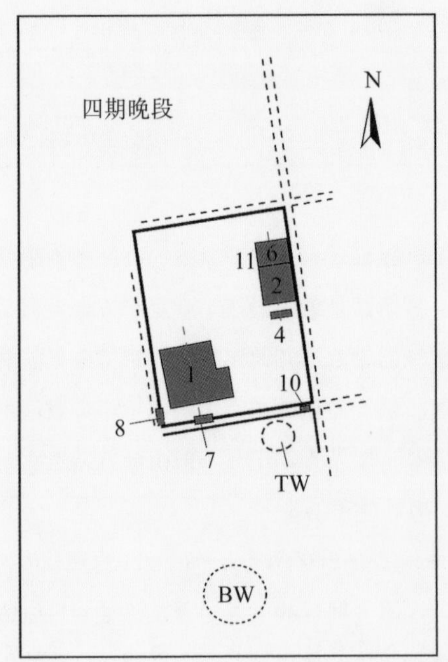

TW 綠松石器作坊

BW 鑄銅作坊

1~11 大中型建築基址

道路

夯土牆

中軸線

二里頭中心區佈局的演變

疊壓和打破

描述考古地層中堆積單位之間的累積關係。遺址中地層或遺跡的上層覆蓋下層，即為疊壓關係，一般年代早的地層或遺跡在下，晚的在上面。打破關係是一種堆積在形成過程中破壞了原有的堆積，被打破者早於打破者的年代。

產貴族用奢侈品。這表明二里頭都邑從二期開始進入全盛期，其城市規劃的大的格局已基本完成。

至考古學家稱之為第三期的二里頭文化晚期，這處都邑持續興盛，由宮殿區、鑄銅作坊及圍垣作坊區等構成的總體城市佈局一仍其舊。同時，也有若干新的變化。首先，沿四條大路內側修築起了面積達 10.8 萬平方米的宮城。其次，宮城內新建起了兩組帶有明確中軸線規劃的大型宮殿建築群。這一佈局昭示了更為嚴整的宮室制度的形成。此外，鑄銅作坊開始生產作為禮器的青銅容器。

所有建於第三期的宮室建築與宮城、綠松石器作坊、鑄銅作坊及其外的圍垣設施，以及四條垂直相交的大路都沿用到了二里頭文化第四期，而且這一時期還在興建新的大型建築物。出土於第四期墓葬中的銅禮器在數量、種類和質量上都超過了以往。

沒有證據表明二里頭都邑毀於火災或戰爭，但具體的衰敗原因與過程尚不得而知。這一龐大的中心城市最終在二里崗文化晚期淪為一般聚落，遺存僅見小型房址、灰坑、墓葬等，它們疊壓或打破了二里

漢墓與「華夏第一王都」碑　二里頭考古隊門前的漢代墳丘，現仍殘高 10 餘米，當地村民稱之為「大塚」，這是遺址內唯一的制高點。2005 年，偃師市政府在塚旁建了廣場，廣場上立起了「華夏第一王都」碑

頭文化的宮室基址。此後，聚落徹底廢毀。

據花粉分析的結果，作為都邑的二里頭遺址的環境經歷了由森林與濕地較多向乾燥的草原變化的過程。這應當與伴隨王都建設、人口激增而帶來的人為的環境破壞有一定的關聯。

至東漢時期，這裡是京郊的墓地（當時的都城在二里頭遺址以西的漢魏洛陽城）與居住區，這一時期的文化堆積、墓葬和其他遺跡給二里頭時期的遺存造成了很大的破壞。現在聳立在二里頭考古隊門前的高大的墳丘，就是東漢時期的一座高級貴族墓，地下尚保存有陵園建築的基礎。二里頭到圪當頭村之間幾個稍小的墳丘直到新中國成立後才被平毀而徹底消失。此後，這裡成了周圍幾個村莊的耕地。

如前所述，遺址的中心區地勢最高，在一般情況下，這裡也應是後代村落選址的理想地點。但在二里崗文化時期之後，這裡一直未有大的聚落疊壓於二里頭都邑之上，直至現代。目前遺址邊緣地帶的三四個村落的地勢都較宮殿區低，20 世紀 80 年代以前的二里頭村和北許村都在遺址中心區所處高地的北側，以東的圪當頭村寧可填平低地也基本上未向宮殿區發展。圪當頭村村民中流傳着村西高地一帶是神鬼的居處，不能侵入的說法。究其原因，應與這裡在東漢一帶成為大型墓地有關。後代村落因忌諱而避開了古代墓地，可能是二里頭都邑得以較完整保存下來的主要原因。今天我們了解到了這些情況，不禁感歎二里頭遺址能較完好地保存到今天，實屬萬幸。

人口高度集中的超大型都邑

已有學者對二里頭遺址二里頭文化繁盛時期的人口進行了估算。有的學者推測當時人口有 6200 戶以上，總人數當在 31000 人以上；也有學者推測當時人口為 22500−28000 人；還有學者估算二里頭時代人

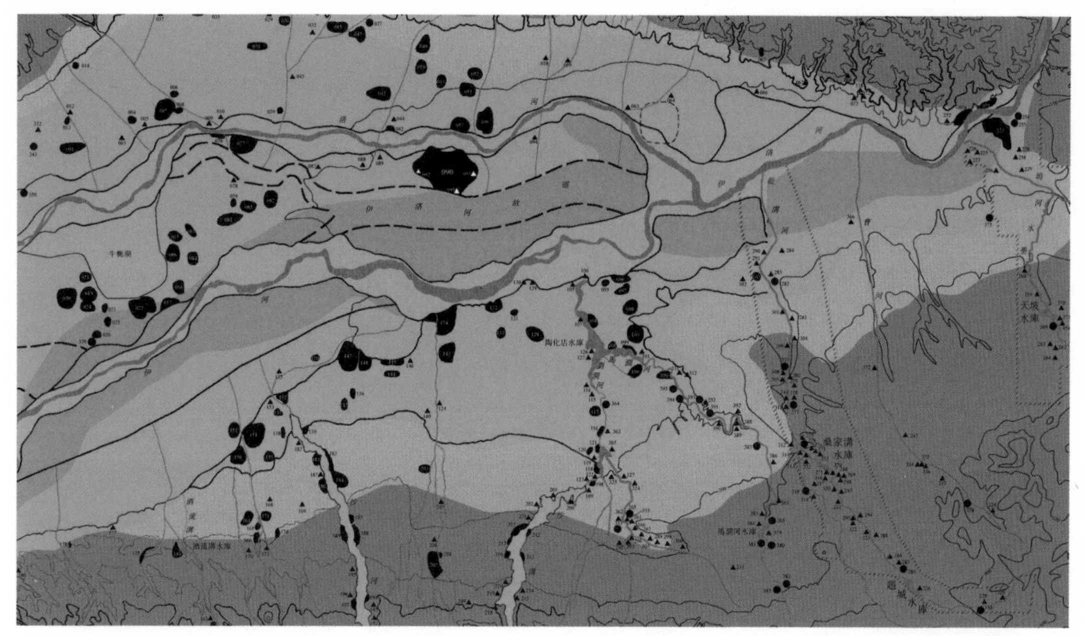

洛陽盆地二里頭時代的聚落分佈 從聚落形態的演變過程看，二里頭遺址所在的洛陽盆地在史前時期一直屬人口密集分佈區，但仰韶文化和龍山文化時期最大遺址的面積僅 60 餘萬平方米，這與二里頭遺址形成了鮮明的對比

均佔地面積為 148 平方米，可推算二里頭遺址當時人口約 20300 人。[4]

古代人口問題極為複雜，每人所持推算標準也不盡相同，有待進一步探討。但值得注意的是，上述學者以不同的方法對二里頭遺址當時人口數所做推算，並無太大的差異。如是，則二里頭都邑當時的人口至少應在 20000 人以上。

與此形成鮮明對比的是，據學者的研究成果，史前時期大型聚落的人口一般不超過 5000 人，與二里頭同時期普通聚落的人口一般不超過 1000 人。人口如此高度集中於中心聚落（都邑）及近畿地區，在東亞地區尚屬首見。人口的增長是社會複雜化與國家出現的重要契機，而人口集中的程度又從一個側面反映出國家社會的成熟度。

[4] 宋鎮豪：《夏商社會生活史》（增訂本），中國社會科學出版社，2005 年。王妙發：《黃河流域聚落論稿：從史前聚落到早期城市》，知識出版社，1999 年。王建華：《黃河中下游地區史前人口研究》，科學出版社，2011 年。

都邑的複雜化與功能分區

我們可以根據已知的材料粗略地勾畫出二里頭都邑的佈局和總體結構。

整個遺址可以分為中心區和一般居住活動區兩大部分。

中心區由宮殿區、圍垣作坊區、祭祀活動區和若干貴族聚居區組成。

宮殿區的面積不小於 12 萬平方米，其外圍有垂直相交的大道，

二里頭遺址數字高程圖像（劉建國製作） 從地形地勢上看，遺址略呈西北—東南向，地勢由西北向東南逐漸抬升，以中部至東南部隆起的高地位置最為優越。聚落的中心區就位於中部至東南部的微高地上，一般居住活動區則位於地勢偏低的遺址西部和北部區域

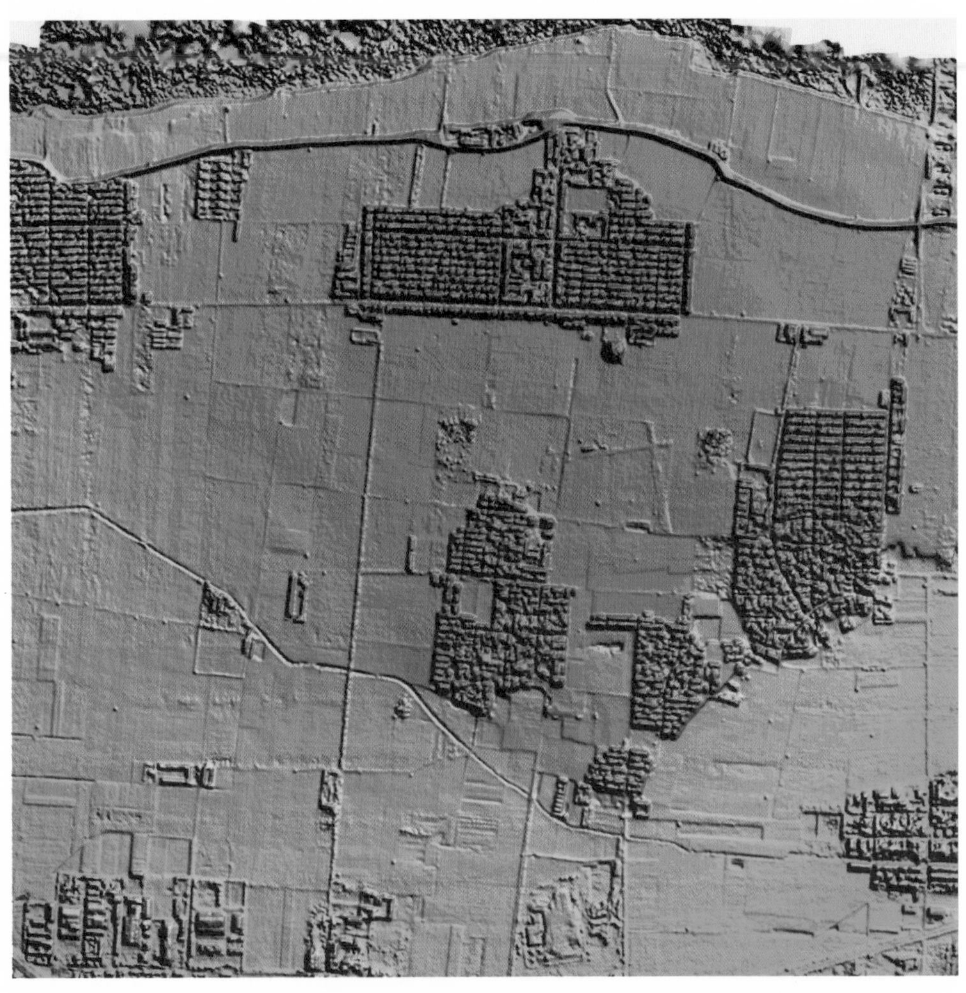

晚期築有宮城。大型宮殿建築基址僅見於這一區域。

貴族聚居區位於宮城周圍。中小型夯土建築基址和貴族墓葬主要發現於這些區域。其中宮城東北和宮城以北，是貴族墓葬最為集中的兩個區域。這一帶還曾發現與製作骨器的作坊有關的遺存。

綠松石器製造作坊和鑄銅作坊都位於宮殿區以南。目前已發現了可能把它們圈圍起來的夯土牆。這一有圍牆圈護的作坊區應是二里頭都邑的官營手工業區。

祭祀活動區位於宮殿區以北和西北一帶。這裡集中分佈着一些可能與宗教祭祀有關的建築、墓葬和其他遺跡。就目前已經掌握的情況看，其東西連綿 300 餘米。

一般居住活動區常見小型地面式和半地穴式房基以及隨葬品以陶器為主的小型墓葬。

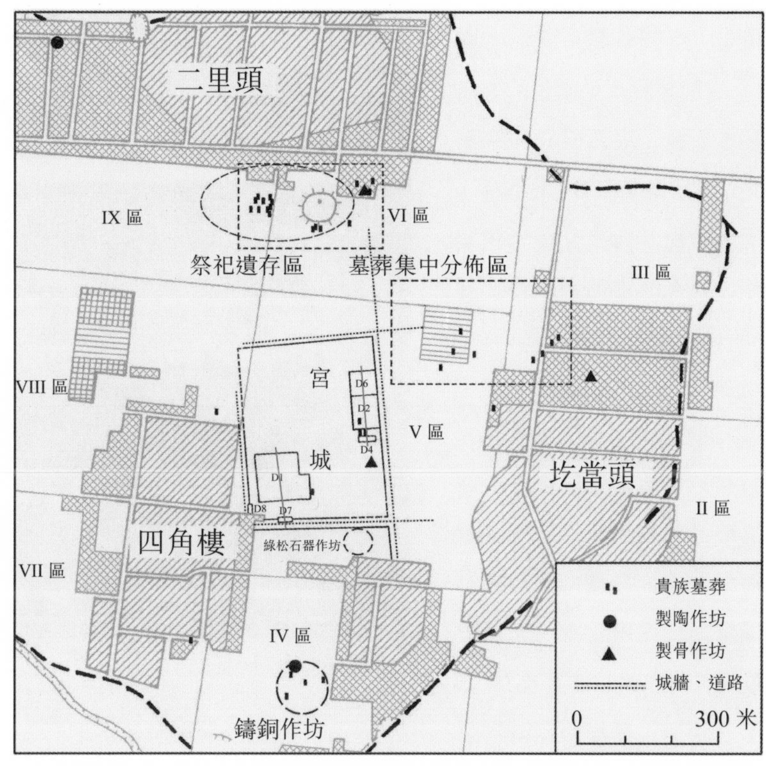

二里頭中心區重要遺存的分佈 宮殿區居中，祭祀區在其北，官營手工業作坊區在其南，三個最重要的功能區南北一線排開，形成縱貫都邑中心區的一條大中軸線，顯現出了宏大的規模和莊重的氣勢

中心區的路網系統

無論古今中外，道路都是城市的「骨架」和動脈，且常常具有區劃的功能。鑒於此，考古學家往往以道路為切入點來探究古代城市遺址的佈局框架。在對二里頭都邑佈局的探索中，我們也深切地意識到中心區主幹道的意義，因此對主幹道的探尋就成為田野工作的重中之重。

新世紀以來，我們通過勘探發掘，在位於中心區的宮殿區的外圍，找到了縱橫交錯的二里頭都邑的主幹道網。已發現的四條大路垂直相交，寬闊整潔。其走向與 1、2 號宮殿基址圍牆的方向基本一致，東西向者約東偏北 6 度，南北向者約南偏東 6 度。這種方向定位在二里頭都邑具有高度的一致性，發掘的同仁們將其概括為「二里頭方向」。四條大路略呈井字形，顯現出方正規矩的佈局。保存最好的宮殿區東側大路當時已知長度近 700 米，近年配合遺址公園的建設，已確認其長度逾千米。大路一般寬 10 餘米，最寬處達 20 米。參加工作的同仁戲稱其

二里頭中心區道路的發掘

(上) 發掘場景

(下) 路面經長期踩踏，像千層餅一樣

已達到現代公路四車道的標準。由發掘可知，這幾條大道的使用時間均較長，由二里頭文化早期沿用至最晚期。這一道路網既是交通孔道，又起着分割城市功能區的作用。如宮殿區與其南側的官營作坊區即以東西向大路相隔。

這是迄今所知我國最早的城市道路網，它的佈局與方位觀念顯現了二里頭都邑極強的規劃性，這是作為權力中心的「政治性城市」的顯著特徵。

大「十字路口」的發現

二里頭都邑中心區路網的發現，説起來是一件饒有興味的事。

大家都知道，考古學家最主要的工作是發掘。發掘又分為兩種：一種是野外工作中對古代遺存的直接發掘；一種則是在前人已有的成果中進行再「發掘」，發現那些對今後的工作有益的線索。宮殿區的大路就是我們在二里頭工作隊以往的勘查記錄中「發掘」出來的。

根據勘探記錄，我隊在 20 世紀 70 年代勘探發現 2 號宮殿基址的同時，就在其東側探明了一條南北向大路，當時已追探出 200 餘米，因麥田澆水而中止。20 餘年後，我在已經發黃的記錄和圖紙中找到這一線索時，興奮之情難以抑制，預感到這條大路是揭開二里頭都邑宮殿區佈局的一把鑰匙。

新世紀之初，我們循此線索繼續追探，短短的幾天裡不斷向南北推進，最終確認這條大路的長度接近 700 米，路的北端被晚期堆積打斷，向南伸進村莊。這一縱貫遺址中心區的大路給宮殿區佈局的探索帶來了曙光。在我們鑽探的過程中，有老鄉告知他家的地裡小麥長得不好。根據田野考古的常識，這最有可能是因為地下有質地緻密的夯土建築基址，導致土壤結構異常所致。鑽探結果又令我們大喜過望。阻礙地下水下滲的遺跡不是夯土建築，而是堅實的路土，順藤摸瓜地追探，居然是一條東西向的大路，向東延伸，與宮殿區東側的南北向

二里頭考古隊的隊員們（攝於 2003 年 5 月，「非典」最盛期）
伴隨突發事件的複雜心靈感受與面臨突破性發現的興奮心情交織在一起，構成了 2003 年春我和我的隊友們的心路歷程。我們甚至要感謝「非典」時期中國農村的「嚴防死守」讓我們減掉了許多慣常的應酬，可以更專心於擴大我們的戰果

抬梯子準備照相的民工正行進在 3000 多年前宮殿區的大路上

大路垂直交叉，主幹道的「十字路口」找到了！最後，確認這條位於宮殿區北側的大路長度達 300 餘米。

這兩條大路把早年發掘的 1 、2 號兩座大型宮殿基址，以及鑽探發現的幾處規模較大的夯土建築都圍於其內，顯然具有區劃的作用。此後，我們乘勝追擊，把探索宮殿區南側大路的目光移到了 1 號宮殿基址以南，又找到了圍繞宮殿區的第三條大路，以及宮殿區東南部的大「十字路口」。最後，在 1 號宮殿基址西牆外，確認了宮殿區西側大路的存在。

至此，二里頭都邑中心區縱橫交錯的井字形道路網重見天日。同時，它的初步探明也為進一步探尋宮殿區的防禦設施提供了重要的線索。

前所未有的城市規劃

二里頭都邑的中心區分佈着宮城和大型宮室建築群，其外圍有主幹道網連接交通，同時分割出不同的功能區。製造貴族奢侈品的官營手工業作坊區位於宮殿區的近旁，祭祀區、貴族聚居區都拱衛在其周圍。這些無不顯示出王都所特有的氣派。由上述發現可知，二里頭遺址是一處經縝密規劃、佈局嚴整的大型都邑。

已有的研究表明，作為權力中心的中國早期都城屬於政治性城市，可以沒有城牆，但絕不能沒有規劃性。規劃性是中國古代城市的一個重要特徵。二里頭遺址在華夏早期文明形成過程中承前啟後，二里頭都邑規劃性的判明，對於探索中國文明的源流具有重要的標尺性意義。就目前的認識而言，延續了三千多年的中國古代王朝都城的營建規制，是發端於二里頭遺址的。

因此可以說，二里頭遺址是迄今可以確認的最早的具有明確規劃的都邑，後世中國古代都城的營建規制與其一脈相承。從這個意義上講，二里頭都邑的佈局開中國古代都城規劃制度的先河。

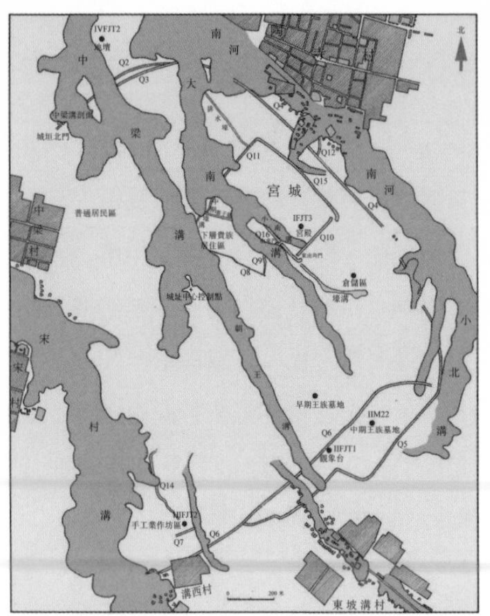

陶寺遺址

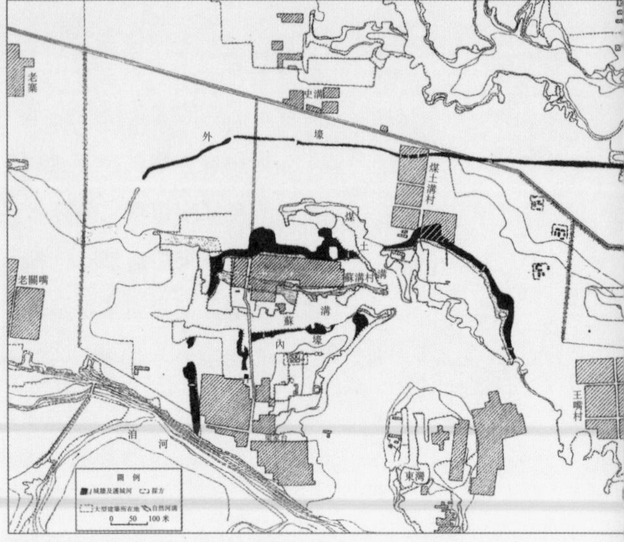

新砦遺址

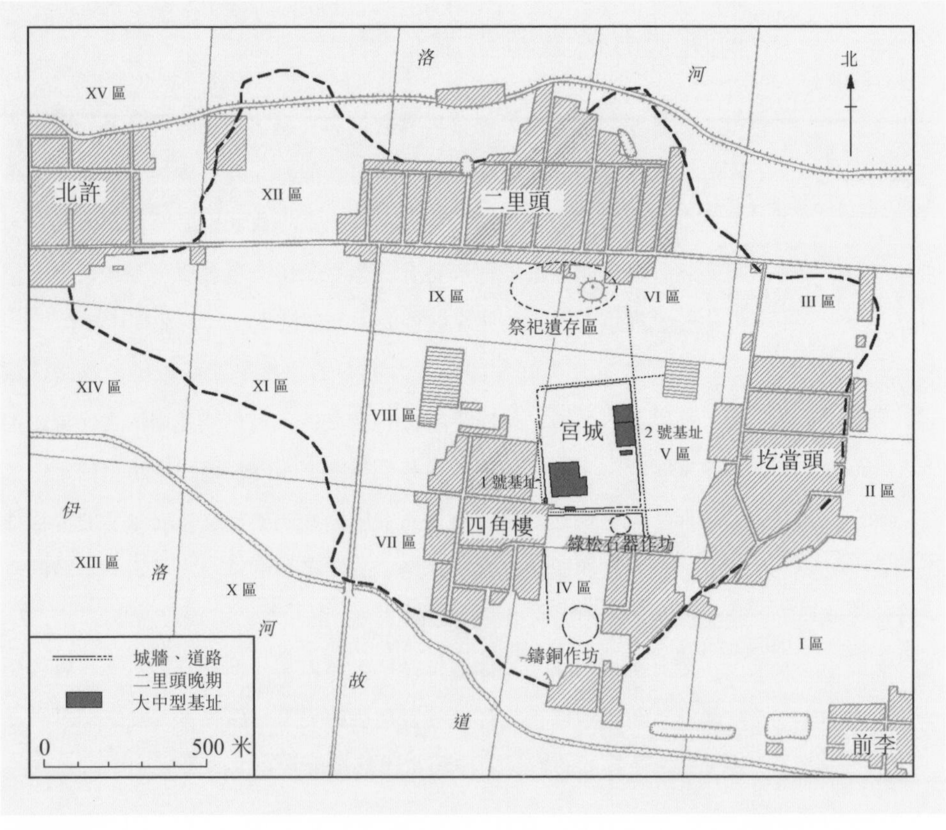

二里頭遺址

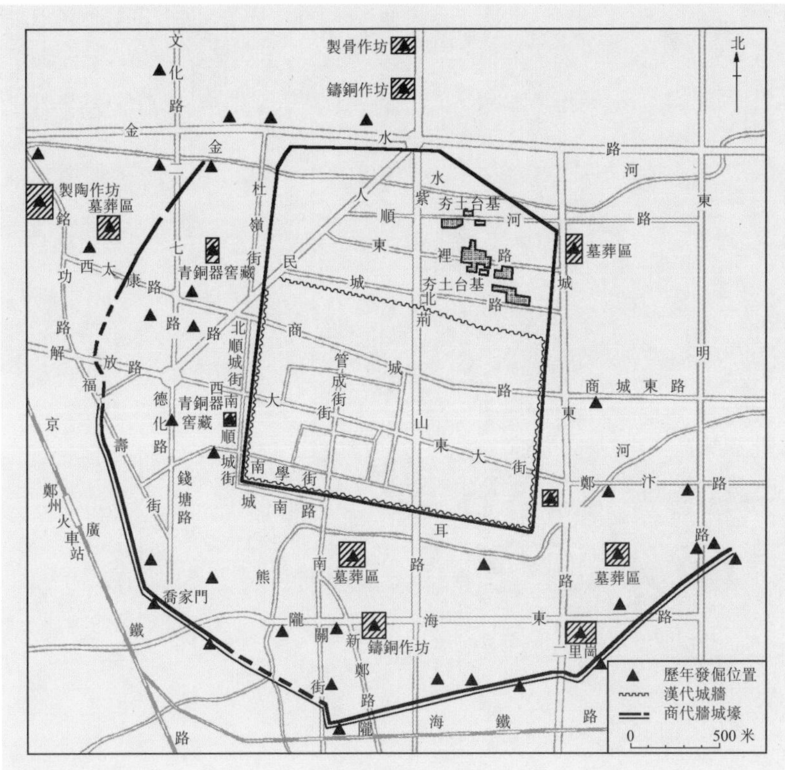

鄭州商城

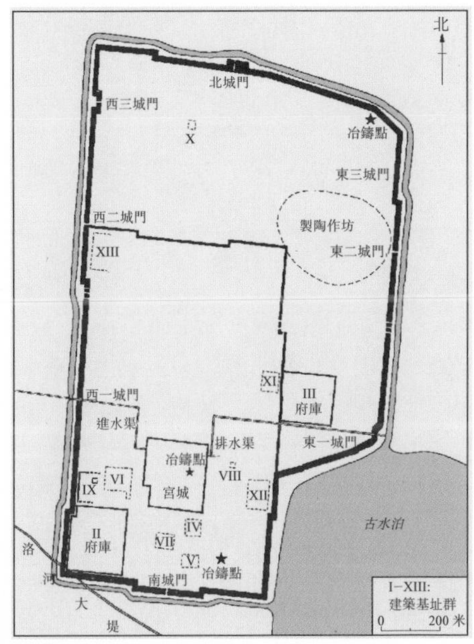

偃師商城

二里頭與早期中心聚落（都邑）佈局的比較

如果我們把視野再移向二里頭時代以前，可知即便像山西襄汾陶寺、河南新密新砦遺址這樣的超大型聚落，其城垣的建造無不因地制宜，不求方正。迄今尚未發現集中而排列有序的大型夯土基址群及環繞它們的規矩方正的宮城。

相比之下，二里頭都邑的聚落形態與陶寺、新砦等超大型聚落間有着飛躍性的變化，而與稍後的鄭州商城、偃師商城及後世中國古代都城的面貌更為接近

建中立極

宮廷禮制的形成

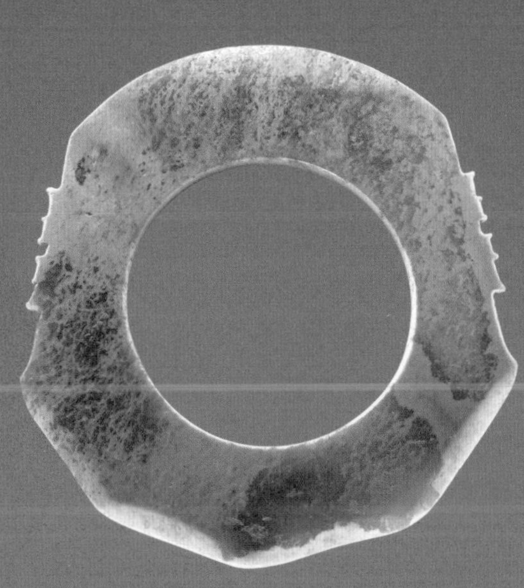

中國最早的「紫禁城」

我們在新世紀之初對二里頭都邑的進一步探索中，確認了二里頭遺址宮城城牆的存在。至此，一座總面積近 11 萬平方米的宮城重見天日，這是迄今所知中國古代都城中最早的宮城遺存。這一重要發現因而被評為 2004 年度「中國十大考古新發現」之一。

宮城圍牆係用夯土版築而成。宮城東北角保存完好，東、北城牆呈直角相交。宮城東牆上已發現門道 2 處。跨建於宮城南牆上的 7 號建築可能是宮城正門的門塾遺跡。宮城始建於二里頭文化早晚期之交，一直沿用至二里頭文化最末期。

具有「中國特色」的版築工藝　在夾板中填入泥土夯實的建築方法，頗具中國特色，現在北方農村仍在使用

此前可確認的我國最早的宮城或類似的遺跡，見於二里頭遺址以東約 6 公里的偃師商城遺址，面積約 4 萬平方米。二里頭遺址宮城，則較其又提早了一個階段。這座始建於距今約 3600 年以前的宮城方正規整，方向接近磁北，形制佈局與後世宮城最為接近，它和它所圈圍起的大型宮室建築，構成整個都邑的核心。

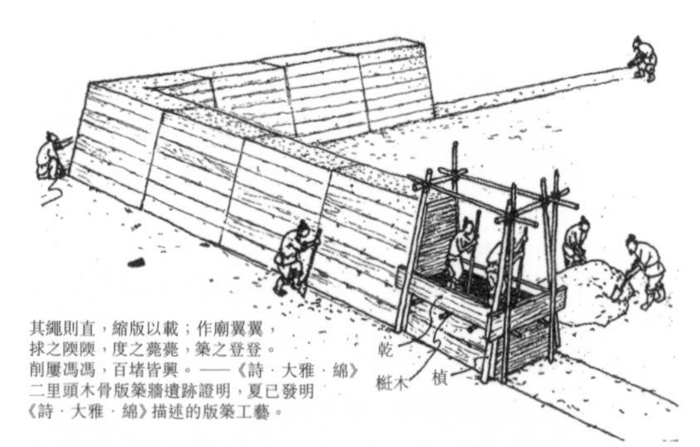

版築工藝示意

當地村民正在用版築的方法建造夯土牆

著名漢學家、德國學者雷德侯教授指出，中國都城絕對理性的平面佈局，與古羅馬城在七座山頭上延展的平面形成強烈的對比。即使在今天，來到北京的遊客無論身處城中何地，總能辨明方位，分清南北，因而不難領會都城規劃者的意圖，那便是使生活顯得穩定有

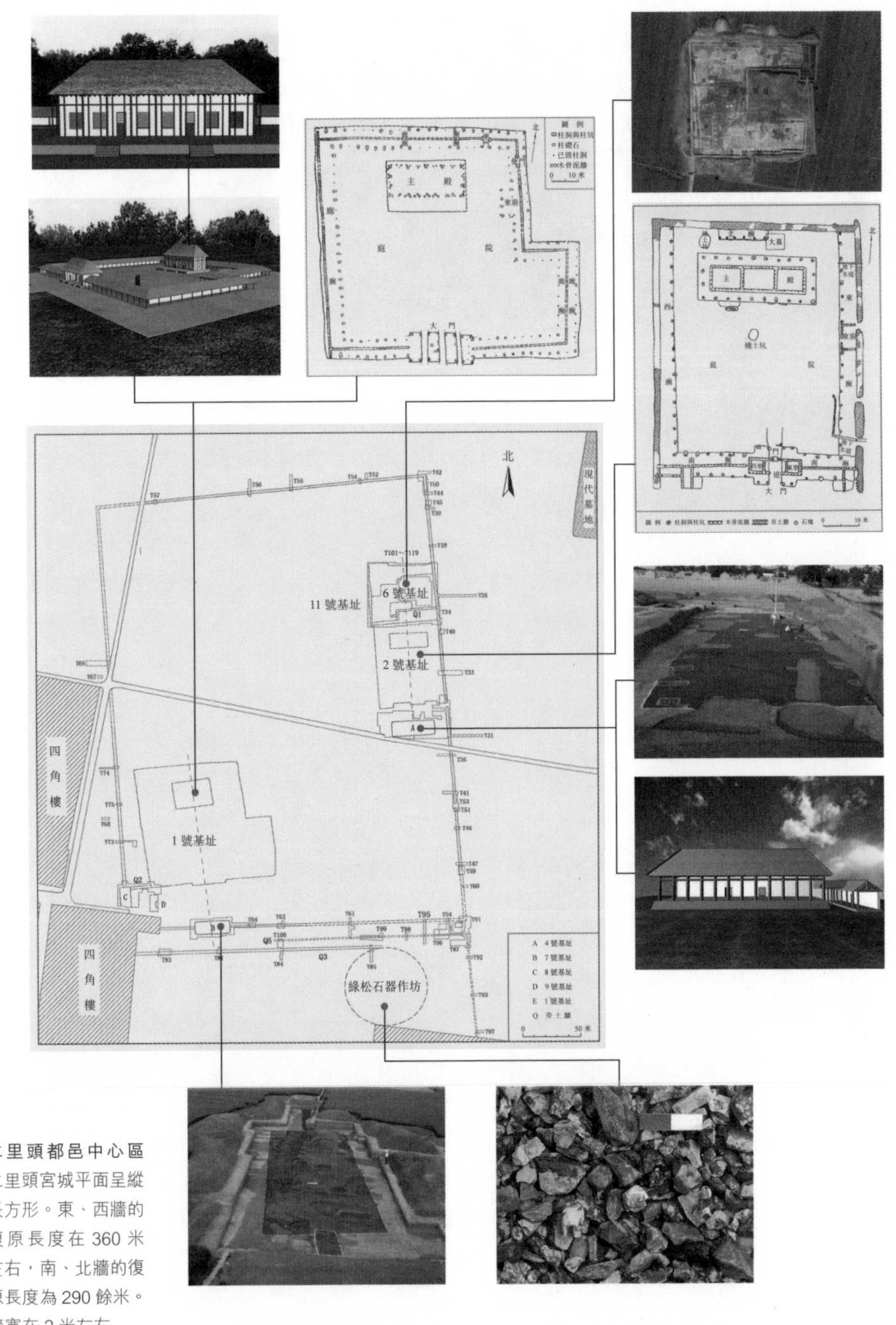

二里頭都邑中心區

二里頭宮城平面呈縱長方形。東、西牆的復原長度在 360 米左右，南、北牆的復原長度為 290 餘米。牆寬在 2 米左右

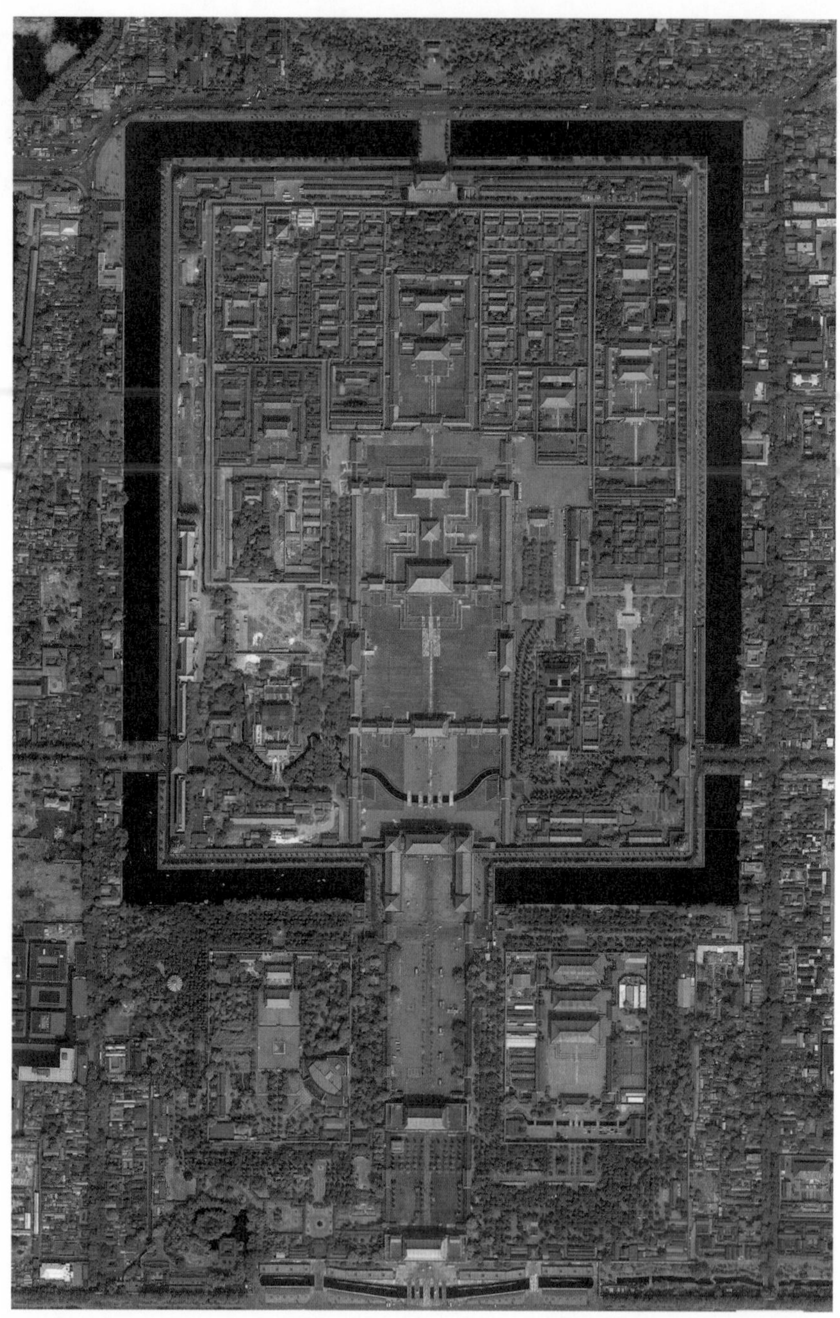

明清紫禁城　雖然二里頭宮城的面積僅是明清紫禁城的七分之一左右（紫禁城的面積為 72 萬餘平方米），它卻是後世中國古代宮城的鼻祖

序。[1] 而就目前所知，這種理念是奠基於二里頭都邑的。

「想」出來的宮城

統觀中國早期都邑的考古學資料，可以得出這樣的結論：具有權力中心功能的早期都邑，其外圍城垣的有無取決於多種因素，自二里頭始，殷墟、周原、豐鎬、洛邑和秦咸陽、西漢長安城和東漢洛陽城遺址都沒有發現外郭城，是謂「大都無城」。[2] 但作為統治中樞、王室禁地的宮殿區卻不應是開放的，一般都擁有防禦設施，形成封閉的空間。在二里頭遺址的考古工作中，我們也相信其宮殿區外圍應該有防禦設施。正是在這樣的信念和工作思路下，通過對已掌握的遺跡線索的綜合分析和勘查發掘，我們最終發現了中國最早的宮城。

著名的二里頭 1、2 號基址，是 20 世紀六七十年代發掘的兩座大型宮殿基址。通過分析，我們認為位於宮殿區東部的 2 號宮殿一帶最有可能搞清防禦設施的有無。勘探結果表明，2 號宮殿東牆外側緊臨大路，大路以外只見有中小型建築基址，因此可以肯定 2 號東牆及其外的大路即是宮殿區的東部邊界。而二者之間已不可能有牆、壕之類防禦設施存在。鑒於此，我當時做出了這樣的推測：如果宮殿區圍以垣牆，那麼早已發現的 2 號宮殿基址的東牆有可能就是宮城城牆。

在二里頭遺址這樣持續興盛數百年且遭後世嚴重破壞的大遺址上，用洛陽鏟進行的鑽孔勘探僅能提供些微線索，而無法摸清地下遺存的詳細情況。驗證上述推斷最簡單的方法是，先揭開 2 號基址東北角，看看 2 米寬的宮殿東牆夯土是否繼續向北延伸。

2003 年春季，正當肆虐全國的「非典」來臨之際，發掘工作按這一思路開始實施。當在新揭露的探方中，與 2 號宮殿東牆完全一致的

[1] [德] 雷德侯著，張總等譯：《萬物：中國藝術中的模件化和規模化生產》，生活．讀書．新知三聯書店，2005 年。

[2] 許宏：《大都無城 —— 中國古都的動態解讀》，生活．讀書．新知三聯書店，2016 年。

二里頭宮城城牆 到了 2003 年春夏之交，這道夯土牆可確認的長度已近 300 米，可以肯定屬宮城城垣無疑

（左）揭露出的宮城東北角

（右）由 2 號基址北伸的宮城東牆

條狀夯土果真像上述推想的那樣向北筆直地延伸時，你可以想見一個考古工作者的暗喜。為甚麼只能暗喜呢？因為還不能排除它是 2 號基址以北又一處院落的圍牆。那就要看它在 2 號宮殿東南角以外是否也向南延伸。於是我又安排揭開 2 號基址東南角及其以南區域。當確認同樣是 2 米寬的夯土牆繼續向南延伸的時候，欣喜之情才溢於言表。

於是，我們又乘勝追擊，向北向南分頭追探，並開探溝解剖加以確認，一舉發現了保存完好的宮城東北角。至此，這座中國最早的宮城被揭露出來。

由是想起早年蘇秉琦教授在一次講座中談到的一句話，我記得蘇先生話的大意是：在考古工作中，你只有想到了甚麼，才能遇到甚麼。這讓當時還是學生的我百思不得其解，覺得這好像有點「唯心」，在以實證為特徵的考古學研究中尤其講不通。在經歷了多年的考古實踐後，我逐漸意識到了這句話的分量和真諦之所在。機遇屬於有準備者。從這個意義上講，二里頭宮城，不是我們幸運地碰上的，而是通過學術設計「想」出來並且驗證到的。

陝西岐山鳳雛西周甲組建築基址復原 [3]

中國古代宮室建築，在數千年的發展過程中，形成了一系列因地制宜、具有自身特色的建築風格。如土木建築、封閉式結構、坐北朝南、中軸對稱等要素。其中，中軸線規劃，是王權至上的政治性城市「建中立極」思想的最明確體現

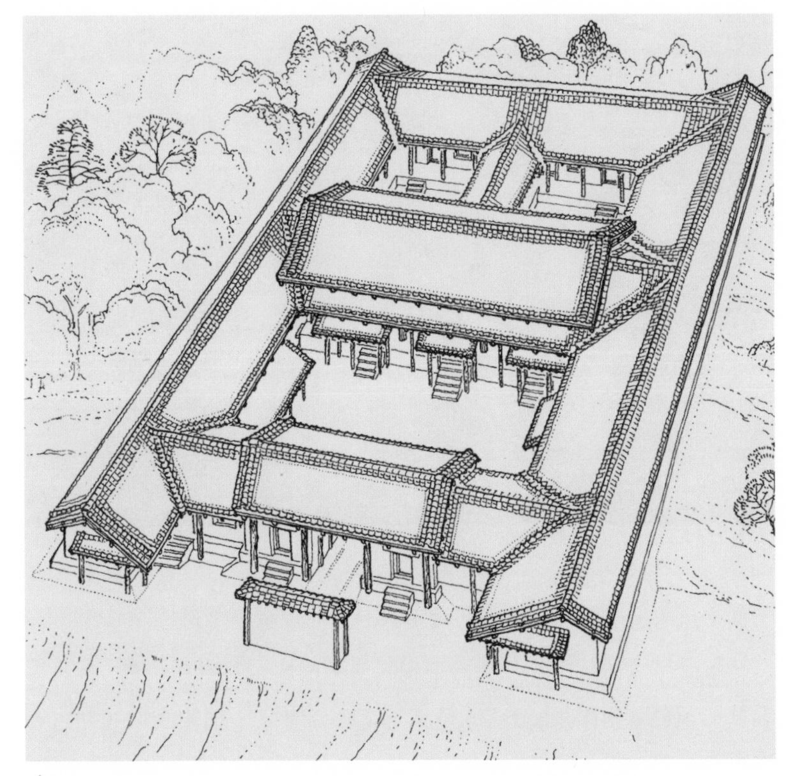

中軸線規劃的宮室建築群

到目前為止，我們已探明二里頭遺址宮殿區內存在着數十座大中型夯土建築基址。其中，在晚期宮城內已確認了兩組大型建築基址群，它們分別以 1 、2 號大型宮殿基址為核心縱向分佈，都有明確的中軸線。這裡，我們不妨把它們稱為西路建築群和東路建築群。坐落於宮城西南部的 1 號宮殿基址，與位於其南大門正前方的 7 號建築（可能為宮城正門門塾），共享同一中軸線，構成宮城西路建築群。坐落於宮城東部的 2 號宮殿基址，與位於其南大門正前方的 4 號基址，以及增築於二里頭文化末期、位於其北的 6 號基址，構成宮城東路建

[3] 傅熹年：《中國科學技術史．建築卷》，科學出版社，2008 年。

4 號基址發掘現場

築群。這兩組南北有序排列的宮室建築群的綿延長度都近 200 米。

這是迄今所知中國最早的中軸線規劃的大型宮室建築群。《呂氏春秋．慎勢》中有古代國家「擇天下之中而立國，擇國之中而立宮，擇宮之中而立廟」的說法。看來，這一理念，伴隨着最早的「中國」王朝的崛起，在二里頭時代已經出現。中國古代宮室建築發展到明清紫禁城達到了極致，而其源頭則一直可上推到二里頭的大型宮殿建築群。

中庭可容萬人的朝堂建築

在已發掘的 10 餘座大中型建築中，1 號宮殿基址是面積最大的一座。它是宮城西路建築群的核心建築，使用時間基本和宮城相始終，也是二里頭文化晚期。

這是一座建立於大型夯土台基之上的複合建築。建築由主體殿堂、四圍廊廡和圍牆、寬闊的庭院和正門門塾等單元組成，規模宏大，結構複雜，佈局謹嚴，主次分明。

如果你對 1 萬平方米這個數據沒有一個形象的概念，那麼可以把

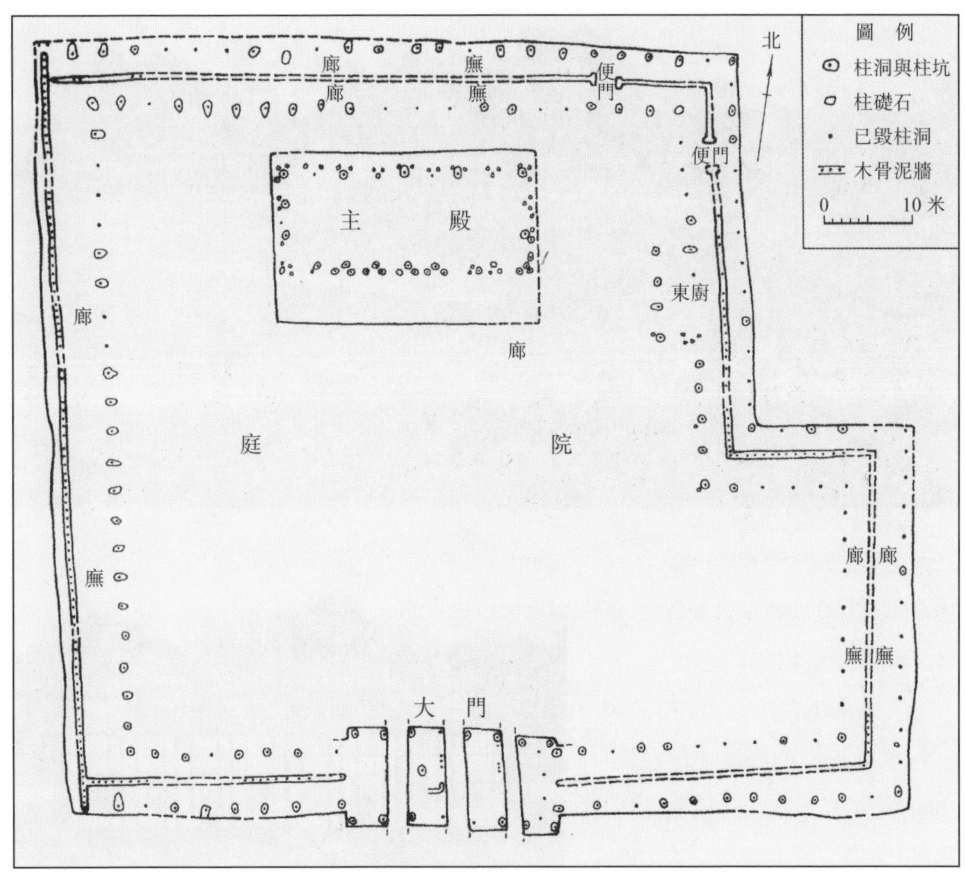

1 號宮殿基址 台基平面略呈正方形，僅東北部向內凹進一角。整個台基東西長 107 米，南北寬約 99 米，面積約 1 萬平方米。發掘時台基仍高出周圍地面將近 1 米

它和一個足球場的面積比較一下。國際標準足球場的長度是 105 米，寬度為 68 米，總面積才 7140 平方米！當中國歷史上史無前例的、如此大體量的建築凸現於東亞大陸的地平線上，它的出現背景和象徵意義，是可以想見的。

1 號宮殿基址主體殿堂位於台基北部正中，凸出於台基面之上，基座東西長 36 米，南北寬 25 米，面積 900 平方米。殿堂坐北朝南，這是中國古代建築最慣常的格局。它應當出於實際功用和象徵意義兩方面的原因。這樣可以使建築物最大限度地暴露在北半球明亮、溫暖的陽光下。統治者面朝南方接受臣民的覲見，正符合孔子把有道之君

比作北極星的政治理念（《論語．為政》：「為政以德，譬如北辰，居其所而眾星共之」）。

1 號宮殿基址及其主殿復原 [5] 依照主殿上殘存的立柱遺跡，有的學者將殿堂復原為面闊 8 間、進深 3 間、周圍有迴廊的木構建築；也有學者認為應是有四圍牆壁而無堂室分隔的敞亮殿堂。至於屋頂，一般認為可能為四面坡式。這是一座體量龐大、巍峨壯觀的高台建築。面闊 8 間的偶數開間數，表明它的前門也應為偶數，最可能是兩座

主殿南距大門約 70 米，堂前是平整寬闊的庭院，面積約 5000 平方米，可以容納數千人甚至上萬人。[4] 從院內向矗立在高高的台基上的主殿望去，想必會生發出一種敬畏的感覺。這樣的設計，讓人想到蕭何為漢高祖劉邦建造未央宮時的思路，其理念是「天子四海為家，非壯麗無以重威，且無令後世有以加也」（《史記．高祖本紀》）。

1 號宮殿正門在南廡的中部，對應主體殿堂。門址上殘存的建築遺跡有柱礎和牆基，縱貫建築有 3 條門道，寬 2.5–3 米，門

[4] 鄒衡：《試論夏文化》，《夏商周考古學論文集》，文物出版社，1980 年。

[5] 杜金鵬：《偃師二里頭遺址一號宮殿基址再認識》，《安金槐先生紀念文集》，大象出版社，2005 年。

道上發現有安門的遺跡。門道外的路面向南傾斜延伸。3 條門道將宮門建築分為 4 部分，每部分各應有房間，古代稱「塾」，即現在所謂之「門房」。

宮殿外圍是廊廡與圍牆。其中北、東、南三面廊廡都有內、外廊，中間以木骨牆相隔，牆內外各有成排的廊柱，形成寬約 3 米的廊道。西廡則只有內廊而無外廊，廊道寬約 6 米。廊柱間距均為 3 米餘。四周廊廡都可復原為兩面坡的帶頂迴廊。

1 號宮殿院內發現有若干埋葬着人牲和獸牲的祭祀坑。其中位於主殿後面的一個祭祀坑最為令人矚目，坑的周圍埋葬 3 人，死者或肢骨脱位，或下肢做折跪狀，或俯身似被捆綁狀。主殿西側和東南也各埋有 1 人，上肢被捆綁或被斬掉手足。這些應都是祭祀時的人牲遺骸。

一般認為，1 號宮殿應是統治者進行祭祀活動、發佈政令的禮儀性建築，但究竟屬宗廟還是「朝堂」，抑或別的重要建築，則眾説紛紜。用主殿、門塾和廊廡構成一個封閉的四合院，主體殿堂坐北朝南，前臨廣庭的格局，為此後中國歷代宮室建築所承繼。其建築規制在中國文明史和中國建築史上都具有劃時代的意義。

1 號宮殿基址正門復原 專家推測 1 號宮殿的正門應是一座高大的、帶有門塾的穿堂式大門。「一門三道」的格局，奠定了後世宮門乃至其他重要門塾建築的基本規制，直至清代晚期

規模浩大的「凝聚力工程」

整個 1 號宮殿台基夯築質量極佳，用工量巨大。其建造程序是：先整治地基，挖掉台基下面的灰土和虛土，直至原生土，等於是挖了一個 1 萬多平方米的大坑，有的地方深 3 米以上；然後將所有低窪地塊用成捆的木棍逐層（每層僅厚 5–8 厘米）填土夯實，平整地面；最後夯築出高出地面的台基。

有學者推測，面積達 1 萬平方米的 1 號宮殿基址，其夯土的土方總量達 2 萬立方米以上。僅就夯築這一項計算，如果每人每天夯築 0.1 立方米的話，需要 20 萬個勞動日。也就是說，如果每天安排 1000 個勞力，也要 200 天才能完成。它的建築工程應包括從設計、測量到下挖基槽、取土、運土、人工夯築、墊石、築牆到蓋房等多種工序，再加上管理和後勤保障等多個環節，其所需勞動日當以數十萬乃至百萬計。[6] 這標誌着資源集中、人力控制和行政組織的複雜化，是構成國家的重要條件。

1 號宮殿基址的基礎結構　現存台基夯土厚 1—4 米。主殿台基基座底部還特意鋪墊有三層鵝卵石，用以加固基礎

1 號宮殿的基礎處理工程規模如此浩大、如此注重建築質量，令人歎為觀止。那麼，如從建築力學的角度考慮，花費這樣的功夫，是否有其實際的需要呢？我曾就此問題請教一位建築考古學家，他的回答是：1 號宮殿的主體殿堂不過是「茅茨土階」，用句通俗點的話講就是幾間木骨泥牆加茅草頂的大屋，大部分是露天的庭院，如果僅為保證建築的穩固，是完全沒有必要花費如此氣力來處理地基的。這樣一個興師動眾的大工程

[6] 北京大學歷史系考古教研室商周組編著：《商周考古》，文物出版社，1979 年。

居然沒有實際上的必要性，那麼，它背後的社會政治和宗教機制就是頗為發人深省的問題。用現在的話說，它應當是一個國家級的「形象工程」和「凝聚力工程」。

宏偉的宮城南大門

前已述及，在 1 號宮殿和 2 號宮殿南大門的正前方，各有一座同時期的建築，組成兩組擁有共同中軸線的建築群。

其中 7 號基址位於宮城南牆之上，恰好坐落於 1 號宮殿正前方，二者相距 30 餘米。它與 1 號宮殿的主殿、南大門共享同一中軸線，構成宮城西路建築群。有的學者推測它應是宮城南門的門塾遺跡，而且最有可能是宮城正門，[7] 相當於明清紫禁城的午門。

東路建築群：宗廟與祭祖場所？

東路建築群的核心建築 2 號宮殿，位於宮城東部偏北，它依託宮城東牆而建。使用時間與宮城和 1 號宮殿大體同時。

主體殿堂位於 2 號宮殿庭院的北部正中，殿堂基址東西長約 33 米，南北寬約 13 米，較當時庭院地面略高。其上殘留有木骨牆和廊柱柱礎遺跡，可復原為面闊 3 間、四周有迴廊的木構建築。殿堂前有上下出入用的台階或坡道。殿旁有兩個較大的燒土坑，可能與「燎祭」（用火燒燎犧牲、貢品的祭祀行為）或「庭燎」（燃柴照明）有關。主殿前庭院的面積近 2000 平方米。

庭院內發現有兩處地下排水設施。一處位於庭院東北部，由 11 節陶水管連接而成，安裝在預先挖好的溝槽內。另一處位於庭院的東南部，是一條用石板砌成的地下排水溝。

[7] ［日］飯島武次：《中国夏王朝考古学研究》，同成社（東京），2012 年。

建於宮城南牆上的 7 號基址 可能是宮城南大門的 7 號基址長 31 米餘，寬 11 米左右，面積約 340 平方米。上部已遭嚴重破壞，僅殘存基礎槽的底部。依據地下基礎部分的殘跡，可推斷其單排柱礎數應為 8 個，柱礎間距約 4 米，其上的建築應是面闊 7 間。可以想見，這也是一座相當宏偉的建築

宮殿正門在南廡偏東處。根據其遺跡現象可復原為面闊 3 間、帶有迴廊、四坡屋頂的門塾建築。門道從中間穿堂而過，發現有用於安門的柱坑和柱礎石。兩側的房間大概是門衛的值班室。

東、西牆內均有成排的廊柱，形成面向庭院的內廊。南廡則由中間木骨牆及內、外廊組成，可復原為中間起脊的兩面坡式的屋頂。廊道寬 3 米左右。

2 號宮殿規模雖不足 1 號宮殿的一半，但佈局方正規整，注重對稱，功能上或與 1 號宮殿有所不同，學者一般認為它應屬宗廟建築。[8] 它與 1 號宮殿同為二里頭都邑宮室建築的典型代表。

4 號基址位於宮城東部、2 號宮殿正前方。該基址可復原為一座由主殿、東西廡及庭院組成，寬逾 50 米的大型建築。主殿建在夯土台基上面，東西長 36 米餘，南北寬 12.6−13.1 米，面積達 460 多平方米。台基南北兩側邊緣各發現一排共 13 個柱礎，基本上南北對應。

[8] 杜金鵬、許宏主編：《偃師二里頭遺址研究》，科學出版社，2005 年。

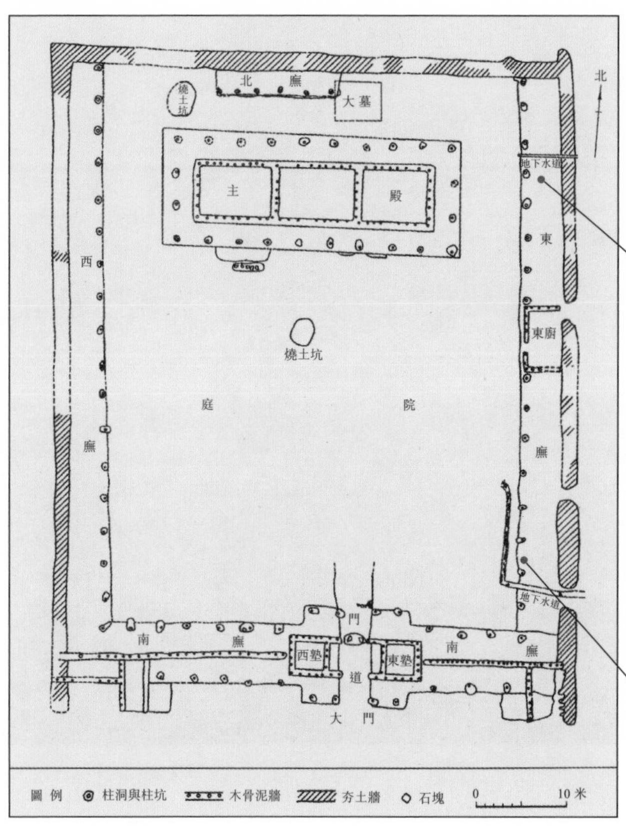

號宮殿基址和排水設施 該建築平面呈縱長方形，南北長約 73 米，東西寬約 58 米，面積逾 4000 平方米。整個建築也是由主體殿堂、廊廡和圍牆、門塾以及庭院組成

陶排水管道

石板砌排水溝

其中南排為單柱，北排為雙柱，後者可能是夯土木骨牆的牆柱。在台基北側中部還發現有向北傾斜的土築踏步遺跡。東廡建於主殿台基和宮城東牆之間。已知長度 20 餘米，仍向南延伸。已發現呈曲尺狀的木骨牆牆槽和其內的若干柱礎，可復原為北面和東面築牆、帶有內廊的有頂建築。[9]

[9] 杜金鵬：《偃師二里頭遺址 4 號宮殿基址研究》，《文物》2005 年第 6 期。

4號基址的發掘　主體殿堂

主殿夯土解剖　解剖是考古人了解遺跡的年代和結構的重要手段

主殿上成對的立柱及柱礎石

4 號基址復原效果 [10]
有學者將 4 號基址主殿復原為一座只有北牆、四面坡屋頂的大型敞亮廳堂

6 號基址發掘現場俯瞰　整個基址略呈橫長方形，東西長 50 餘米，南北寬 40、50 米不等，總面積 2500 多平方米

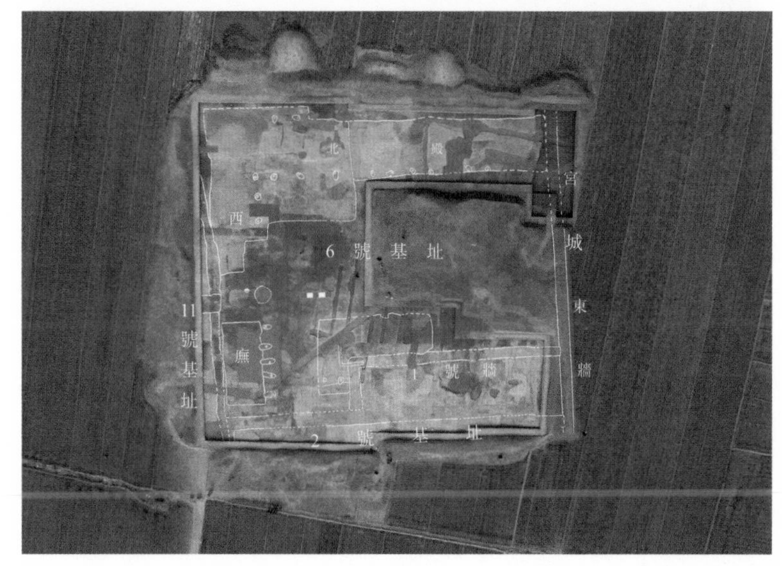

4 號基址，有學者認為可能是專門舉行某些特殊祭祖典禮的場所。

我們又在 2 號宮殿以北，發現了佈局上與其有密切關係的另一座

[10] 杜金鵬、許宏主編：《偃師二里頭遺址研究》，科學出版社，2005 年。

大型庭院式建築——6 號基址。這座建築由北殿，西廡和東、南圍牆及庭院組成。它增建於二里頭文化末期。與 2 號宮殿一樣，它也是依託宮城東牆建成的。

6 號基址與 2 號基址東西跨度相近，方向相同，二者西廡柱礎成南北一線，同屬東路建築群。但它的結構不具有中軸對稱的特徵，是二里頭遺址宮室建築的又一類型。

宮室建築的「營造法式」

當我們比較上述 5 個大的夯土建築台基即 1 號基址主殿和南門，2、4 號基址主殿，以及 7 號基址的尺寸，就會發現它們有大體相近的長寬比例，柱子的間距也都在 3–4 米。這是否暗示着當時的宮室建築工程，已經有了類似於宋代《營造法式》(中國現存時代最早、內容最豐富的建築學著作) 中所描述的、明確的營造規制呢？答案應當是肯定的。

二里頭文化晚期大型建築基本數據比較

建築編號	長 × 寬（米）	面積（平方米）	單排柱礎數
1 號基址主殿	30.4×11.4	約 360	9
1 號基址南門	28×13	364	8
7 號基址（宮城南門？）	31.5×(10.5–11)	約 340	8（？）
2 號基址主殿	(32.6–32.75)×(12.4–12.75)	約 400	10
4 號基址主殿	36.4×(12.6–13.1)	460 餘	13

其中，4 號基址主殿台基的面積和柱礎數均大於或多於其他建築，建築氣勢恢宏，暗示着該建築的重要性。

早期宮室：最早的多重院落建築

上面我們介紹的，都是和宮城大體同時、興建於二里頭文化晚期

5 號基址發掘現場俯瞰　二里頭文化早期大型宮室建築群建築結構的複雜程度甚至超過晚期，這些發現大大地衝擊着我們既有的認識

3號基址中院主殿
中院主殿台基寬6米餘，其上發現有連間房屋和前廊遺跡

的宮室建築。那麼，它們是二里頭遺址最早的宮室建築嗎？不是的。早在20世紀70年代2號宮殿基址的發掘中，就發現了壓在它下面更早的大面積夯土遺存。我們循着這一線索又加以勘查，確認了二里頭文化早期大型宮室建築群的存在。

現已查明，在宮殿區東中部，宮城城牆興建之前的二里頭文化早期，就已存在大規模的建築群。其中3號基址長150米以上，寬50米左右，該宮殿至少由3進院落組成，已發掘的各庭院的西廡經統一規劃。中院和南院內發現有成組的貴族墓和石砌滲水井等遺跡。

貴族墓呈東西向成排分佈。墓室均為南北向豎穴，多數鋪撒朱砂(一種紅色礦物質，一般認為應與宗教信仰有關，同時也是身份等級的標誌物)，使用木棺，出有銅器、玉器、漆器、白陶器、原始瓷器、綠松石器、陶器和成組蚌飾、海貝等。成組高規格貴族墓埋葬於宮殿院內的現象，對探明這一建築的性質和二里頭文化的葬俗具有重要的意義。

在3號基址以西，還有一座二里頭文化早期的大型建築——5號基址。整個建築建於夯土台基上，最上層夯土面積逾2700平方米，

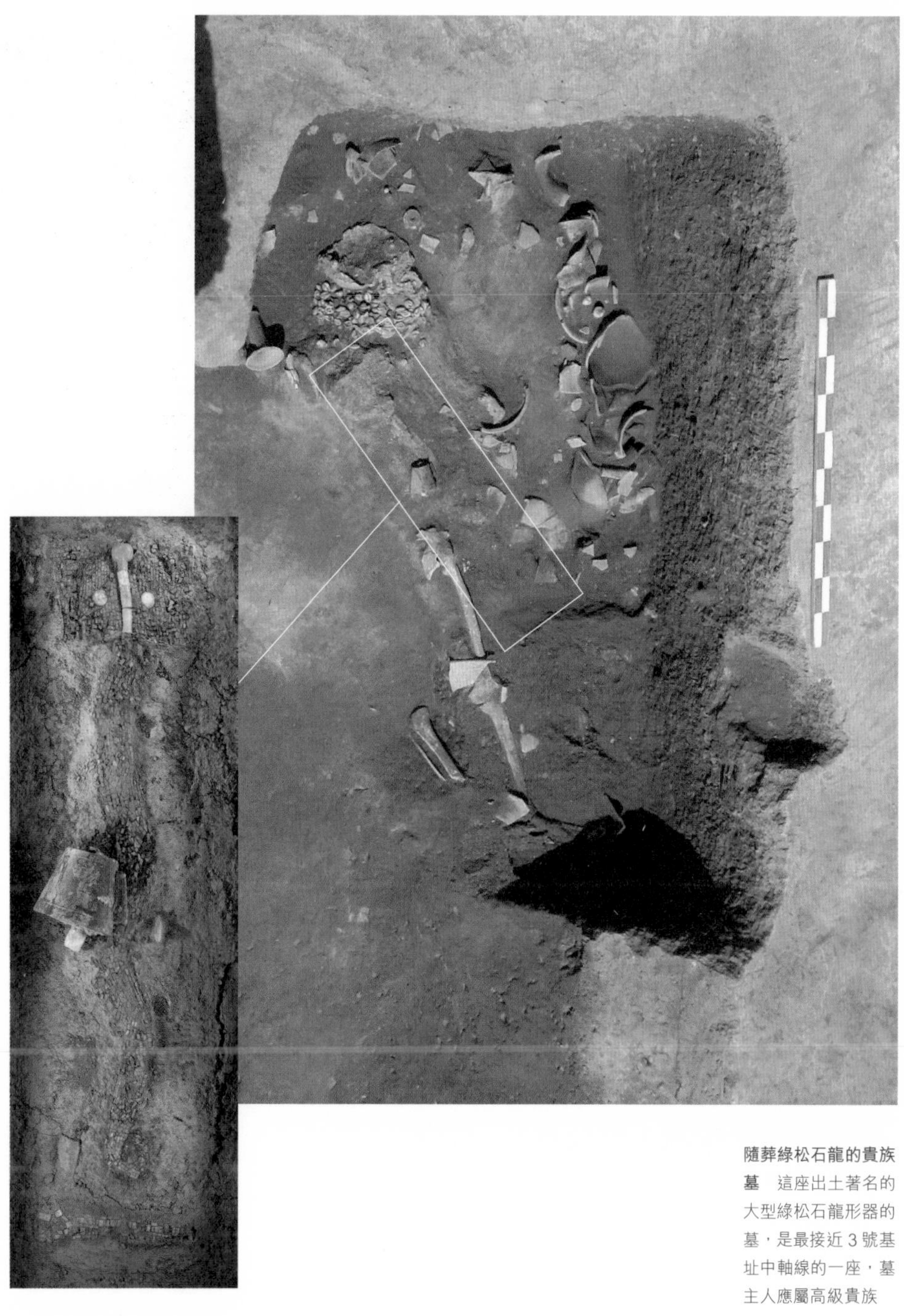

隨葬綠松石龍的貴族墓 這座出土著名的大型綠松石龍形器的墓，是最接近 3 號基址中軸線的一座，墓主人應屬高級貴族

基坑中夯土最厚達 3.8 米。台基上發現有 4 組東西向的多室排房，由北向南大致呈等距平行排列，間距 9–10 米，形成並不封閉的四進「院落」。院落內也發現了若干同時期的貴族墓。[11]

3 號和 5 號基址之間以寬約 3 米的通道相隔，東西並列。通道的路土下發現有長逾百米的木結構排水暗渠。

3 號基址被 2、4 號基址所疊壓，不能全面揭露發掘，5 號基址也受後期破壞嚴重，因而難以知其全貌。它們早於二里頭文化晚期的 1、2 號宮殿，但結構卻相對複雜，這是迄今為止可確認的中國最早的多重院落的大型建築，開後世多重院落宮室建築的先河。

大型建築間的木結構排水暗渠 暗渠內的木質立柱和蓋板均已腐朽成灰，但痕跡仍清晰可辨

二里頭都邑早、晚期宮室建築的格局，從一體化的多重院落佈局，演變為以大「四合院」建築為中心的複數單體建築中軸縱向排列，其背後的動因，令人矚目。

「朝廷」與「禮制」的形成

如前所述，帶有明確中軸線的建築群格局，以及大型宮室建築的

[11] 中國社會科學院考古研究所二里頭工作隊：《河南偃師市二里頭遺址宮殿區 5 號基址發掘簡報》，《考古》2020 年第 1 期。

規模和結構，都顯現出王都中樞所特有的氣勢。宮室建築上巨大的用工量，昭示着政治和宗教權力的高度集中。

在古代中國，「祭」「政」不分，或者可以說是祭政一體、政教合一。這樣的王權體制在古代東亞是長期存在的。它的規範就是「禮」。「禮」表示用「醴（酒）」來舉行儀式。依《周禮 · 大宗伯》的記載，禮儀分為吉（與祭祀有關之禮）、凶（與喪葬有關的禮）、賓（與王和貴族會面有關的禮）、軍（與軍旅有關的禮）、嘉（與婚冠、宴會等有關的禮）五種。禮是各個族團以血緣秩序為基礎，為了保護自身權益而整合出的社會規範。這種禮當然不會把庶民包括在內，也就是説，禮與貴族的社會生活相關聯，用禮來建立並維繫貴族社會的秩序。

舉行這種禮儀的場所就是宮室。前已述及，關於二里頭遺址大型宮室建築的性質問題，眾説不一。中國古代的宮室，由王侯貴族等日常生活的居室、從事政務和禮儀的宮殿，以及祭祀祖先的宗廟三部分組成。但由於沒有當時的文字材料出土，它們是否存在具體的功能或空間的明確劃分，其佈局結構的發達程度如何，目前還無法搞清楚。古代中國人的觀念是「事死如事生」，祖先亡靈所處宗廟與在世王者所處宮殿的建築規制在早期可能是完全一致的。文獻資料與考古材料表明，先秦時期的宮室建築基本上是宮廟一體、以廟為主的。宮室之前殿、朝堂也稱為廟，「廟」「宮」通用之例屢見於先秦文獻。後世以「廟堂」「廊廟」指代王臣議政的朝廷，也是宮廟一體這一先秦古制的遺痕。這時的宗廟不僅是祭祀祖先的場所，而且也是舉行各種重大禮儀活動的場所。[12] 無論如何，二里頭都邑大型宮室建築具有至高無上的國家政權的象徵意義，是君王召集下屬處理各種政務、舉行各種宮廷禮儀的「朝廷」之所在。

由考古發現與禮書記載的相似性，可知西周時代成熟的禮儀制度應即起源於此。而這套在象徵君王無上權威的雄偉的宮殿中，定期召

[12] 杜正勝：《宮室、禮制與倫理》，《古代社會與國家》，允晨文化實業股份有限公司，1992 年。

集臣下以強化從屬關係的儀式，一直延續到了 20 世紀初葉，正如我們在充斥於螢屏的清宮戲中所看到的那樣。

要之，中國傳統的宮廷禮儀，最早是顯現於二里頭的宮室建築和禮儀用器的，它的出現昭示着中國王朝的開端。作為維護社會秩序之規範的「禮制」，萌芽於龍山時代，肇始於二里頭時代，在其後的商周時代得到整備，戰國至西漢時期又作為儒家經典而被集成於禮書。隨着儒家思想成為「國教」，這套禮制也被歷代王朝所繼承。

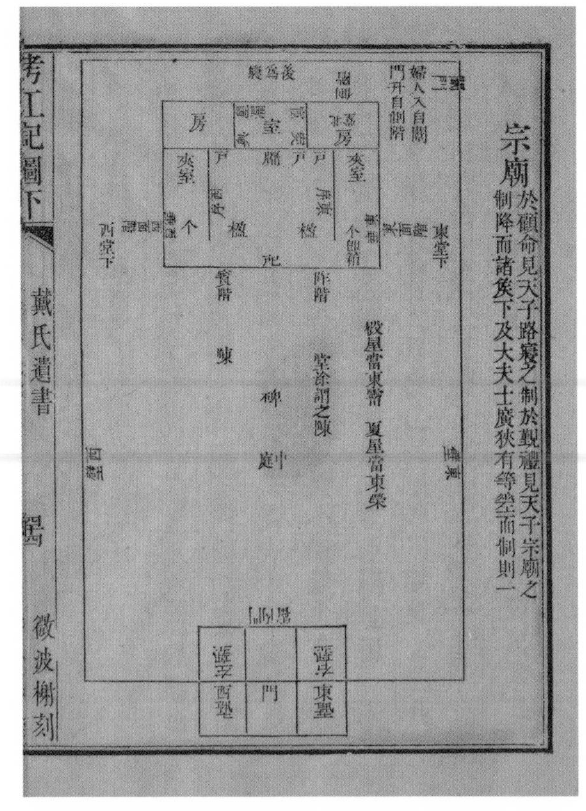

先秦禮書所見宗廟示意[13]　二里頭 1、2 號宮殿由正殿、中庭和門等組合而成，其佈局結構，與西周時代青銅器銘文和《尚書・顧命》《儀禮・覲禮》所提及的建築結構基本一致

[13]（清）戴震：《考工記圖》，乾隆中刊《戴氏遺書》，曲阜孔氏刻微波榭叢書本。

國之大事

祭祀與戰爭

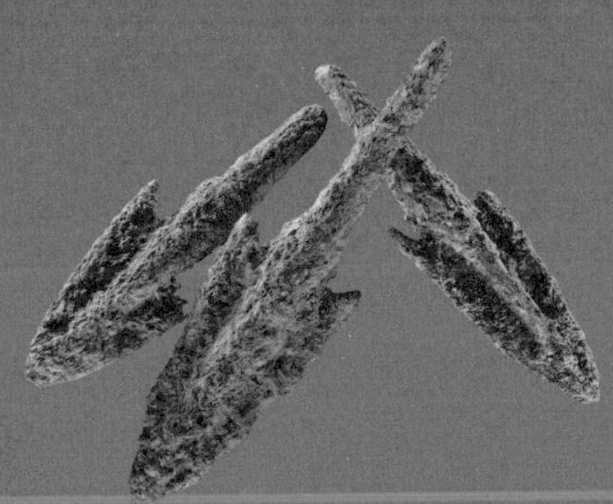

祭祀遺存區的發現

除了上述規模宏大的宗廟宮殿建築外，在二里頭宮殿區以北區域，還集中分佈着一些可能與宗教祭祀有關的建築和其他遺跡。這一祭祀遺存集中分佈區與其南的宮殿區、官營作坊區南北一線排列，構成二里頭都邑中心區最重要的內涵。

建築遺跡主要包括高出地表的圓形建築和低於地面的長方形建築。其中，高出地表的圓形建築基址，可能是古代文獻中記載的祭祀設施「壇」。壇面和壇下有經踩踏形成的路土，壇的周圍是平整乾淨的場地。低於地面的長方形建築屬於半地穴建築，可能是古代文獻中的祭祀設施「墠」（音禪）。這類建築係在淺穴內鋪墊層層淨土，幾乎每層墊土上都有因踩踏而形成的路土面，往往還有成片的燒土面。一般不見柱子的痕跡，應是沒有屋頂的「場地」。[1]

在「壇」旁和「墠」內還經常發現有隨葬銅、玉禮器的貴族墓。目前已知這類祭祀遺跡的分佈範圍東西連綿 300 餘米。這一帶也是貴族墓分佈最為集中的區域之一。

此外，在二里頭宮殿區的東北部，還發現了一處面積達 2200 平方米的巨型坑。該坑一般深度超過 4 米，形成時間不晚於二里頭文化第二期，最初或為解決大型建築用土的取土坑，後又在其內進行過祭

祭祀遺存區發掘現場與「祭壇」 壇的上面佈列着一圈或兩圈圓形「土墩」（在壇體上挖出圓坑，填充不同於壇體顏色的土）

[1] 中國社會科學院考古研究所編著：《中國考古學．夏商卷》，中國社會科學出版社，2003 年。

祀、居住等活動，以後逐漸淤積、填充，到二里頭文化第四期基本填滿。二里頭文化第二期遺存是坑內的主要堆積，在面積極為有限的解剖溝中，即發現了屬於此期的多處以幼豬為祭品的祭祀遺跡，幼豬擺放整齊集中，姿勢一致。巨型坑外圍近旁鋪墊料薑石塊，也顯現了一定的特殊性，應是宮殿區內一處曾用於祭祀的場所。[2]

禮器：中國青銅時代的徽標

19 世紀，丹麥學者湯姆森根據歷史上各階段以生產工具為主的遺物材質，將古代史分為三個大的時代，即石器時代、青銅時代和鐵器時代。這一著名的時代劃分法至今仍為學界所普遍採用。其後，英國學者約翰．盧伯克將石器時代細分為舊石器時代和新石器時代。也有學者認為在某些地區，從石器時代向青銅時代轉化的過程中，還存在着「銅石並用」的過渡階段。[3]

北京大學嚴文明教授，主張仰韶時代後期至龍山時代，因已有零星的小件銅工具、裝飾品等出現而可以稱為中國的銅石並用時代。[4]這一時代也正是東亞大陸多個區域邁向社會複雜化的時代。因這一階段紅銅、砷銅、青銅和黃銅製品並存，合金鑄造技術原始，銅器尚未發揮較大的社會作用，大多尚不具有權力身份標誌物的意義，所以一般認為還未達到進入青銅時代的程度。[5]

隨着二里頭文化在中原的崛起，這支唯一使用複雜的合範技術生產青銅容器（禮器）的先進文化，成為躍入中國青銅時代的第一匹黑馬。值得注意的是，這些青銅禮器只隨葬於二里頭都邑社會上層的墓

---

[2] 中國社會科學院考古研究所二里頭工作隊：《河南偃師市二里頭遺址宮殿區 1 號巨型坑的勘探與發掘》，《考古》2015 年第 12 期。

[3] ［英］格林．丹尼爾著，黃其煦譯：《考古學一百五十年》，文物出版社，1987 年。

[4] 嚴文明：《論中國的銅石並用時代》，《史前研究》1984 年第 1 期。

[5] 許宏：《何以中國 —— 公元前 2000 年的中原圖景》，生活．讀書．新知三聯書店，2014、2016 年。

葬中，在這個金字塔式的等級社會中，青銅禮器的使用成為處於塔尖的統治階層身份地位的標誌。這些最新問世的祭祀與宮廷禮儀用青銅酒器、樂器，儀仗用青銅武器，以及傳統的玉禮器，構成獨具中國特色的青銅禮樂文明。它不同於以工具、武器和裝飾品為主的其他青銅文明，顯現了以禮制立國的中原王朝的特質。

作為統治階層身份地位的象徵，以酒器為中心的禮器群，成為中國最早的青銅禮器群。從這裡，我們可以看出中國古代文明主要是建立在社會關係的巨變（在等級秩序下人際關係的大調整）而非人與自然關係巨變的基礎上的。

各式陶酒器　在二里頭文化中，陶製酒器有溫酒和注酒的鬶、盉、爵以及飲酒用的觚等

從陶酒器到銅酒器

酒的麻醉致幻作用，使得世界上不少古代人群都把它當作通神的手段。在號稱「禮儀之邦」的古代中國，酒文化源遠流長，所謂「禮以酒成」，無酒不成禮。如前所述，「禮」字的本意就是以「醴（酒）」舉行的儀式。古代的社交禮儀中一定要伴有飲酒禮，酒就像維持社會機器正常運轉的潤滑劑。所以有學者把肇始於龍山時代、

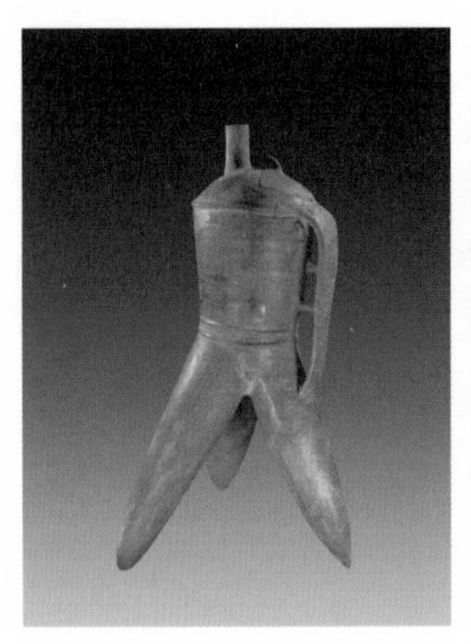

興盛於夏商時代的禮制概括為「酒禮」。

當時的酒是穀物發酵而製成的釀造酒，屬黏稠的濁酒，可以加入香草提味，一般是加熱後飲用。

有酒則必有酒器，酒器是酒文化乃至它背後的禮儀制度的重要載體。在二里頭文化中，陶製酒器有溫酒和注酒用的盉、鬹、爵，以及飲酒用的觚等。這些酒器當用於神聖的祭祀儀式，因此都是用經過淘洗的黏土精心製作而成，有些用少見的白陶或黑陶。它們很少出土於日常生活的場所，大多隨葬於墓中。

與酒相關的陶器，還有可能用於釀酒和貯酒的大口尊。這是二里頭文化所獨創的代表性器種之一。器高大多超過 30 厘米，形體較大。

此後，大口尊又為二里崗文化所繼承並進一步盛行。自二里頭文

酒

尊

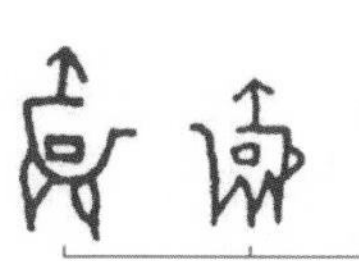

甲骨文「爵」　金文「爵」　甲骨文「酒」　甲骨文「尊」　甲骨文「歓」　甲骨文「障」

大口尊，以及甲骨文、金文中與「尊」相關的象形字　「酒」字去掉「氵」後的「酉」字，在甲骨文中就是以大口尊為原型的象形字。「尊」字是以兩手捧着大口尊的形象，而「尊」與「奠」通用，表示的是祭祀時獻上的酒以及獻酒禮儀

以酒器為主的青銅禮器群　迄今為止二里頭遺址出土的 10 餘件青銅容器中，除了一件鼎，均為仿造陶器器形製作而成的酒器

爵

盉

斝

鼎

化到二里崗文化時期，大口尊的口沿內側常見有燒成後刻劃的簡單符號。這一時期的陶文主要見於大口尊。雖然把這些刻符都看作文字的觀點有待探討，但大口尊在製作或使用時被刻上符號這一現象本身，表明它應是一種受到重視的特殊的器物。

青銅酒器出現於二里頭文化晚期，最先製作的是仿陶器的小型酒器爵，後來出現了溫酒器斝和盉等。與身材瘦小的爵相比，盉、斝器高一般超過 20 厘米，容量較大，因而還應有盛放儲存的功能。這批最早的青銅容器數量極少，只有一部分高級貴族能夠使用。除了王公貴族對酒器的重視外，就酒的加熱而言，銅器還具有極好的傳導性。

在中原腹心地區的人們掌握了複雜的鑄造技術後，青銅這種具有美麗的光澤又富於延展性的貴金屬，首先被用來製作酒器而不是別的物件，足見酒器在當時王朝禮制中的崇高地位。

陶鬶與「雞彝」

以成套酒器入葬來表現墓主人身份地位的隨葬習俗，最早見於黃河下游的大汶口－龍山文化。二里頭文化中的鬶、盉、斝、爵都可以溯源自這一文化系統中盛行的陶酒器——鬶。與此形成對比的是，二里頭文化的烹飪飲食等日常生活用器基本上繼承了中原腹心地帶當地龍山文化的風格。因為與祭祀或禮儀相關聯，在王朝祭禮的形成與整合的過程中，各種酒器也就被作為新的禮器而加以採用。

《禮記》記載三代用於祭祀的酒器，「夏后氏以雞夷，殷以斝，周以黃目」。夷讀為彝，彝器即禮器。其中提到的三種祭器究竟為何物，斝比較明確，但對於雞夷（彝）和黃目，自漢代以後即歧說紛紜，不乏望文附會者。鄒衡教授經過比照研究，認為「雞夷（彝）」就是二里頭文化的封口盉，也就是龍山文化中常見的陶鬶。[6]

他形象地解說道：「如果我們看看山東龍山文化中常見的紅陶鬶，不用解釋，就會想到這件陶器活像一隻伸頸昂首、佇立將鳴的紅色雄雞。其實不獨鬶如此，夏文化（引者註：鄒先生認為二里頭文化即夏文化）中常見的封口盉又何嘗不像一隻黑色或灰色的雄雞！原來它們

[6] 鄒衡：《試論夏文化》，《夏商周考古學論文集》，文物出版社，1980 年。

山東龍山文化陶鬹

二里頭文化陶鬹

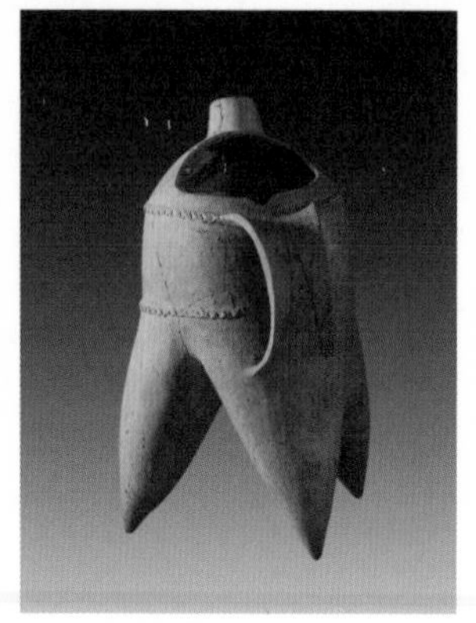

二里頭文化陶盉

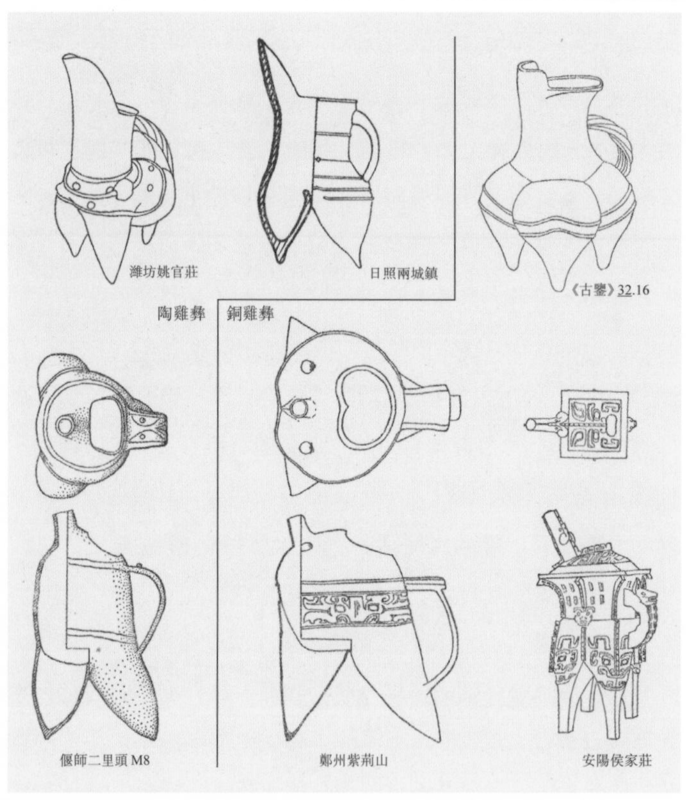

從陶「雞彝」到銅「雞彝」[7]

「雞彝」的演變 二里頭文化酒器中與山東史前文化關係最為密切的，是早期的陶鬹，二里頭文化的陶鬹也是中原地區同類器的最後形態。自二里頭文化晚期始，敞口敞流的鬹逐漸為更具保溫和防塵功能的封口筒流盉所取代。後者顯然是由前者演變而來的

[7] 鄒衡：《試論夏文化》，《夏商周考古學論文集》，文物出版社，1980 年。

可能都是由共同的祖型—大汶口文化的雞彝發展來的。」鄒先生進一步論證到，正因為它產生在東方，而在古代的東夷地區又曾經特別流行，因此它同時又有了「夷」的名。而金文中「彝」字的字形，像將雞翅膀用繩索綑縛，左邊落下血滴，表示宰後用雙手捧送供神之狀。古代有用殺雞來盟誓的，用雞祭祀更是東方的風俗。「正因為紅色雄雞是用於祭祀的犧牲品，而紅色陶鬹是用於祭祀的『彝器』。」

這一將古代文獻、古文字與考古出土品相比照，來復原當時禮器的遞嬗傳播源流的嘗試，一時被傳為學界佳話。當然，這還只是一種推測。

第一青銅酒器爵的發明

爵是一種小型溫酒和注酒器。關於爵的起源，從整體形制和用途看，它與鬹或盉似乎有關，但大小、把手的位置和足的形狀都不相同，應該為二里頭文化所獨創。我們在古裝戲中經常可以看到王公貴族們舉爵乾杯的場面，但爵是否直接用來飲酒，卻仍存疑問。陶爵中一直有夾砂陶（為使受火器物不致爆裂而在陶器胎土中羼入砂粒，是炊器的主要特徵）存在，且在有些陶爵的底部發現煙炱的痕跡，說明它具有溫酒的功能。把溫好的酒由爵倒入觚中飲用，可能是較為合理的解釋。

銅爵應是模仿陶爵製成，器高在 10−20 厘米，這是二里頭都邑最先製造出的一種青銅酒器。在二里頭遺址，青銅爵迄今已出土了 10 餘件，都屬二里頭文化晚期。銅爵在二里崗文化時期得到進一步的發展，它與觚組成的酒器組合具有代表性，一直延續至西周時代。

有的學者注意到爵造型的不對稱性。與鬹、盉不同，爵的把手與器流不在一線上，而是垂直於流口，且位於其右側。二里頭出土的唯一一件有紋飾的銅爵（腰部飾帶狀聯珠紋），以及二里崗至殷墟時期飾有獸面紋的銅爵，都是把紋飾施於把手的另一側，可知有紋飾的一側為正面，把手所在的一側為背面。三足中之一足在把手的正下方，另兩足則在正面的兩側。這一造型原則被毫無例外地嚴格遵守着。

用這種不對稱的器物倒酒，自然是右手持把手，正面面向對方，使爵體左傾。如果是用左手，只能用手握住爵身，這勢必就擋住了紋飾，而使帶把手的背面朝向對方。這對生來習慣用左手的「左撇子」來說，實在是不公平的。指出這一點的日本京都大學岡村秀典教授[8]和我都是「左撇子」，因而對此更有深切的感觸。

在始於周代的爵位中，「公爵」「伯爵」等都用了「爵」字（這裡的「爵」應是酒杯的總稱，並不一定專指我們所談論的酒器爵），至少表明在王朝的禮儀中飲酒是極為重要的，而二里頭文化在飲酒禮儀的發展過程中則具有劃時代的意義。鑄造銅爵等造型複雜的酒器，至少需

陶爵與銅爵　爵所體現的這種不對稱的特殊製器原則，無視「左撇子」群體的存在，居然被嚴格遵守達千年以上，直到西周時代才退出歷史舞台。從特定的手持和倒酒方式，可以窺見禮儀實施的精微之處

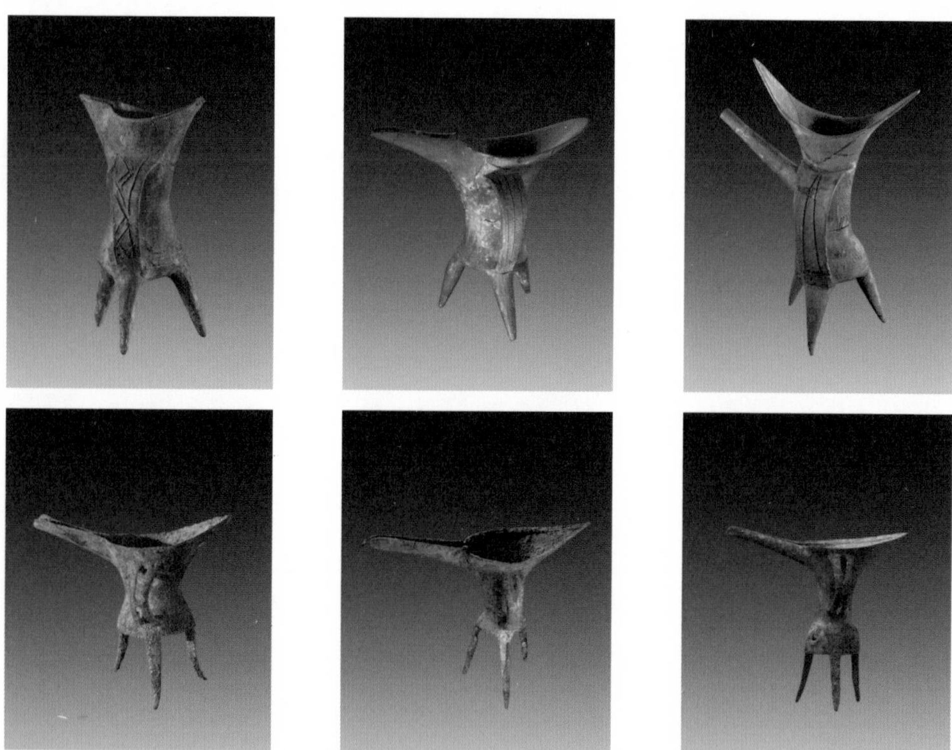

[8] ［日］岡村秀典：《夏王朝 —— 王権誕生の考古学》，講談社（東京），2003 年。

要精確地組合起內模和 3 件以上的外範，即當時已採用了先進的複合範工藝。而克服其中的種種困難，最終鑄造出青銅禮器的內在動力，應當就是這一時期新興王權對宮廷禮儀的整飭。

從祭玉到禮玉

最初，人們把質地溫潤、色澤賞心悦目的玉石當作裝飾品，又逐漸賦予其神秘的色彩，把玉石看作具有神性的靈物。中國最早的玉器見於公元前 7000 多年的黑龍江饒河小南山遺址。隨着公元前 3000 年左右社會複雜化程度的加深，在東亞大陸多個史前文化中，先是出現了在祭祀活動中用作神靈替代物的「祭玉」；在國家產生後的宮廷禮儀中，玉器又作為社交禮儀中的「禮玉」而受到特別的重視。

在古典文獻中，舜把「玉圭」賜給治水成功的禹，西周時代的冊命（賞賜任命）儀式也使用玉器。而在即位儀式或朝見儀式上，諸侯

後代的宮廷用玉圭與笏 作為貴族權威的象徵物，宮廷禮儀中所用「玉圭」或「笏」之類的玉器，可以稱為「禮玉」

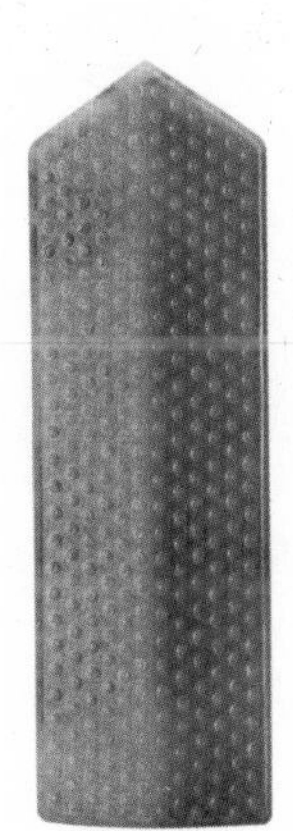

戰國穀紋玉圭

清乾隆賜岱廟玉圭

唐內侍持笏圖（陝西乾縣懿德太子墓壁畫）

要獻上「玉圭」。依王、諸侯及其他貴族身份的不同，其手持玉器也分為多個類別，《周禮》中就有「六瑞」之說。作為昭示君臣關係的禮儀，這種通過宮廷和玉器所表現的授受行為，在王權的維持上起着極為重要的作用。[9]

據《禮記》記載，諸侯朝見天子時或大夫訪問他國時，以及舉行射禮時，都必須手持細長的板狀物「笏」。依持有者身份的不同，它的形狀、大小和材質都有差別，分別用美玉、象牙和帶有不同裝飾的竹製成。「笏」的形狀和使用它的一套程序，與「玉圭」極為相似，很有可能是由玉圭轉化而成的。

東風西漸：大型有刃玉禮器群

二里頭所在的嵩山周圍、洛陽盆地一帶，在龍山時代並無使用大型玉器的傳統。這與二里頭都邑出現成組大型玉禮器，形成了鮮明的對比。

二里頭遺址出土的玉禮器（有些屬石質，學術界也把其看作文化意義上的「玉」），可以分為兩大類。一是大型有刃器如鉞、刀、牙璋、

鉞與戚 在二里頭遺址，鉞在墓葬以外的文化堆積中也有發現，與牙璋、圭等手持的禮儀用器不同，這類鉞應當屬於裝柄的實用器，用於戰爭或儀仗等場合。而作為隨葬品的玉鉞、戚（兩側邊緣有扉齒的鉞），則應當是用於宮廷禮儀的

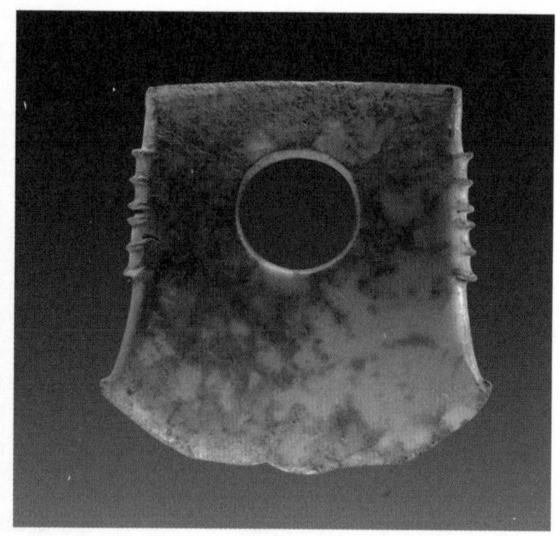

[9] ［日］岡村秀典：《夏王朝——王権誕生の考古学》，講談社（東京），2003 年。

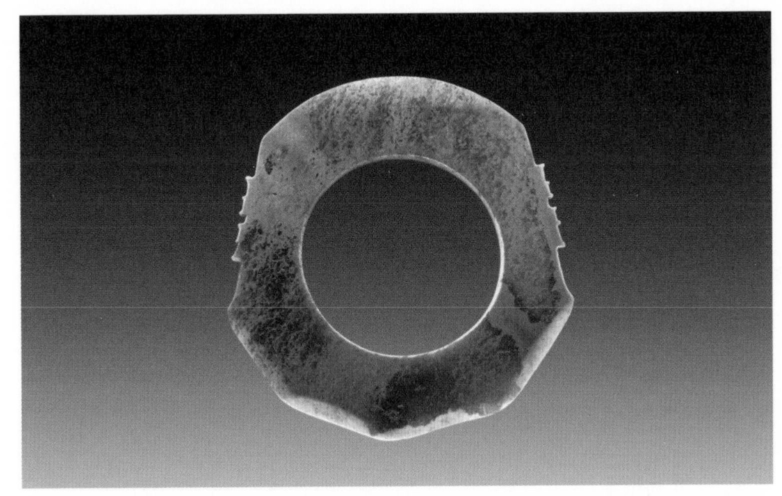

璧戚　璧戚整體近圓，中有大孔，齒狀外弧刃，更富裝飾意味而不適於裝柄，因此也應是祭祀或禮儀活動中手持的禮玉

玉石刀　二里頭遺址出土的刀一般長逾 50 厘米，直刃，近背部有多個鑽孔，最多達 7 個

圭（或稱鏟）和戈，二是小型棒狀的柄形玉器。其中，鉞、牙璋、刀和圭應都源自海岱地區的大汶口–龍山文化，到以後的二里崗文化趨於衰退；與此形成對比的是，柄形玉器和玉戈在此後得以傳承。

石質的鉞類器最早見於長江下游太湖地區的史前文化，後來逐漸成為東亞大陸東方地區新石器時代玉石器的一種重要器形。二里頭的玉石鉞，也具有顯著的東方和東南方的傳統。譬如在鉞身上穿雙孔和用綠松石圓片鑲嵌其中一孔的裝飾手法，就見於海岱地區的大汶口–龍山文化。

在二里頭文化中，一種兩側邊緣有扉齒的鉞更為常見。這種鉞一般稱為戚。玉戚中又有一種璧形戚，或稱為璧戚。璧戚始見於二里頭文化，至二里崗文化已極罕見。

二里頭文化玉器兩側裝飾對稱的扉齒，以及玉戚上所見齒狀弧刃的做法，都可以上溯到黃河下游海岱地區大汶口－龍山文化的同類裝飾工藝。[10]

橫長的梯形多孔大玉刀，係採用較薄的玉石材料製成，一般認為是由穀物收割工具石刀演化而來。但沒有使用痕跡，顯然並非實用器。此類石刀最早出現於長江下游的薛家崗文化，作為隨葬品見於黃河中下游的大汶口－山東龍山文化和陶寺文化的墓葬中，在陝北一帶的石峁文化中也有發現。

被稱為牙璋的玉器，一般認為是鏟（或耜）形鬆土工具的仿製品。全器由器身和柄部以及兩者之間的闌組成，器身前端有微斜而內凹的刃。柄部及其上的圓孔都沒有裝柄的痕跡，從形制上看也不適於裝柄。

這類器物最早見於大汶口文化末期至山東龍山文化早期的海岱地區，在陝北一帶的龍山時代晚期至二里頭時代的石峁文化遺存中也有發現。石峁文化和二里頭文化出土牙璋顯現出較山東龍山文化的同類器更強的裝飾意味，以及思維的進一步複雜化。相比之下，海岱地區出土牙璋的形態偏於原始，闌部扉齒較簡單，器體也較短小，其間應存在着源流關係。[11]

玉石戈和銅戈均始見於二里頭文化晚期，為其後的二里崗文化所承繼。玉石圭、戈都應同牙璋、刀等一樣，也是社交禮儀中貴族手持的「禮玉」。

台灣學者鄧淑蘋研究員把二里頭文化大型有刃玉禮器群，歸為

[10] 欒豐實：《二里頭遺址出土玉禮器中的東方因素》，《中原地區文明化進程學術研討會文集》，科學出版社，2006 年。

[11] 鄧聰、欒豐實等：《東亞最早的牙璋——山東龍山式牙璋初論》，《玉潤東方：大汶口－龍山．良渚玉器文化展》，文物出版社，2014 年。

玉石牙璋 二里頭遺址出土的牙璋長達50厘米左右，闌部有二至四組對稱的扉齒，扉齒之間陰刻細平行線，製作極為精細

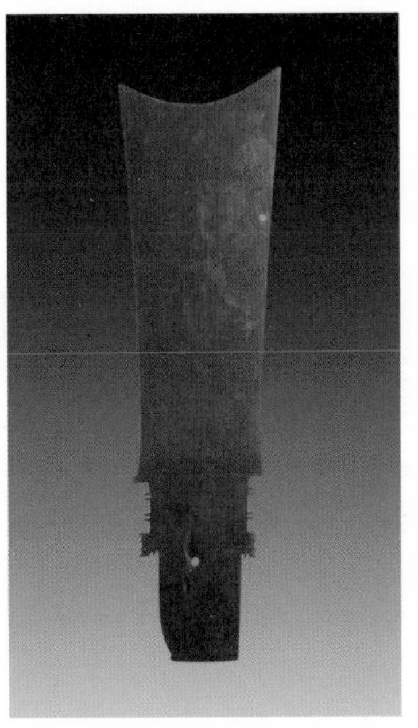

牙璋的使用方式 四川三星堆遺址出土兩手持牙璋跪坐的銅人像，很像在祭祀或禮儀場所持「笏」的情形。三星堆遺址還出土過刻有圖像的牙璋，圖像中牙璋立於山邊，橫列的人物也應是在祭祀場合之中

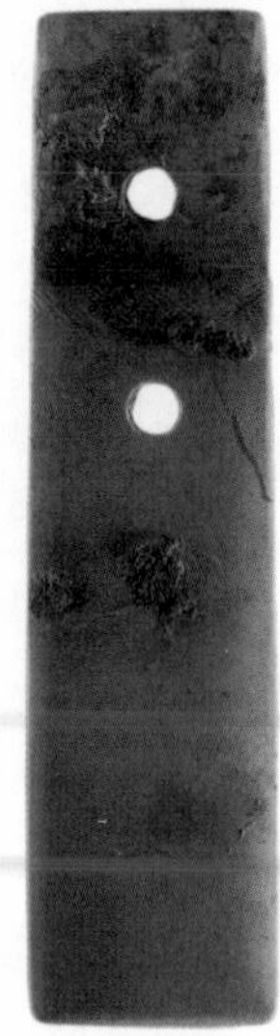

玉石圭、戈　圭比牙璋、刀要小，一般長 20 厘米左右，上部有一或兩個孔。戈本來是一種有柄的勾兵，但玉石戈上鑽孔的位置已不適宜於縛繩裝柄

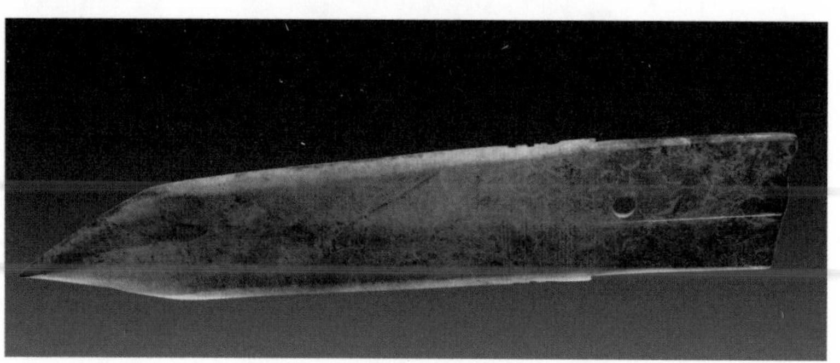

「華西系統玉器」，認為其與龍山時代的陝北玉器群關係密切，[12] 是有道理的。但考慮到後者多缺乏明確的層位關係，年代跨度較大，而上限不早於龍山時代，玉器總體器形和在器緣加飾扉齒的裝飾作風等多顯現出東方文化因素，其遠源恐怕仍可追溯至海岱地區的大汶口－龍山系統文化。而器表陰刻成組線紋的裝飾作風，則是面向內陸的諸文化在玉器製作上一個晚出的風格。這也正契合了前述二里頭文化屬於華東華西兩大系統「文化雜交」之碩果的推論。

柄形器之謎

與上述大型有刃玉器形成對比的，是常見於二里頭貴族墓的小型柄形玉器。這類呈扁平或棒狀的玉器一般長 20 厘米以下，最早零星地見於黃河和長江流域的一些區域。自二里頭文化早期開始在二里頭遺址出現，又為二里崗文化和殷墟文化所繼承。在西周時代的一些墓葬中，柄形器的末端一般有短小的榫和玉石片粘嵌而成的附飾，可知它是與其他器物組合使用的。到東周時期，這類器物就基本上不見了。

[12] 鄧淑蘋：《也談華西系統的玉器》，《故宮文物月刊》第 125－130 期，1993 年 8 月－1994 年 1 月。

在二里頭和二里崗時期，玉柄形器僅見於隨葬品豐富的貴族墓。到商代晚期時，有些僅隨葬陶器的小型墓也有出土。但總體上看，直到西周時期，製作精良的柄形器還是集中見於規格較高的貴族墓，因此，可以肯定它是貴族的專用品。

安陽殷墟遺址曾在幾座小墓中出土了一批石柄形器，值得注意的是，其上分別朱書祖先的名字，表明這種器物應是用於祭祀先人的禮儀用品，屬於禮器的範疇。[13] 以往的一件傳世玉柄形器上陰刻有 11 字，記載這件器物是商王賞賜給作為臣下的器物持有者的，也顯示了玉柄形器的重要性。

學界對這類器物的定名與功能性質分析五花八門，不一而足。有的說是用來彈琴的，因此稱為「琴撥」；有的說是用來束髮的頭飾，因此稱為「簪形器」；也有的認為是作為兵器的銅劍的劍柄；還有的認為是人身上的佩飾。鑒於其上發現有文字，更有人推測是用來祭祀祖先神靈的「石主」，相當於後世的牌位。日本著名學者林巳奈夫教授則

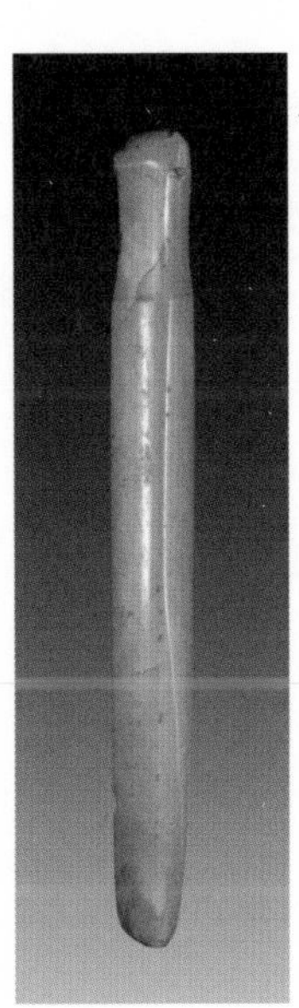
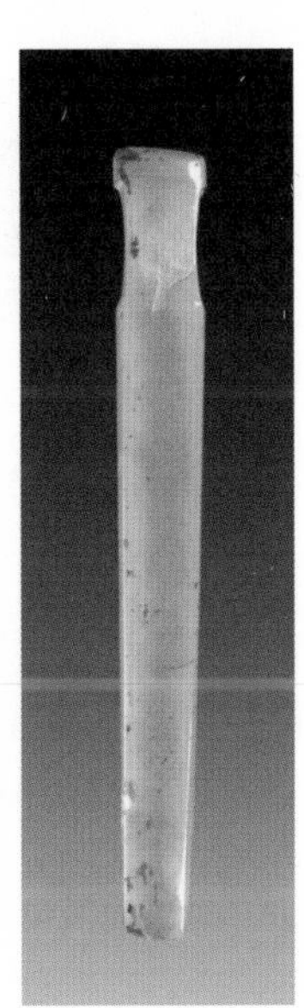

二里頭出土的各類玉柄形器 柄形器多為素面，但 20 世紀 70 年代一座貴族墓中出土的一件柄形器（左），其上用淺刻和浮雕的方法雕刻出三組獸面紋，每組之間器身束腰並雕出類似花瓣的紋樣，極其精美

[13] 中國社會科學院考古研究所安陽工作隊：《1991 年安陽後岡殷墓的發掘》，《考古》1993 年第 10 期。

認為應是一種禮器瓚的把柄，文獻中稱為「大圭」，因屬貴重之器，只給有資格參加儀式者佩戴。[14] 目前學界多認為它屬於禮器，但其具體的功用與象徵意義，則仍是待解之謎。

近來，有學者通過對墓葬中器物組合的分析，指出這類玉柄形器就是瓚，它是由良渚文化的玉錐形器演變而來的，其使用方式都是榫接於木棒上置於酒器觚中以祼酒（祼，音灌，古代以酒灌地的祭禮）。[15] 可以認為，這是目前最接近實際的推論。

昭示等級秩序的玉器

如上所述，大型有刃玉器都應是貴族手持之物，從其寬片狀的形制看，應相當於日後的「玉圭」，即衣冠束帶的貴族在朝廷上所持的「笏」。玉器的種類，可能昭示着持有者的出身與職位的差異，其中詳情已不得而知。但它們都屬於宮廷禮儀所用禮玉，則是可以肯定的。值得注意的是，在二里頭文化玉器中，有刃器受到高度的重視。

從出土玉器的墓葬中隨葬品組合情況看，大型有刃器中的玉鉞見於所有的墓，玉刀也較多。較大的墓中都隨葬三件有刃器，但各自的組合不一致。小型柄形器的使用則較為普遍，可知身份較高的貴族墓中，柄形器是不可或缺的，如前所述，推測其屬於祭器是有道理的。

在二里頭文化的玉器中，裝飾品極少，二期開始出現柄形器，三期則有各類大型有刃禮器出現。這些帶刃的禮玉，都與其本來的裝柄方式和用途無關，而是表現貴族的權威，作為在宮廷上昭示君臣關係的「玉圭」或「笏」來使用的。[16] 在二里頭都邑，這些玉禮器與宮城、大型宮殿建築群的出現大體同步，表明王權以及用以維持王權的宮廷禮儀已大體完備。

[14] 林巳奈夫：《中國古代の祭玉、瑞玉》，《東方學報》（京都）第 40 冊，1969 年。
[15] 嚴志斌：《漆觚、圓陶片與柄形器》，《中國國家博物館館刊》2020 年第 1 期。
[16] [日] 岡村秀典：《夏王朝 —— 王権誕生の考古学》，講談社（東京），2003 年。

無樂不成禮：樂器一瞥

在古代中國，貴族在舉行祭祀和其他禮儀活動時，往往離不開樂器。所以常有學者以禮樂文明來概括中國早期文明的特徵，確是一語中的的。

樂器與等級身份相關聯的例子，在龍山時代的考古發現中即有所見。晉南陶寺文化超大型中心聚落陶寺遺址的墓地中，鼉鼓（以鱷魚皮作鼓面的鼓）和打製的石磬兩種樂器，僅見於最高規格的墓葬。[17] 這類墓葬規模較大，都有豐富的隨葬品，墓主人應當是處於金字塔塔尖的社會上層人物。與作為禮器的彩繪陶器和漆木器一樣，這些樂器也是彰顯其權威的標誌物。

在二里頭遺址的一座貴族墓中也發現了一件石磬。磬體略呈折曲狀，頂部有一懸孔以穿繩。形體較大而厚重，長 50 多厘米，厚近 5 厘米。正面磨製較精，其餘保留有打製和琢製的痕跡。

銅鈴是二里頭文化青銅器中富有特色的器種，不少介紹中國古代樂器的書都把它收進去，作為樂器的一種。但它的真實功能仍是個謎。無論如何，它是一種可以發出悅耳聲音的響器。陶鈴在龍山時代的多處地域都有發現，二里頭遺址也有所見。早於二里頭文化的唯一一件銅鈴係紅銅製品，見於山西襄汾陶寺遺址。它出土於一座墓葬中，位於墓主人的腰部。二里頭文化的青銅鈴都見於貴族墓，共出的隨葬品較為豐富。與陶寺遺址所見相同，一般也放置於墓主人的腰部或手部，多見以紡織品包裹的情況。

值得注意的是，在二里頭遺址的貴族墓中，銅鈴往往與嵌綠松石銅牌飾共出，或與大型綠松石龍形器共出，表明這類墓的墓主人具有特殊的身份，同時也暗示着銅鈴與祭祀禮儀相關聯的功能。

二里頭遺址的貴族墓中還曾出土過一件漆鼓。鼓為束腰長筒狀，

[17] 中國社會科學院考古研究所、山西省臨汾市文物局編著：《襄汾陶寺——1978–1985 年發掘報告》，文物出版社，2015 年。

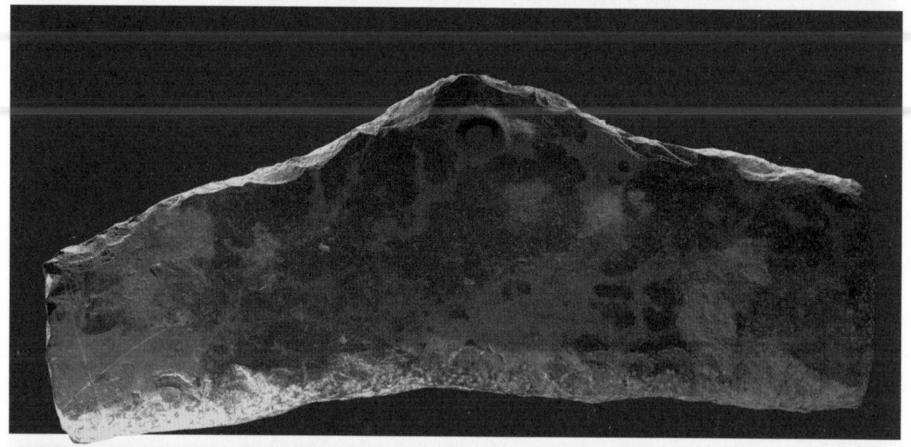

陶寺、二里頭、殷墟磬之比較　陶寺的打製石磬、二里頭琢磨製的石磬、殷墟的磨光虎紋大磬，都是周代禮儀用打擊樂器——編磬的祖型。這從一個側面昭示了以「禮樂」為中心的禮制的形成與早期發展的軌跡

陶寺、二里頭的銅鈴 二里頭青銅鈴之鈴體較陶寺銅鈴要大，為扁圓體，頂部有鈕，一側有扉，器身常飾有凸弦紋，一般配有玉質的管狀鈴舌

陶塤和陶鼓形壺 鼓形壺扁圓體，其周緣有三周表現鼓釘的小泥餅。鼓體下附二足，與殷墟甲骨文中的「鼓」字頗為相似

施朱紅漆，通長 50 餘厘米。遺址上又曾出土陶鼓形壺一件。

此外，二里頭遺址還出土有陶塤。

有骨無甲的占卜習俗

把動物骨骼的某一部分加以燒灼，使其產生龜裂從而占卜吉凶的習俗，從公元前 3000 多年開始出現，到商代達於極盛。這一習俗最早可能起源於西北地區，在龍山時代分佈於長城地帶及與其鄰近的華北地區，二里頭時代擴展至黃河中游和遼西地區。從占卜未來的行為看，它應當屬於一種祭祀活動，而且與家畜養殖和畜牧生活有密切的關係。

據研究，「卜」字的字形就是模仿占卜時的裂痕，讀音也是從爆裂時的聲響而來。占卜時用的獸骨，主要是肩胛骨。這個部位有既寬且薄的平面，受火後容易爆裂，最適合做占卜的材料。[18] 但一隻動物只有前肩上的兩塊肩胛骨，不殺掉則無法得到，所以也來之不易。它作為傳達神意的媒介被人們精心選出，而供奉給神作為犧牲的動物當然在優先考慮之列。晚商時期的殷墟王都主要是用牛的肩胛骨和龜甲；據文獻記載，西北的畜牧遊牧族群用羊，東夷則用牛或鹿。二里頭文化中牛、羊、豬兼用。

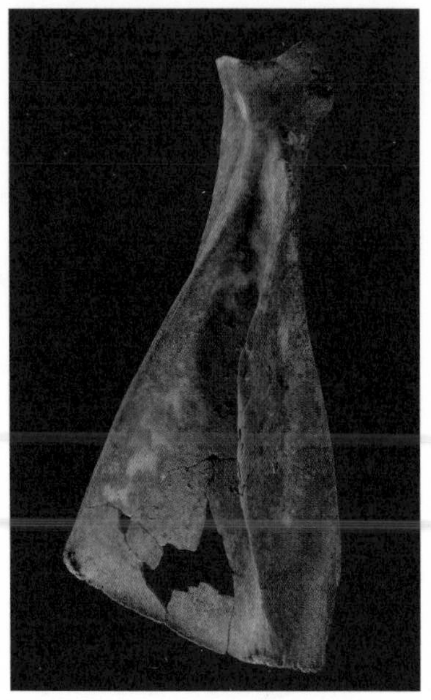

二里頭出土的卜骨
因為在占卜用的甲骨上刻有文字，商王朝的實際存在才得以確認。與殷墟文化時期占卜時獸骨和龜甲並用的情況不同，二里頭時代只有骨卜而無龜卜，而且只有灼痕，未發現見於殷墟甲骨上的鑽、鑿現象，也沒有在卜骨上發現文字

中國最早的禮兵器

為維持與擴大王權、對抗外敵，保有相應的軍事力量是必不可少的。在中國古代王朝文明形成中，青銅兵器的出現及其普及起着重要的作用。在二里頭時代，青銅兵器的出現，遠射用武器鏃（箭頭）的激增，暴力加害的人殉和人牲的多見，都暗寓着當時社會集團之間戰爭的頻發與激化，構成了王朝形成期社會矛盾加劇所特有的圖景。

二里頭文化出土的青銅兵器有戈、鉞、斧和鏃等。其中，屬於近戰兵器的戈、鉞、斧總共出土了 4 件，應當都是墓葬的隨葬品。從銅鉞的材質成分及刃部較鈍等特徵分析，應非實用性兵器，而屬於禮儀用器，另外幾件的情況也大致相似。可知這類兵器並非用於實戰，而應是用來表現權威的儀仗用器，或可稱為禮兵器，它們在當時並未普遍使用。這是迄今所知中國最早的青銅禮兵器。

[18] 李學勤：《古文字學初階》，中華書局，2006 年。

兵器上的「內」

音納，有「納入」之意。兵器尾部橫向伸出的部分，用於裝柄。

以雙翼鏃、有內鉞、直內和曲內戈為代表的二里頭文化青銅兵器，奠定了中國古代兵器的基本格局。戈、鉞在隨後的二里崗時代繼續使用，成為中國古代最具特色的武器。長條狀的斧則僅見於二里頭文化，有學者認為應屬北方系戰斧或其仿製品[19]。其中，戈的出現意義尤其重大，啄擊兼勾殺的威力使其極利於近戰，成為日後中國冷兵器中的主宰器種。二里崗時期以戈、鉞、鏃為主的銅兵系統得到光大，形成了以戈為中心的兵器組合。

在中國，最早的馬拉戰車見於商代晚期的殷墟遺址，車戰也應是從那時開始的，騎兵則更要晚到東周時代才出現。商代晚期以前，戰爭的主角是步兵。

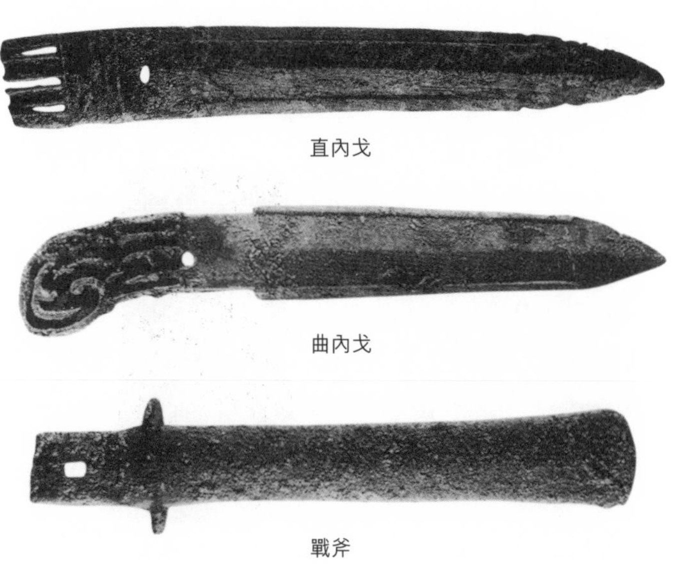

直內戈

曲內戈

戰斧

二里頭出土的青銅近戰兵器　這類兵器均應裝柄使用，在其刃部的相對處都有大小不一的孔，用於縛繩裝柄

[19] 林沄：《夏代的中國北方系青銅器》，《邊疆考古研究》第 1 輯，科學出版社，2002 年。

鉞・軍事統帥權・王權

二里頭遺址發現的青銅鉞，是迄今所知中國最早的青銅鉞。它的前身石鉞應是從斧類生產工具演變而來，最初也被稱為「有孔石斧」。後來作為武器使用，並逐漸演變為象徵軍事權威的儀仗用器，也是一種用於「大辟之刑」的刑具。在西周金文和《尚書》《左傳》《史記》等文獻中，分別記載商周時期的君王以弓、矢、斧、鉞賜予大臣或諸侯，以此象徵授予其征伐大權。其中，鉞又是最受重視的。它作為儀仗用器，代表着持有者生殺予奪的權力。這應當反映了對傳承已久的某種制度的繼承。

對於古文字中「王」字的字源本義，歷來有不同的觀點。其中，認為「王」字象斧鉞之形[20]，應較接近本義。早於甲骨文時代數百年的二里頭都城中出土的玉石鉞和迄今所知中國最早的青銅鉞，就應是已出現的「王權」的又一個重要象徵。換言之，鉞的禮儀化是中國王朝文明形成與早期發展的一個縮影。

0038 王

王成甬鼎
宰甾簋
戊寅鼎
鮽尊
小子射鼎
小臣系卣
天亡簋
匽侯鼎
成王鼎
盂鼎
吕鼎
矢方彝
矢尊

二里頭的青銅鉞和金文中的「王」字　金文中「王」字的字形，像橫置的鉞。「王」字在最初應指代秉持斧鉞之人，即有軍事統帥權的首領，隨着早期國家的出現，逐漸成為握有最高權力的統治者的稱號

[20] 林沄：《説「王」》，《考古》1965 年第 6 期。

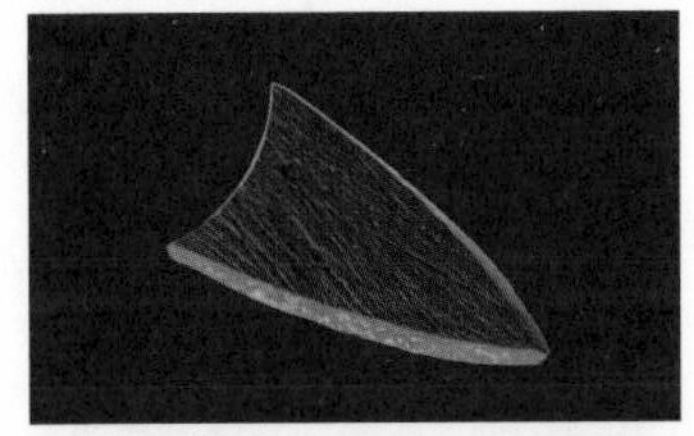

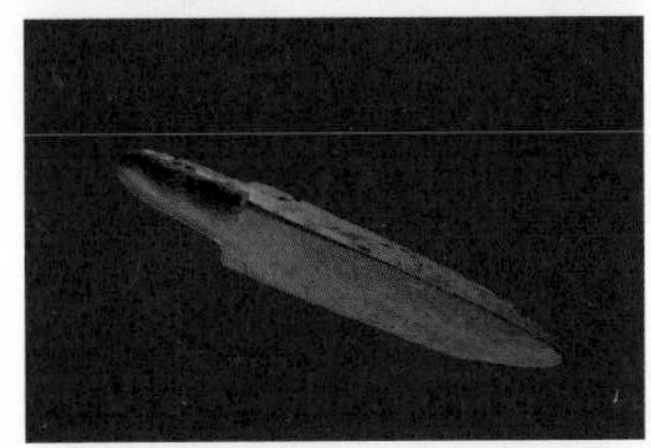

二里頭出土的各類箭頭 銅鏃（下）有尖銳的鋒部。石鏃（上、中）、骨鏃、蚌鏃則延續了當地龍山文化的傳統，可分為無脊的扁平三角形鏃和有脊的棒狀鏃兩種。前者夾於箭桿前端，應主要用於狩獵，但數量不足箭頭出土量的十分之一。相比之下，後者細長而分量稍重，應是用於戰爭的。尤其是到了二里頭文化晚期，斷面呈正三角形或圓形、製作規範的鏃大量出現

小箭頭的大啟示

弓箭本來是狩獵工具，在箭桿前端安有石質或骨、蚌質的鏃。在二里頭文化崛起「前夜」的龍山時代，各個地域不同群團間的戰爭日益激烈，鏃的數量也急劇增多。為增強殺傷力，鏃也在不斷地變大變重。原來的鏃兩翼較寬，呈扁平狀，分量輕而射程較遠，適於狩獵；現在則變得重而細長，能達到深刺的效果，殺傷力大幅度增強。[21]

二里頭遺址出土有銅、石、骨、蚌等多種質料的鏃，基本上出土於生活區，此外還見有箭頭刺入人骨的例子，說明它們應是實戰用器。

這些製作規範的鏃，後端往往有細窄的鋌，使用時需將鏃鋌插入箭桿。有的學者注意到，大致以河西走廊為界，以東地區基本上為有鋌鏃，以西地區則基本為鏃底或鋌部帶銎孔者，可以將箭桿插入銎孔內。這一空間差異或許與箭桿的選材有關。中原或周邊地區大概多以竹為箭桿，竹中空，利於將鏃鋌插入以固定（當然也可以把木杆劈裂，插入鏃鋌再以繩綁縛）；而西北地處無竹的高寒地帶，箭桿可能多為木質，有銎孔的鏃就便於固定。這都是因地制宜的舉措，最終形成了各自的傳統。

箭頭屬不可回收品，以銅來製作，除了表明戰爭日益受到重視外，還意味着當時珍稀的銅料來源已得到了初步的保障，青銅器生產的程度日益加深。

[21] [日] 岡村秀典：《中国文明：農業と礼制の考古学》，京都大學學術出版會（京都），2008年。

都邑社會

人口構成與層級

大規模的人口動員

作為進入王朝階段的發達的國家社會，王都與宮殿的建築工程都需要大量的人口與勞力。如前所述，僅建造二里頭都邑的 1 號宮殿，就需要 20 多萬個勞動日。其他的土木建築工程、各種手工業生產，以及對外戰爭等，都要經常性地驅使大量的人力。這樣的人力需求，僅憑王都內部的居民恐怕是遠遠不夠的，還要廣泛地動員周邊聚落的人口。為勞力提供的糧食大概也要從更廣大的區域來獲取。這種以鬆散的紐帶聯繫起來的諸社會集團，就逐漸在人力和物力上整合為以二里頭王都為中心的更為複雜的社會組織——廣域王權國家。

龍山時代也有過大規模的勞動動員，例如夯土城垣的修建。但即便是規模達 280 萬平方米的襄汾陶寺城址，它夯土城垣的保衛對象也應當是包括一般庶民在內的。此外，隨葬大量器物的大墓與一貧如洗的小墓在陶寺共處於同一墓地。因此，它的勞動動員似乎也是以超越身份差異的共同性為基礎的。這與二里頭都邑的營建旨趣、功能分區以及人口構成可能都有較大的差別。至於像登封王城崗那樣面積僅 30 餘萬平方米的城邑，其築城工程只需要周邊十幾個聚落組成的小聚落集團即可完成。[1] 可知就人口動員的規模和性質而言，二里頭都邑與此前龍山時代的中心聚落之間也不可同日而語。作為統治者的貴族階層，受盤剝的庶民以及被剝奪了人身自由的人構成了金字塔式的社會層級，從而也確立了國家權力的基礎。

族屬的複雜化：中國最早的移民城市

二里頭遺址罕見統一安排死者的公共墓地。遺址發掘中出土單獨的墓葬或由若干成排墓葬組成的小型墓群。這些墓葬遍佈遺址各處，

[1] 北京大學考古文博學院、河南省文物考古研究所：《登封王城崗考古發現與研究（2002–2005）》，大象出版社，2007 年。

墓葬發掘現場

見於宮室建築的院內、一般居址近旁、房基和路面以下。這表明那時的人對死者並不「敬而遠之」，並不把生與死嚴格地對立開來。曾經的居住區又被用來埋葬死者，這些墓葬分佈點似乎也都沒有被作為墓地長期使用，墓葬和房屋建築往往相互疊壓。人類學家主張，一個為死者專有的、界限明確的規劃區域，表明這是一個具有直系血親體系的社會共同體。值得注意的是，在早於二里頭時代的許多新石器時代遺址和安陽晚商都城殷墟都發現了明確的宗族墓地。二里頭遺址的埋葬形態與中國古代長期延續的這一喪葬傳統形成了鮮明的對比。因此，二里頭遺址罕見有組織的、經正式規劃的埋葬區域，可能暗寓着這裡的居民彼此間缺乏直接的血緣關係。

二里頭的這種鬆散的埋葬狀況，似乎與這一中心都邑的人口構成相關聯。如果考慮到二里頭文化是中國歷史上第一個跨越自然地理單元、涵蓋不同農業區的強勢「核心文化」，而二里頭都邑是最早集聚了周邊人口的中心城市，也就不難理解這些早期移民是來自眾多不同的小型血緣集團，而在它們的上面並沒有連接所有都邑社會成員的血親紐帶。缺乏穩定的墓地和同一空間內墓葬與房屋的不斷更迭，暗示着人口的頻繁移動。二里頭都邑的人口應當是由眾多小規模的、彼此不相關聯的血親族群所組成，同時它們又集聚並且受控於一個城市集合體。[2] 從某種意義上講，二里頭是中國最早的大規模移民城市。

都邑人口構成的複雜化，是社會複雜化和日益頻繁的文化交流的必然結果，是文明帶來的新生事物。然而，這些二里頭的人類群團究竟在多大程度上從事農業生產或特殊的手工業專門化生產尚不清楚。進一步的發掘和研究將能提供更多的、有助於解答這些問題的信息。

從宮殿到半地穴式「窩棚」

自新石器時代開始，黃河流域的住宅建築經歷了從半穴居到地面居，再到高台居的發展過程。住宅作為社會文化的產物，也一直從一個側面顯示着社會進步的趨勢。在穴居住宅依然存在的龍山時代乃至其後的三代，突出於地面的高台建築的出現，既與夯築技術的成熟有關，又反映着事實上日益擴大的社會分裂。

如前所述，像二里頭 1 號宮殿那樣的大型夯土高台建築的建造需要龐大的用工量，又因為它們首先成為至高無上的宮殿宗廟之所在，而具有權力的象徵意義。可以說，大型高台建築的出現，既是人們居住生活史上的一次大的革命，也昭示着國家社會和文明時代的到來。

面積達數百至數千平方米的大型建築基址，都位於宮殿區及後來的宮城城牆範圍內，前文已述。圍繞這一王室禁地，分佈着眾多的中

[2] 許宏、劉莉：《關於二里頭遺址的省思》，《文物》2008 年第 1 期。

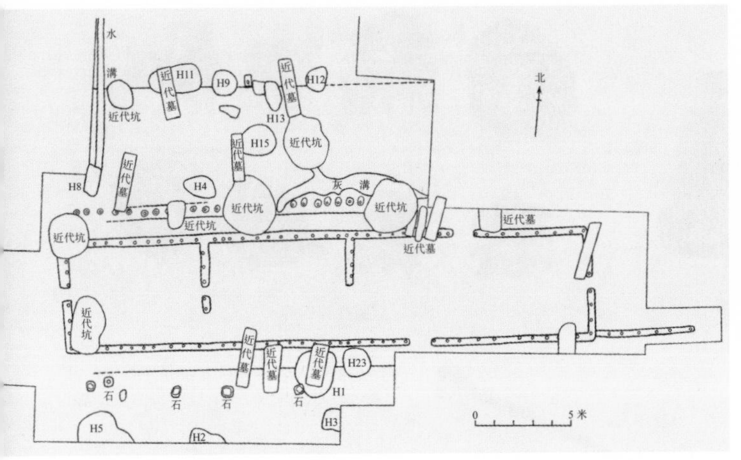

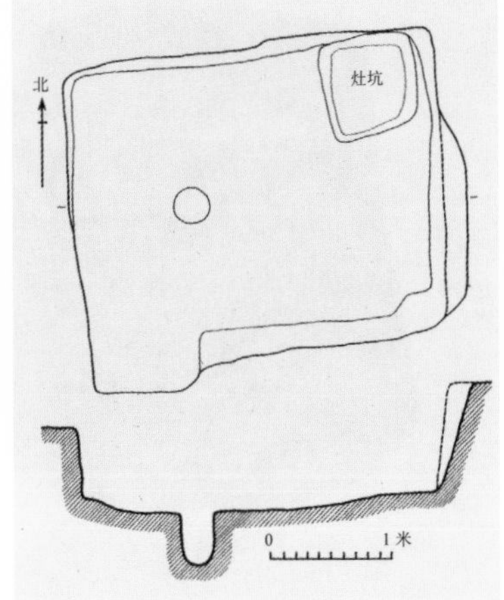

都邑內多層次建築並存 在二里頭遺址，各種層次的建築物共存。從雄偉壯觀的大型宮殿（宗廟）建築，到地面起建的單間或多間貴族住宅（左），再到半地穴式「窩棚」（右），構成了二里頭都邑特有的建築圖景

型夯土台基或地面式建築。這些建築面積在數十到上百平方米，寬敞且較為考究，附近發現有隨葬品豐富的墓葬，顯然應是貴族的居所。

與此形成鮮明對比的是，遺址上常見陰暗潮濕的半地穴式建築，非常簡陋，應是生活在社會底層者的棲身之地。

金字塔式的墓葬層級

迄今為止，二里頭遺址已發掘的二里頭時代的墓葬有 400 餘座。墓葬一般為土坑豎穴墓，單人葬，墓穴多為南北向。墓主人仰身直肢，大部分頭向北下葬。雖不見集中而長期使用的墓地，但多數墓葬是分區分片的，同一區域的墓葬一般東西排列成行。

出土有銅器、玉器、漆器和陶禮器的貴族墓葬，主要分佈在宮殿區的周圍，而以東北部最為集中。

在二里頭遺址尚未發現與規模宏大的宮室建築相應的、可以認定為「王墓」或「王陵」的大型墓葬。[3] 根據墓葬規模、葬具之有無及隨葬品的種類與數量，可將已發現的墓葬分為以下幾個層級。

[3] 許宏：《二里頭遺址「1 號大墓」學案綜理》，《中原文物》2017 年第 5 期。

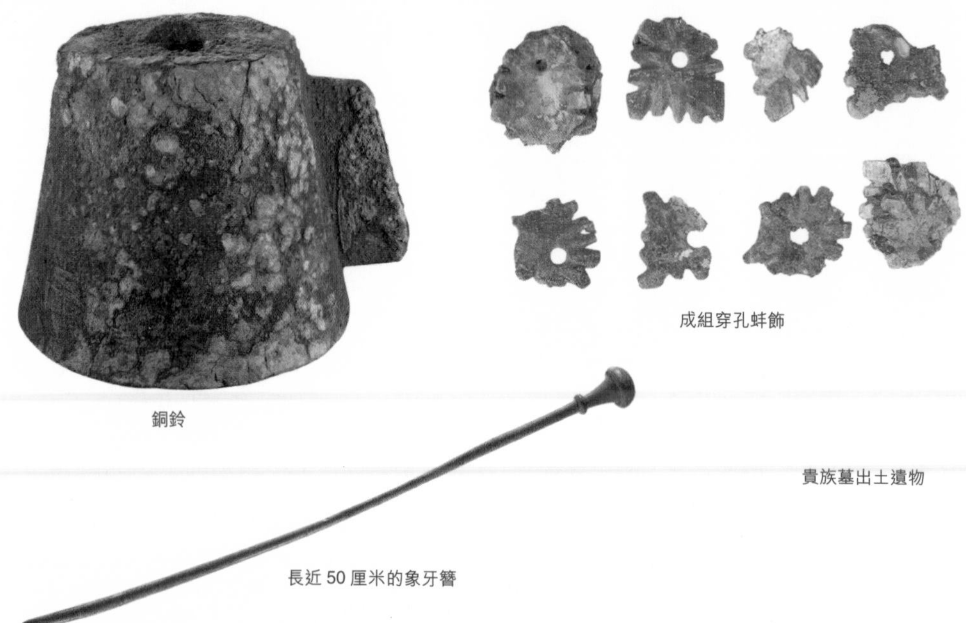

銅鈴

成組穿孔蚌飾

長近 50 厘米的象牙簪

貴族墓出土遺物

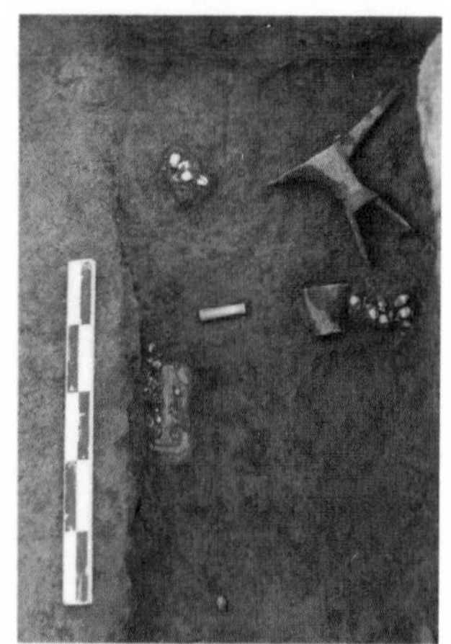

隨葬銅、玉禮器的貴族墓

隨葬陶、漆禮器的墓，墓主身份大致相當於低級貴族

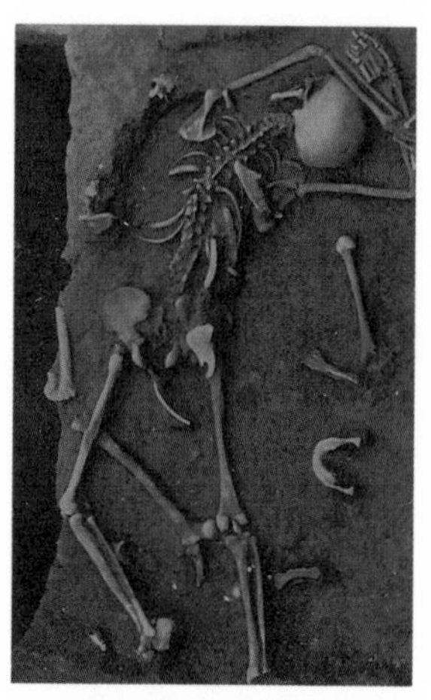

灰坑中的人骨架，有學者叫它「灰坑葬」。一般認為屬於非正常埋葬，死者身份較低

各等級墓葬墓室規模與隨葬品的比較 值得注意的是，在二里頭文化墓葬中，是否擁有以酒器為主的禮器，是顯現墓主人身份和地位的重要指標。這與山東大汶口－龍山文化墓地的情況是一致的。而青銅器與漆器、陶器共同組成酒（禮）器群，是處於青銅時代初始階段的二里頭文化埋葬制度乃至禮器制度的一個重要特徵

隨葬有銅、玉禮器的墓。隨葬青銅酒器爵、盉、斝等，以及大型玉器牙璋、刀、圭、鉞、戈以及柄形器等，一般還伴出漆、陶禮器（含白陶器）等隨葬品。這類墓有木棺，鋪朱砂，墓坑面積在 2 平方米左右。這類墓只發現了 10 餘座。在宮殿區內發現的隨葬綠松石龍形器等珍罕品的貴族墓應是其中規格較高者。

隨葬有陶禮器的墓。隨葬陶酒器爵、盉（鬶）、觚等，其中不乏白陶器。一般還伴出陶質的食器和盛貯器，以及漆器、小件玉器和銅鈴等。有的有木棺或朱砂，墓坑面積在 1 平方米左右。這類墓佔正常墓葬的一少半。

隨葬少量日用陶器或沒有隨葬品的墓。一般不見棺木，無朱砂。墓坑面積在 0.8 平方米以下。這類墓佔正常墓葬的一半以上。

非正常埋葬。被用作人牲而埋葬在祭祀場所，或被隨意掩埋、拋棄在灰坑、灰層中。有的屍骨不全，有的手腳被捆綁，做掙扎狀。

上述墓葬等級與數量的關係成反比，應是當時金字塔式的社會結構的一種反映。

眾星捧月：聚落分佈格局鳥瞰

日本東京大學名譽教授松丸道雄，經對甲骨文和金文資料的縝密分析，提出商周時代存在着由王朝都城「大邑」、從屬於大邑的「族邑」及其下眾多小的「屬邑」組成的金字塔式的層累的聚落關係和社會結構，認為這種國家類型可以稱為「邑制國家」。[4] 從這一視點看，二里頭時代已進入了所謂「邑制國家」的階段，已存在着古文獻所載的「國」「野」之別，也即城鄉之別。

如前所述，二里頭遺址規模巨大，有極強的規劃性，功能分區明

[4] ［日］松丸道雄：《殷周国家の構造》，《岩波講座世界歷史 4 古代 4 東アジア世界の形成Ｉ》，岩波書店（東京），1970 年。［日］松丸道雄、池田溫等編：《世界歷史大系：中國史 1——先史～後漢——》，山川出版社（東京），2003 年。

確，其中宮殿區與宮城、大型禮儀建築群、祭祀區和官營手工業作坊等重要遺存都屬僅見。二里頭文化禮器產品的使用範圍也主要限於二里頭都邑的貴族。據初步統計，在已發掘的500餘座二里頭文化墓葬中，出土青銅器和玉器（或僅其中一種）的中型墓葬僅20餘座，其中除3座外，均發現於二里頭遺址。除了二里頭文化最末期以外的大部分時間裡，出有青銅禮器的貴族墓只見於二里頭遺址。[5] 也就是說，二里頭都邑不僅壟斷了青銅禮器的生產，也獨佔了青銅禮器的「消費」，即使用權。

考古發現表明，隨着二里頭大型都邑的出現，在其所處的洛陽盆地的中心地帶出現了不少新的聚落，以二里頭遺址為中心，較大型的遺址相隔一定的距離均勻分佈，總體呈現出大的網狀結構。[6] 其中面積達60萬平方米的鞏義稍柴遺址地處洛陽盆地東向與外界交往的交通要道之所在，除了作為次級中心外，應該還具有拱衛首都、資源中轉等重要功能。

再向外，發現貴族墓葬，出有白陶或精製陶酒（禮）器的20多處遺址（面積多為10萬–30萬平方米），主要集中於嵩山周圍的鄭州至洛陽一帶，潁河、汝河流域至三門峽一帶，都是所在小流域或盆地內的大中型聚落，應屬中原王朝中心區各區域的中心性聚落，它們的分佈可能與以二里頭王都為中心的中原王朝的政治勢力範圍接近。位於二里頭遺址以東約70公里的滎陽大師姑城址（面積51萬平方米），則可能是二里頭都邑設置在東境的軍事重鎮或方國之都。

有的學者把二里頭文化的分佈區，分為畿內地域和次級地域（或直接稱為畿內、畿外）兩大區域。前者指的是二里頭文化中心區所處之嵩山南北一帶，推測可能屬於王朝直接控制區；後者指的是二里頭文化的外圍區域，或屬王朝間接控制區。[7]

---

[5] 李志鵬：《二里頭文化墓葬研究》，《中國早期青銅文化——二里頭文化專題研究》，科學出版社，2008年。

[6] 中國社會科學院考古研究所、中澳美伊洛河流域聯合考古隊編著：《洛陽盆地中東部先秦時期遺址：1997–2007年區域系統調查報告》，科學出版社，2019年。

[7] ［日］西江清高、久慈大介：《從地域間關係看二里頭文化期中原王朝的空間結構》，《二里頭遺址與二里頭文化研究》，科學出版社，2006年。

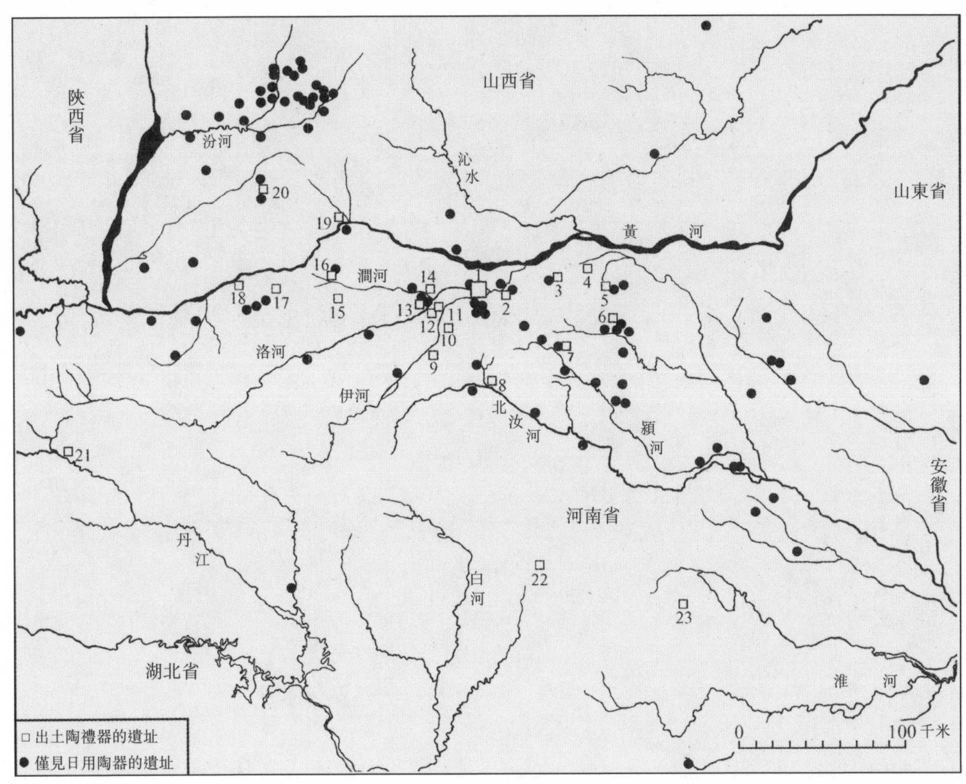

二里頭文化重要遺址的分佈[8] 自二里頭文化早期偏晚階段開始，這支文化向北越過黃河，向東、西方向也有所推進，而向南推進的力度最大。分佈於外圍的若干具有較多二里頭文化因素的聚落，有可能是二里頭王朝為獲取青銅合金和鹽等重要資源所設立的戰略據點

從二里頭文化的聚落分佈大勢中可以看出，其社會由數百萬平方米的王都（大邑）、數十萬平方米的區域性中心聚落（大族邑）、數萬至十數萬平方米的次級中心聚落（小族邑）及眾多更小的村落（屬邑）組成，形成金字塔式的聚落結構和眾星捧月式的聚落空間分佈格局。這與龍山時代以城址為主的中心聚落林立、相互競爭的狀況，形成了鮮明的對比。

[8] ［日］西江清高、久慈大介：《從地域間關係看二里頭文化期中原王朝的空間結構》，《二里頭遺址與二里頭文化研究》，科學出版社，2006 年。

文明氣象

精神世界管窺

二里頭有文字嗎？

文字是人類進入文明時代的重要標誌之一。漢字則是世界上最古老的文字之一，是曾經生活在中國文明核心地區的各族群精英之間交流的主要工具。中國文明源遠流長，得以延續至今，漢字的發明、使用與普及功莫大焉。它增強了各族群間的文化認同，維護和增強了中國文明的凝聚力和持久的生命力。那麼，漢字又是甚麼時候出現的，二里頭時代是否就有了成熟的文字呢？這是學術界討論已久的話題。

在二里頭都邑，被認為可能與文字有關的刻劃符號，僅見於陶器和骨器。到目前為止，二里頭遺址陶器上發現的刻符，共達數十例。對於它們究竟是不是文字，學者們見仁見智，尚無法形成統一的意見。而眾所周知的是，殷墟出土的甲骨文已是較為成熟完善的文字系統，有理由相信在它之前，應該還有一個較長的發展過程。因此，即便是不同意上述刻符屬於文字的學者，在二里頭人已經掌握了文字這

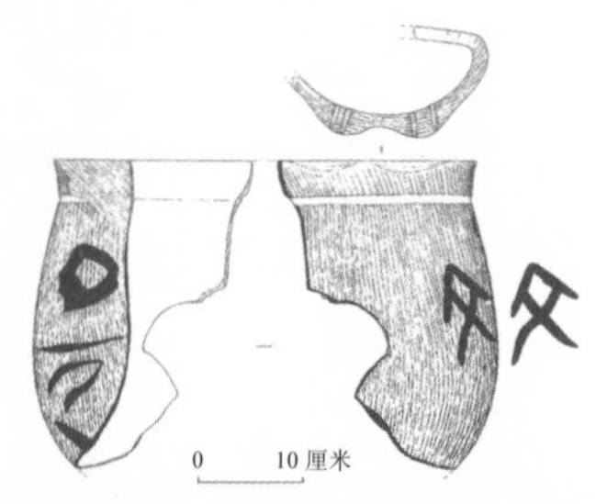

山西陶寺朱書陶文

山東丁公陶文局部

江蘇龍虬莊陶文

龍山時代各地出土陶文舉例　越來越多的考古發現表明，至遲在二里頭文化之前的龍山時代，初期文字已在黃河和長江流域較大的範圍內出現

一點上也是持肯定態度的，只是認為能夠代表當時文字發展水平的、真正的文字和成篇文書還沒有被發現而已。當時的文字應當只為少數人所掌握和控制，使用範圍較小。同時，受文字載體質料及埋藏環境的限制，如果當時的文書寫在竹木或帛類等有機質材料上，便很難保存下來。加上考古工作的或然性，這就決定了當時文字發現的概率很低，應當說是可遇而不可求的。

針對二里頭文化陶器口沿上的刻符，有學者考慮到這些刻符所在的器種和位置，推測其中有些應起着標記的作用，如在公共場合使用時便於相互區分；但有些很可能就是早期文字，分別表現數字、植物、建築、器具以及自然現象等。有的學者指出這些刻符與後來的甲骨文有十分密切的淵源關係，進而釋出「矢」「井」「皿」「豐」「道」「行」和「來」(小麥)，以及女陰和鞭子等的象形字。[1] 但無論如何，它們還無法代表當時文字的發達程度。

二里頭出土的陶器、骨器刻符 二里頭文化陶器上的刻符，見於大口尊和捲沿盆的口沿上，係陶器燒成後用銳器刻劃而成。在一件骨片上發現了魚形刻符

可以說，即便日後在二里頭遺址發現了更為豐富的、足以改寫中國文字發展史和早期王朝史的文字材料，那也不足為奇，是意料之中的事。

[1] 中國社會科學院考古研究所編著：《中國考古學．夏商卷》，中國社會科學出版社，2003 年。

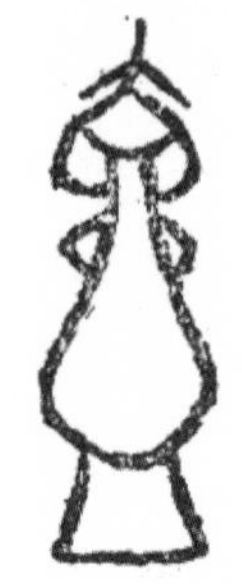

二里頭陶壺與甲骨文、金文、小篆中的「壺」字

蛛絲馬跡：甲骨文、金文中的早期器物

前文曾提及甲骨文和金文中「酒」字中的「酉」應是對大口尊這一實物的摹寫。我們知道，象形字的創造者只能是模仿他們親眼看見、在日常生活中實際使用的器物形態。甲骨文和金文中「酉」字所描繪的肩部突出的大口尊，只流行於二里頭文化和二里崗文化早期，到殷墟時期已完全絕跡。「爵」字所摹寫的器形，顯然也與二里頭至二里崗時期流行的爵相近，而不見於商代晚期。從甲骨文到小篆中的「壺」字，也與二里頭文化的陶壺形狀相近。

因此，這些字很可能是在二里頭時代就被創造出來，而一直延續至後代。甲骨文和金文雖出自晚商甚至其後的人之手，卻為我們留下了漢字初步發展時期的物證。

碧龍驚現「第一都」

2002 年春，我們在宮殿區的一座早期大型建築 —— 3 號基址的院內發現了成組的貴族墓，已如前述。這是二里頭遺址發現與發掘以來首次在宮殿區內發現的成組貴族墓。最令人矚目的是，其中的一座墓（編為 3 號墓）中出土了 1 件大型綠松石器。

3 號墓的長寬分別超過了 2 米和 1 米，也就是説面積有 2 平方米多。可不要小看了這墓的規模，如果與後世達官顯貴的墓葬相比，它實在是小得可憐，但在二里頭時代，它可是屬於迄今已發現的最高等級的墓。這座墓又是宮殿院內這些貴族墓中最接近建築中軸線的一座，它的面積和位置已表明其規格之高。

墓主人是一名成年男子，30－35 歲。墓內出土了豐富的隨葬品，包括銅器、玉器、綠松石器、白陶器、漆器、陶器和海貝等，總數達上百件。

綠松石龍形器放置於墓主人骨架之上，由肩部至胯骨處。全器由 2000 餘片各種形狀的綠松石片組合而成，每片綠松石的大小僅有 0.2－0.9 厘米，厚度僅 0.1 厘米左右。綠松石原來應是粘嵌在木、革之類的有機物上，其所依託的有機物已腐朽無存。這件龍形器應是被斜放於墓主人右臂之上，呈擁攬狀，一件銅鈴置於龍身之上，原應放在墓主人手邊或者繫於腕上。

龍頭隆起於托座上，略呈淺浮雕狀，扁圓形巨首，吻部略微突出。以三節實心半圓形的青、白玉柱組成額面中脊和鼻樑，綠松石質蒜頭狀鼻端碩大醒目。兩側弧切出對稱的眼眶輪廓，梭形眼，輪廓線富於動感，以頂面弧凸的圓餅形白玉為睛。

龍身略呈波狀曲伏，中部出脊。由綠松石片組成的菱形主紋象徵鱗紋，連續分佈於全身。龍身近尾部漸變為圓弧隆起，因此更為逼真，尾尖內蜷，若游動狀，躍然欲生。

距綠松石龍尾端 3 厘米餘，還有一件綠松石條形飾，與龍體近於垂直。二者之間有紅色漆痕相連，推測與龍身所依附的有機質物體原應為一體。條形飾由幾何形和連續的似勾雲紋的圖案組合而成。由龍首至條形飾總長超過 70 厘米。

超級國寶「難產」問世

在 2004 年度「中國十大考古新發現」評選彙報會上，這件兩年多

綠松石龍形器 綠松石龍形體長而大，巨頭蜷尾，龍身曲伏有致，形象生動，色彩絢麗。龍身長約 65 厘米

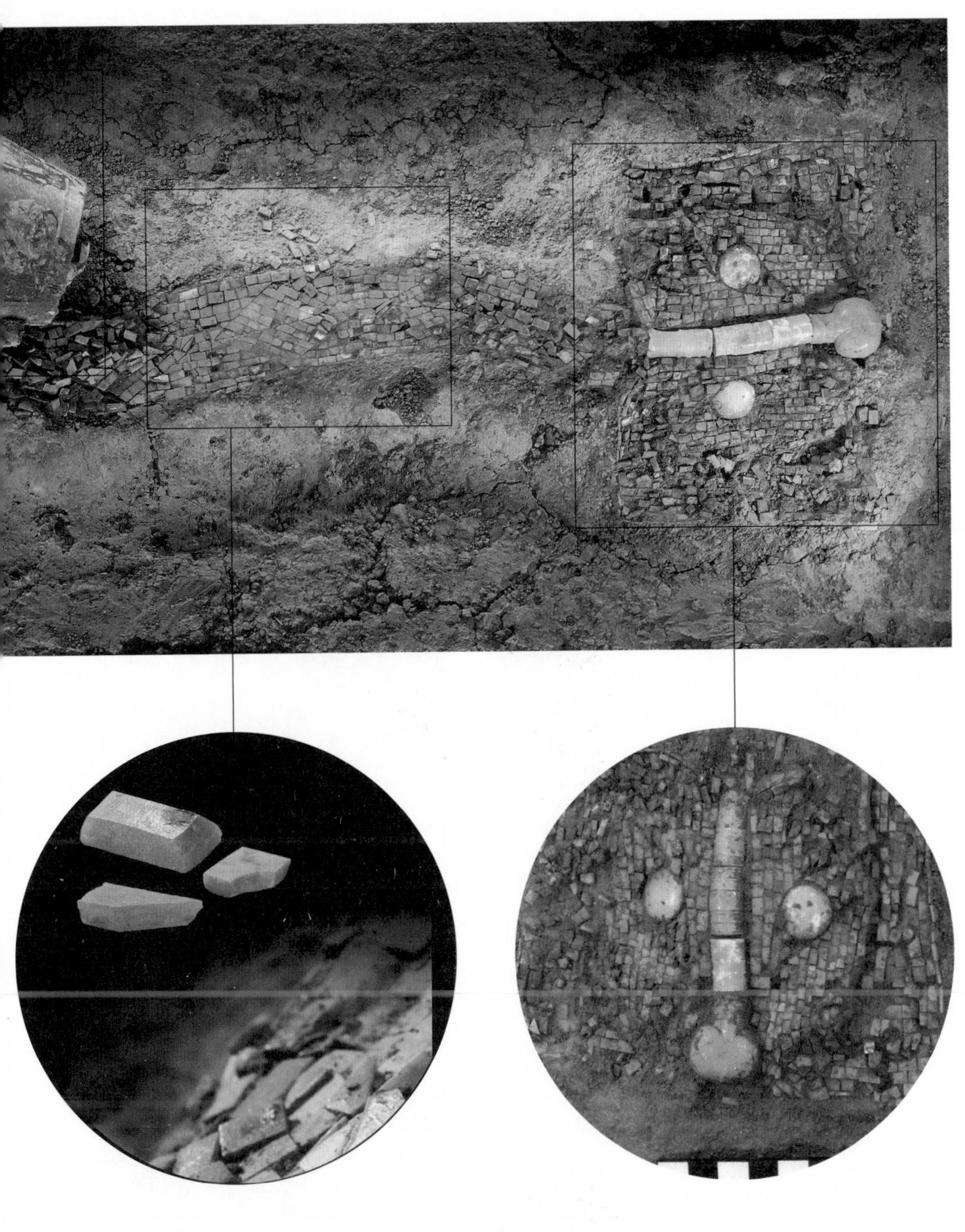

以前出土的大型綠松石龍形器引起了與會專家和公眾的極大興趣。那麼，這條碧龍是如何出土的，又為甚麼遲至 2004 年才「浮出水面」呢？

在 3 號墓的清理過程中，墓主人的骨骼顯露之前，已經有一些細小的綠松石片開始露頭。我們對此並不驚奇，根據以往的經驗，它應該是嵌綠松石牌飾的組件。但隨着揭露面積的擴大，我們開始意識到「遭遇」了前所未有的發現。

綠松石片從墓主人的肩部開始，直到胯部一帶，斷續分佈，總長超過 70 厘米。要知道，迄今為止在二里頭遺址及中原周邊地區發掘出土或收集到的，以及藏於世界各大博物館或私人收藏家手中的鑲嵌牌飾僅 10 餘件，其絕大部分長度都在 15 厘米左右，最大的一件異形器的長度也只有 20 餘厘米，而且它們一般都有銅質背托。3 號墓的綠松石片則分佈面積大，且沒有銅質背托。綠松石器相對保存較好，有些還能看出由不同形狀的綠松石片拼合而成的圖案。這頗令我們激動，以往在龍山時代到二里頭時代的貴族墓葬中就曾有大量的綠松石片集中出土，這些綠松石片原來都應是粘嵌於木、皮革或織物等有機物上的，但出土時大多散亂而無法復原其全貌。因此，3 號墓的這一發現彌足珍貴。但綠松石片很細小，清理起來極為困難，稍不留意，甚至用嘴吹去其上和周圍的土屑都可能使綠松石片移位。而一旦有較大面積的移位，將使以後對原器的復原成為不可能。

綠松石龍形器室內清理 從小心翼翼地剔鑿去石膏，一直到總體輪廓出來，再剔出細部，頗為不易

在這種情況下，清理得越

細越不利於今後的保護和復原。於是我們緊急向我所（中國社會科學院考古研究所）科技中心求援。負責文物修復和保護的技師建議先整體起取，運回室內，再按部就班地清理。於是我們改變戰略，停止對大型綠松石器在考古現場的細部清理。在獲取了墓葬的基本數據材料後，整體起取了大型綠松石器，並於當年夏天派專車押運回北京。

我所科技中心的工作千頭萬緒，文保技師答應儘快處理我們的「寶貝」。但隨後就是 2003 年春的「非典」，盛裝綠松石器的大木箱也就一直靜靜地躺在那裡，等待着這件國寶重見天日。

2004 年夏，大型綠松石器終於開始揭箱清理。當看到我們為之付出了艱辛努力而保留下來的這件寶貝，居然是一條保存相當完好的大龍，頓感此前一切豐富的想像與推斷都變得黯然失色。當你從上面俯視這條龍時，你感覺它分明正在游動；當你貼近它碩大的頭與其對視時，它那嵌以白玉的雙眼分明也在瞪着你，彷彿催你讀出它的身份。就這樣，一件大型綠松石龍形器逐漸「浮出水面」，學者們將其譽為「超級國寶」。

龍牌、龍杖還是龍旗？

有學者認為這應是一個在紅漆木板上粘嵌綠松石片而形成的「龍牌」，它色彩豔麗，對比強烈，富有視覺衝擊效果。龍牌上的龍圖像，表現的是龍的俯視圖。而隨葬綠松石龍形器的高級貴族，應係宗廟管理人員，「龍牌」則應是祭祀場合使用的儀仗器具。[2] 日本《朝日新聞》的記者和日本學者直接把它稱為「龍杖」或「龍形杖」，一種特殊的權杖。的確，在此後的殷墟和西周時代，用綠松石鑲嵌龍圖案的器具，也都是罕見的珍品，而絕非一般人可以享用的普通器物。

有學者則認為這是早期的旌旗，其上裝飾升龍的形象。以死者生前

[2] 杜金鵬：《中國龍 華夏魂 —— 試論偃師二里頭遺址「龍文物」》，《二里頭遺址與二里頭文化研究》，科學出版社，2006 年。

所用旂旗覆蓋於屍體之上，應是早期旂旗制度的反映。《詩經》中記述周王祭祀於宗廟，有「龍旂陽陽，和鈴央央」的場景描寫，其中「龍旂」與「鈴」並列對舉，與該墓中龍牌與銅鈴共存的情況，頗為契合。墓主人應是供職於王朝的巫師，其所佩龍旌具有引領亡靈升天的宗教意義。[3]

這一綠松石龍形器的發現彌足珍貴。其用工之巨、製作之精、體量之大，在中國早期龍形象文物中都是十分罕見的。有的學者認為，綠松石龍的出土，為中華民族的龍圖騰找到了最直接、最正統的根源。這一出土於「最早的中國」「華夏第一王都」的碧龍，才是真正的「中國龍」。

綠松石龍祖型探秘

早於二里頭，且與這件龍形器有密切關係的紋飾主題，見於河南新密市新砦遺址出土的一件陶器蓋上的刻劃獸面紋，發掘者稱之為饕餮紋[4]。

新砦陶器蓋上的獸面紋與綠松石龍之間的相似性，還有更深一層

看它們像不像——新砦獸面紋與綠松石龍頭　這一獸面面部的輪廓線、梭形眼、蒜頭鼻子，甚至相同的三節鼻樑，都與綠松石龍形器的頭部如出一轍！最具啟發性的是從新砦獸面伸出的捲曲的鬚鬢，讓人聯想到二里頭龍形器頭部托座上那一條條由龍頭伸出的凹下的弧線，展現的也許是用綠松石難以表現的龍鬚或龍鬢的形象，也許是某類神秘的雲氣紋

[3] 馮時：《二里頭文化「常旜」及相關諸問題》，《考古學集刊》第 17 集，科學出版社，2010 年。
[4] 顧萬發：《試論新砦陶器蓋上的饕餮紋》，《華夏考古》2000 年第 4 期。

意義。目前學術界普遍認為以新砦遺址為代表的遺存，是由中原龍山文化向二里頭文化演進的過渡期文化，可以看作二里頭文化的前身。當然這一認識主要來源於以陶器為主的文化因素的比較。而陶器蓋上的獸面紋與綠松石龍表現手法的高度一致，則從宗教信仰和意識形態上彰顯了二者密切的親緣關係。也可以說給綠松石龍找到了最直接的淵源與祖型。

詭異的獸面紋銅牌飾

嵌綠松石獸面紋銅牌飾，是一種極具二里頭文化特色的藝術品，也屬於禮器的範疇。以青銅鑄出的圓角凹腰狀的牌體正面弧凸，其上鑄出獸面紋，再以細小的綠松石片鑲嵌其中。目前已出土了 3 件，都是貴族墓的隨葬品。這類器物一般出土於墓主人的胸腹部附近，兩側各有兩個穿孔的紐，或許是縫於衣服上的。

獸面紋銅牌飾表現的究竟是何種動物，是龍，是虎，是鳥，是狐，是熊，還是犬，學者們眾說紛紜，不一而足。[5] 在大型綠松石龍形器發現之後，通過比較分析，可以知道嵌綠松石獸面紋銅牌飾上的圖案，大部分應當是龍尤其是其頭部的簡化或抽象表現；其中一件銅牌飾上還裝飾有鱗紋。而位於宮殿區內、最接近所在建築的中軸線，且出土大型綠松石龍形器的 3 號墓的墓主人，其地位應當高於隨葬銅牌飾的貴族。

值得注意的是，綠松石龍形器或嵌綠松石銅牌飾都與銅鈴共出，隨葬這兩種重要器物的貴族，他們的身份很可能與其他貴族有異。那麼，他們又是些甚麼人呢？是主持圖騰神物祭祀的「御龍氏」，還是乘龍駕雲、可以溝通天地的巫師？考古學家和歷史學家有種種的看法，但也僅是猜測而已，這還是一個饒有趣味的待解之謎。

[5] 王青：《二里頭遺址出土鑲嵌綠松石牌飾的初步研究》，《夏商都邑與文化（二）》，中國社會科學出版社，2014 年。

二里頭出土獸面紋銅牌飾　使用時，銅鈴和銅牌應呈古銅色，與藍綠色的綠松石交相輝映，可以想見牌飾和銅鈴持有者的氣派

美國紐約流散品

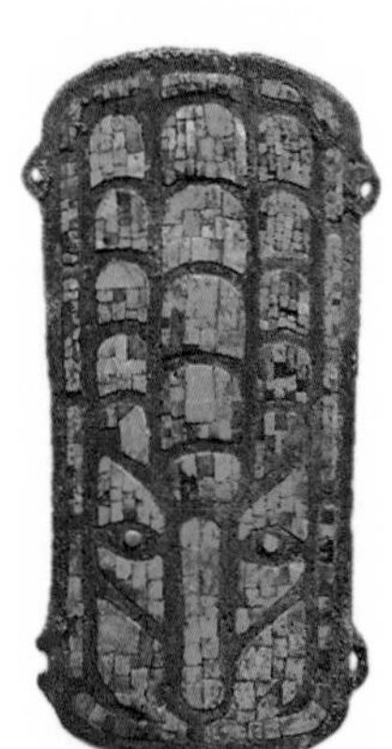

日本美秀美術館（Miho Museum）藏品

美國哈佛大學賽克勒博物館藏品

海外所藏獸面紋銅牌飾　分散於英、美、日等國的多家著名博物館、美術館乃至私人收藏家，收藏有 10 餘件類似的銅牌飾。經科學發掘出土的二里頭銅牌飾，為這些牌飾的年代與文化歸屬等問題的研究提供了堅實的依據。有的學者甚至認為流散海外的這些銅牌飾中的相當一部分應當就是二里頭遺址出土的

浮雕龍（蛇）紋的透底器 宮殿區以東出土的兩件透底陶器的肩腹部，都立體雕塑有數條小蛇，呈昂首游動狀，身上飾菱形花紋

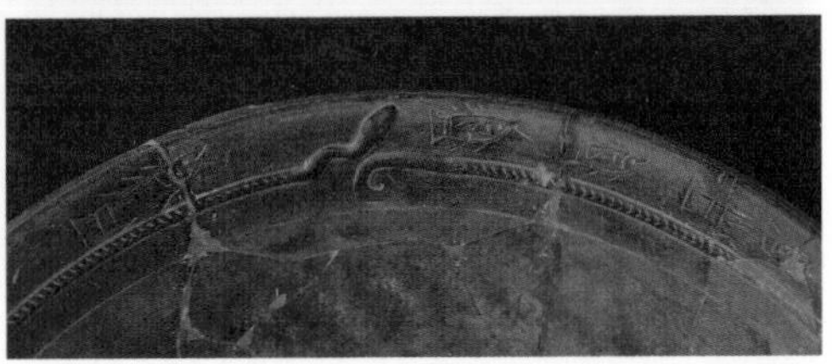

魚龍（蛇）紋大陶盆 宮城外側出土的這件通體磨光、製作精緻的大型陶盆，最引人注目之處是盆口內側繞盆沿一周浮雕了一條或兩條長蛇，昂首捲尾，生動逼真。蛇身上方的盆口上還陰刻了一周魚紋，筆法相當寫實

陰刻龍紋陶片 這條龍龍體呈彎曲游走狀，線條纖細流暢。龍為梭形目，圓睛，龍身有外捲的鰭或鬃毛類裝飾，近頭部有爪，爪有四趾，彎鉤鋒利。在它的旁邊還刻繪有雙首一身的蛇形龍紋

一首雙身龍紋陶片 這件透底器上用粗陰線表現的龍則一首雙身，其額頭飾菱形紋，鼻吻凸出，也是梭目圓睛，與綠松石龍頗為相近。龍身自頸部開始分為左右伸展的雙身，龍身細線陰刻不規則菱形花紋和雙曲線。陰線內塗有朱砂，眼眶內則塗成翠綠色。龍身上下還飾有勾雲紋和兔紋，線條飄逸圓潤

陶器上的龍形象

龍形象文物在二里頭遺址中多有發現，除了大型綠松石龍形器、嵌綠松石獸面紋銅牌飾，還有陶塑龍（蛇）、刻劃在陶器上的龍圖像以及陶器上圖案化的龍紋裝飾等。這些蛇紋裝飾，有學者認為表現的就是龍的形象。祭祀遺存區一帶還出土有陶塑龍頭，額部刻菱形紋，應是某種器物上的裝飾部件。

刻劃於陶器上的龍圖像，最生動的要算遺址中心區出土的兩件陶透底器殘片上的陰刻龍紋。類似的刻於陶器上的龍形象還有不少。

值得注意的是，上述龍形象大多飾於透底器上，這種器物造型奇異，廣肩直腹平底，底部有中空的圓孔，因而可以肯定它們不是容器。在二里頭遺址尚沒有發現完整器，洛陽皂角樹遺址二里頭文化陶器中曾出土有類似的器形，其上部有高高的捉手。[6] 聯繫到這類器物器身常飾有龍（蛇）圖案，它屬於祭祀用器的可能性極大。

從出土地點看，這些裝飾有龍形象的器物，基本上僅見於二里頭遺址，且都發現於二里頭都邑的宮殿區或其周圍的重要地點，如祭祀遺存區、貴族墓地和官營作坊區等處。這表明龍形象器物為社會上層所專有，地位崇高。

從眾龍並起到「饕餮」歸一

中原地區龍山時代末期新砦文化刻於陶器蓋上的「饕餮紋」，包括筆者在內的不少學者指出它與二里頭文化的龍形象有着直接的淵源關係，已如前述；陶寺文化繪於陶盤上的彩繪蛇形蟠龍紋，早已享譽中外，也有學者指出其形態特徵與二里頭文化的同類龍紋相類。而玉柄形器和銅牌飾所見獸面紋，應與山東地區的龍山文化、長江中游的肖

[6] 洛陽市文物工作隊編：《洛陽皂角樹（1992–1993 年洛陽皂角樹二里頭文化聚落遺址發掘報告）》，科學出版社，2002 年。

刻紋柄形器紋飾

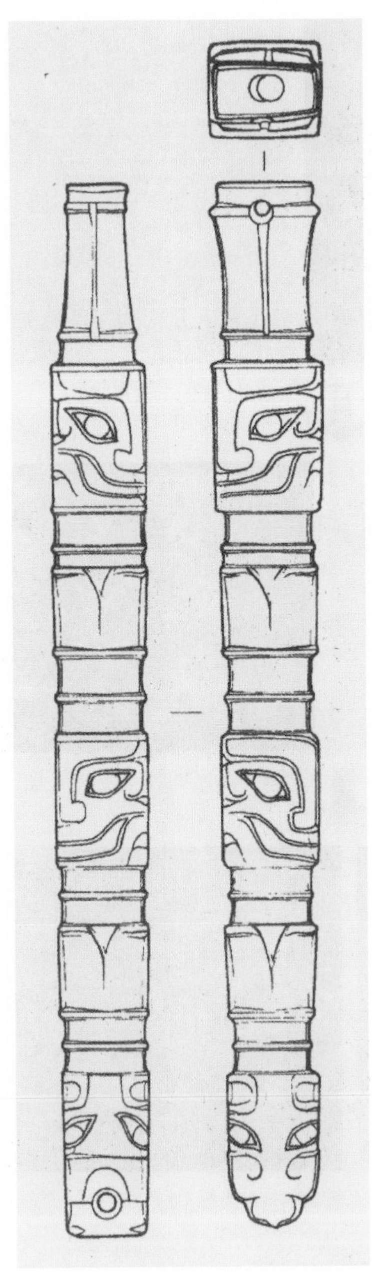

家屋脊文化（後石家河文化）的神祖面紋有關，其淵源甚至可上溯至東南沿海地區的良渚文化。[7]

顯然，二里頭文化所見以龍為主的神秘動物形象較此前的龍山時代諸文化要複雜得多，龍的形象也被增添了更多想像或虛擬的成分，呈現出多個系統的文化因素整合的態勢。這類由其他區域引進的信仰與祭祀方式，有可能暗示了與上述史前文化相同的神權崇拜理念被吸納進來，成為二里頭貴族精神世界的一部分。這種現象，也從一個側面反映了二里頭作為大型移民城市，乃至跨地域的廣域王權國家——中國最早的王朝都城的興起過程。

不少學者把二里頭出土的龍形象文物，與文獻中種種關於夏人龍崇拜的記載聯繫在一起考察。但龍作為後來中華民族神聖的圖騰，在其出現的早期階段並不專屬於某一族系，其後的商王朝社會生活中的龍形象愈益興盛。因此，儘管文獻中有不少夏人與龍關係密切的記載，但它們

[7] 鄧淑蘋：《萬邦玉帛——夏王朝的文化底蘊》，《夏商都邑與文化（二）》，中國社會科學出版社，2014 年。

良渚文化玉牌飾

海岱龍山文化玉圭紋飾

二里頭嵌綠松石銅牌飾

二里頭陶器上的龍形象

二里崗文化銅構件

殷墟文化銅器裝飾

良渚、海岱龍山、二里頭、二里崗、殷墟文化獸面紋比較

可以顯見，二里頭正處在龍形象由「多元」走向「一體」的奠基與轉折的關鍵時期。前所述及的二里頭龍形象的諸多要素如整體面部特徵、梭形目（或稱臣形目）、額上的菱形裝飾、龍身的連續鱗紋和菱形紋乃至一首雙身的形體特徵等，都為二里崗至殷墟期商王朝文化所繼承並進一步發展

的出土還是無法讓我們把二里頭文化與夏文化直接掛上鈎。

眾所周知，盛行於商周時代青銅器上的主題紋樣，長期以來被稱為「饕餮紋」。但也有不少學者質疑這種鑄於國家重要祭器上的紋樣是否就是以獰厲、貪婪著稱的怪獸「饕餮」，因而以較為平實的「獸面紋」一詞取而代之。更有學者指出這些紋樣主題的大部分，應即龍紋。[8] 隨着早期王朝的社會文化整合，逐漸臻於全盛，本來具有多源性特徵的龍形象也規範劃一，並逐漸抽象化和神秘化，作為「饕餮紋」固定下來，成為最重要的裝飾主題。而以嵌綠松石銅牌飾為代表的二里頭所見獸面紋，開創了商周青銅器上獸面母題的先河。

另外，二里頭遺址出土的陶大口尊和漆器上還見有獸面紋和幾何紋等紋樣組成的花紋帶，與作為二里崗至殷墟期青銅器上的獸面紋相近，應屬於圖案化的龍紋。換言之，以青銅器為主的商王朝貴族用器的紋樣主題，有許多可以在二里頭文化中找到祖型。

[8] 王震中：《「饕餮紋」一名質疑及其宗教意義新探》，《文博》1985 年第 3 期。

巧奪天工

官營手工業的高度

宮城旁的工城：「國家高科技產業基地」

前已述及，在宮殿區以南，還發現一處始建於二里頭文化早期的大型圍垣設施。目前已查明其北半部的圍牆。

就已發現的情況而言，這一圍垣設施規模巨大，寬度應與宮城一致，因此已不能用院落來形容它。在其北牆以內發現了製造綠松石器的作坊，其南又分佈着鑄銅作坊。儘管我們還沒有找到它的西牆和南牆，但從牆垣的走向和遺跡分佈情況看，夯土圍牆很可能將南部的鑄銅作坊也全部圍起。這一區域緊鄰宮殿區，產品及其生產都為王室貴族所壟斷，其性質應屬官營作坊區，是當時的「國家高科技產業基地」。有學者將其稱為與二里頭宮城並列的「工城」，[1] 確是言簡意賅。這是迄今所知中國最早的官營手工業作坊。

在圍垣作坊區的西北部，曾發現一座規模較大的平台。在「工城」圍牆發現之前，學者們多認為這一位於 1 號宮殿以南的大平台應當與 1 號宮殿的祭祀宴飲活動有關。現在看來，它應是與官營作坊區內的相關活動有關。平台呈長方形，東西長 14 米，南北寬 7 米，面積約

官營作坊區的圍牆
這一圍垣設施的東牆與宮城東牆呈一直線，已知長度達 80 餘米；北牆與宮城南牆隔路相望，已確認長度達 160 餘米。牆寬 1 米餘。至二里頭文化末期，北牆中西段又加以增築，牆寬達 2 米左右，夯築質量極佳

[1] 杜金鵬：《偃師二里頭遺址都邑制度研究》，《夏商周考古學研究》，科學出版社，2007 年。

100 平方米。上面有人工構築的地面，平台上分佈着 9 個灶坑，灶坑經反覆使用，灶內還殘留有較多被燒過的獸骨。如此眾多的燒灶集中在一起，應與大規模的集體宴飲甚至共同的祭祀活動有關。值得注意的是，前述兩件刻劃龍紋的陶透底器殘片就出土於這一區域。

最早的官營鑄銅作坊

在官營作坊區南部靠近古伊洛河的高地上，發現並發掘了一處大型青銅器冶鑄作坊遺址。遺址的面積約 1.5 萬–2 萬平方米，使用時間自二里頭文化早期直至最末期。這是迄今所知中國最早的青銅器鑄造作坊。

有學者推測，統治者把鑄銅作坊安排在都邑中心區的最南部，一則是因為這裡靠近伊洛河故道，可以為青銅器生產提供充足的水源；二則可以避免冶鑄行為對宮殿區造成的污染。

遺跡主要包括澆鑄工場、陶範烘烤工房和陶窯等。澆鑄工場還發現若干墓葬，死者可能是鑄銅工匠，或鑄器過程中舉行某種儀式的犧牲。作坊遺址內發現的與青銅冶鑄有關的遺物有陶範、石範、坩堝（用耐火材料做的熔化器皿）、爐壁、煉渣、銅礦石、鉛片、木炭和小件銅器。數量最多的是陶範，多為鑄器後廢棄的破碎外範，其內表光潔，有的還有獸面紋等花紋。從殘範的內壁看，所鑄銅器多為圓形，直徑最大者可達 30 厘米以上。

動物紋陶範 這件陶外範的內壁上刻有動物紋，有學者認為應是龍的形象，龍口大張，尖齒外露，前肢粗短，有利爪。到目前為止，我們還沒有在二里頭文化的青銅器上發現動物的形象，因此，不管它是不是龍紋，這件陶範所折射的青銅器裝飾風格的信息都是極為重要的

二里頭遺址的鑄銅作坊規模龐大、結構複雜且長期使用。綜合已有的資料，可知在二里頭時代能夠鑄造青銅禮器的作坊僅此一處。有證據表明，在二里頭都邑衰微後，這處在當時唯一能夠製作禮器的鑄銅作坊應被遷於鄭州商城，在其後

的二里崗時代，國家的統治者仍然保持着對青銅禮器的獨佔。這種對關涉國家命脈的禮器生產與消費的絕對佔有，顯示了早期國家對禮制的一元化管理以及權力中心的唯一性。

禮制需求刺激冶鑄業「黑馬」躍起

人工合金技術的掌握，是人類文明史上的重大突破。在東亞大陸，鑄銅技術及銅器的使用可上溯到仰韶－龍山時代，主要分佈於黃河流域及其鄰近地區，所見只有刀、錐之類小型工具和裝飾品等。從更廣闊的時空角度看，西亞及中亞地區在更早的階段即已掌握了青銅器製造技術，東亞大陸的早期銅器也以與其鄰近的西北甘青地區及新疆東部較為集中，且年代較早，黃河中游和下游地區銅器的出現要晚到龍山時代。鑒於此，大部分學者認為東亞地區的青銅和純銅製造技術，應是通過歐亞大陸的文化交流自西向東傳播而來。[2] 現在看來，這種可能性是很大的。

但上述青銅器製造技術，限於鍛造或石範鑄造的範疇，這也就決定了這類青銅文化的主人只能製作一些簡單工具、兵器、小件樂器和裝飾品等。這與始見於二里頭時代，用泥（陶）質複合範製造複雜的青銅容器的高度鑄造技術形成鮮明的對比。因此很少有學者懷疑，這種高度發達的鑄造技術，是誕生於中原這塊熱土的。至少從二里頭文化早期開始，在二里頭都邑的鑄銅作坊，石範這種有很大局限性的模具開始淡出，而工藝上極具靈活性、技術含量高的泥（陶）範模具被創造出來。這一變化極大地提升了中原地區金屬冶鑄業的水平。

有學者指出，從社會需求的角度考慮，這種新工藝在很大程度上

[2] 梅建軍：《關於中國冶金起源及早期銅器研究的幾個問題》，《吐魯番學研究》2001 年第 2 期。李水城：《西北與中原早期冶銅業的區域特徵及交互作用》，《考古學報》2005 年第 3 期。黃銘崇：《邁向重器時代 —— 鑄銅技術的輸入與中國青銅技術的形成》，《「中央研究院」歷史語言研究所集刊》第八十五本第四分冊，2014 年。楊建華、邵會秋等：《歐亞草原東部的金屬之路：絲綢之路與匈奴聯盟的孕育過程》，上海古籍出版社，2016 年。

是為了迎合和滿足社會上層對某些專門禮儀用具的需求而創新的技術。換言之，以禮樂文化為內核的禮制的需要是以青銅容器和兵器為代表的青銅禮器出現的原動力。隨着一系列「高科技」的出現，二里頭文化在鑄造技術上將其他地區遠遠地甩在了身後，一躍而躋身於當時世界金屬鑄造業的前列，並為日後商周青銅文明的高度發達打下了堅實的基礎。

獨特而複雜的青銅工藝

在中國以外的世界其他地區，青銅時代的大多數器物是用錘揲法鍛造或用失蠟法鑄造而成的。二里頭文化青銅容器的鑄造，需要內範和外範合成的複合範。即在泥質陰文範中放入型芯，再將銅汁灌入外範與型芯之間的空隙。只是到了這一階段，中國青銅時代才真正發端，顯現出原創性與獨特性。在世界青銅器文化中，中國古代青銅容器的鑄造堪稱一枝奇葩。

二里頭遺址已發現的青銅器逾 250 件，包括容器、兵器、樂器、禮儀性飾品和工具等。青銅容器有爵、斝、盉、鼎，兵器有戈、鉞、斧、刀、鏃等，響器（樂器？）有鈴，禮儀性飾品有嵌綠松石獸面紋牌飾、圓形牌飾，工具則有錛、鑿、刀、錐和魚鈎等。其中青銅容器，是迄今為止所發現的中國最早的成組青銅禮器。以容器為主的器群特徵，與長城地帶及鄰近地區盛行青銅武器和裝飾品的風格迥然有異。

這些青銅器屬於銅與錫、鉛的合金。銅器造型已比較複雜，需要由多塊內、外範拼合才能鑄出整器。器壁一般很薄，裝飾有各種花

二里頭出土的青銅工具

紋以及鏤空，因此內、外範的製作與拼合，更具難度。這種合範鑄造技術的出現在中國金屬冶鑄史上具有劃時代的意義。獸面紋銅牌飾和圓形牌飾上用綠松石鑲嵌成動物或幾何圖案，顯示出極高的工藝水平。

德國著名漢學家雷德侯教授指出，用分為多塊的外範合圍成反轉的形體，要求創造一種規範化的體系。器範的尺寸、形狀、紋飾都要相互關聯。在青銅時代，世界上其他地區都沒有發明出這種將設計與鑄造工藝融為一體的完整成熟的體系。而標準化、協作性和可預見性是這種生產體系的基本特徵。[3] 複雜的技術與工序，造就了中國青銅器製造過程中高超的控制與管理水平。

總體上看，二里頭文化的青銅冶鑄技術雖較龍山時代有了突飛猛進的發展，但仍有一定的原始性。這時的器物一般還較輕薄，體量也較小，最高的也不足 30 厘米。銅器鑄成後往往也不經仔細打磨和清理。器表多為素面，僅見有較為簡單的幾何花紋如乳丁紋、圓圈紋和網格紋等。合金比例的掌握也還處於較原始的階段。

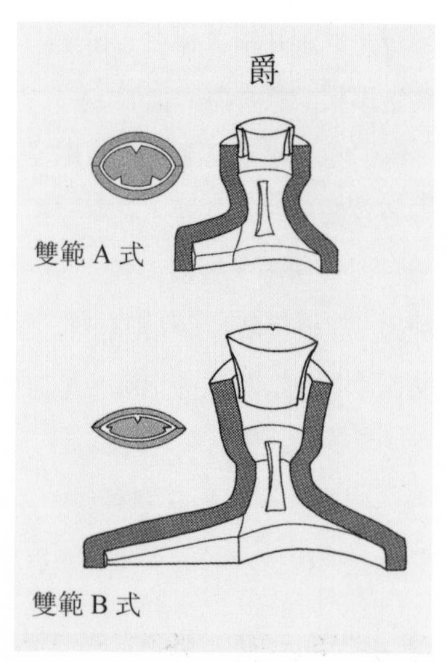

青銅容器鑄造的複合範技術 [4] 鑄造一件銅爵，至少需要 1 件內模和 2–3 件外範

但可不要小瞧了這群青銅器，它們雖其貌不揚，卻開啟了中國青銅時代的先河。可以說，沒有作為「先祖」的二里頭青銅器，也就沒有殷墟婦好墓青銅器的洋洋大觀和司母戊大方鼎的雄

[3] [德]雷德侯著，張總等譯：《萬物：中國藝術中的模件化和規模化生產》，生活．讀書．新知三聯書店，2005 年。

[4] [日]宮本一夫：《二里頭文化青銅彝器的演變及意義》，《二里頭遺址與二里頭文化研究》，科學出版社，2006 年。

渾霸氣，沒有其後中國青銅文明的鼎盛與輝煌！

陶方鼎透露出的驚人信息

在二里頭遺址出土有數件小型陶方鼎。它們都是口稍大於底，方體深腹，四足。其中一件還飾有弦紋和曲折紋，並有鉚釘形的裝飾。這與鄭州商城出土的二里崗期大型銅方鼎在形制上非常相近。它本身可能是模型或玩具，但這種有悖於快輪製陶原則的造型，最大的可能是在模仿銅方鼎。[5] 那麼我們也就有理由相信這一時期應當已經有銅方鼎存在了。

在鑄銅作坊發現的容器陶範中，有的還刻着精美的花紋；所鑄圓形銅器直徑最大者可達 30 厘米以上。這都是我們在目前出土的銅器中還沒有看到的。如前所述，出土這些青銅禮器的墓葬的規模都不大，我們也沒有發現王陵級的大墓。因而，可以相信二里頭文化青銅鑄造技術的發達程度，遠較我們現在知道的高得多。

二里頭陶方鼎（左、中）和鄭州銅方鼎（右） 在中國青銅時代的禮器群中，方形器的規格要高於圓形器。相信在二里頭遺址今後的發掘中，可能還會有包括方鼎在內的更令人驚歎的青銅精品出土

[5] 鄒衡：《試論夏文化》，《夏商周考古學論文集》，文物出版社，1980 年。

圭

牙璋

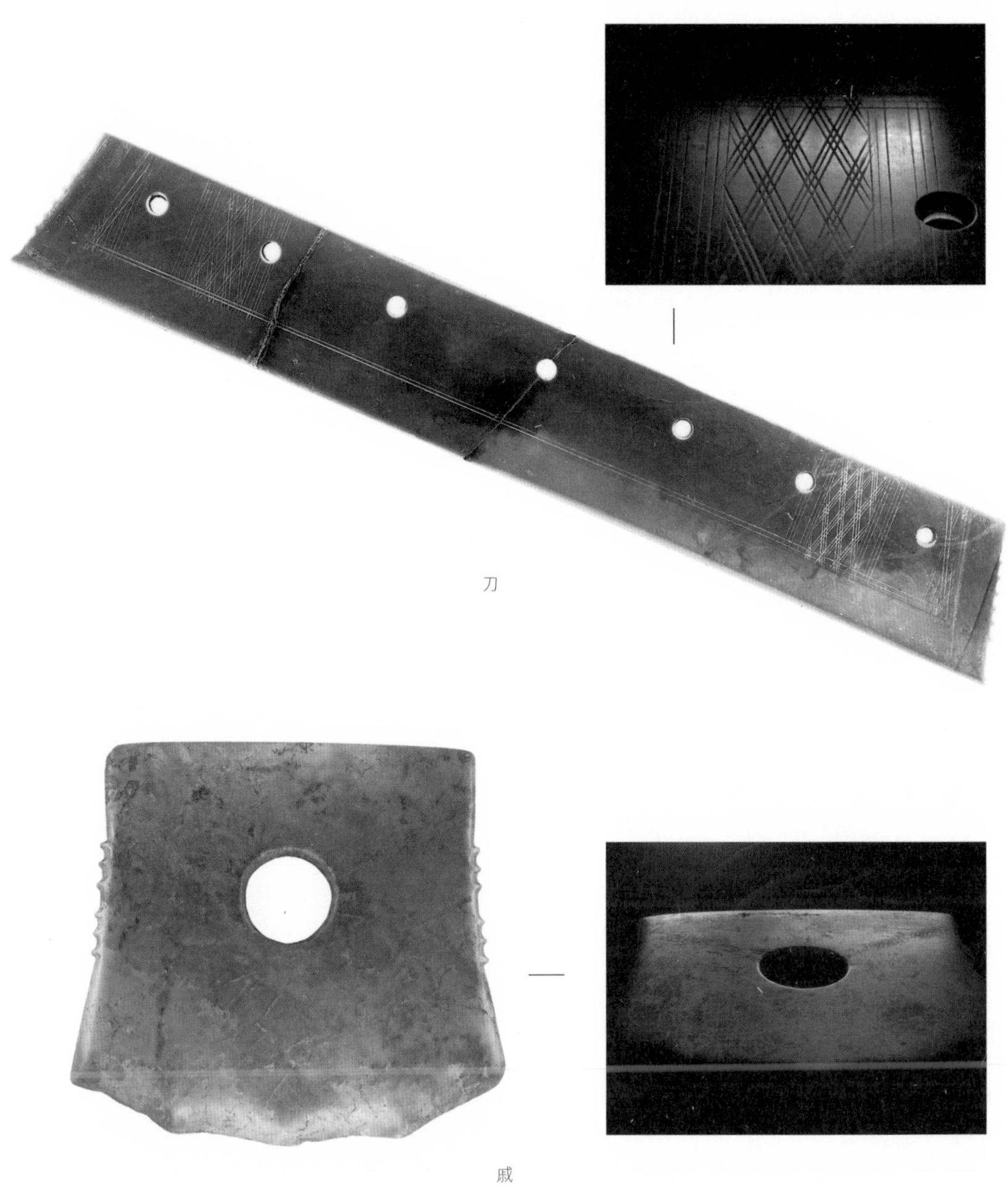

刀

戚

二里頭文化玉石器集萃

大型、片狀、有刃，以及製作意念的複雜化，構成了二里頭文化玉器的主體風格

承上啟下的治玉技術

玉器和玉文化的興盛，是中國古代文明的一大特徵，古代中國也因此而被稱為「玉的國度」。敬玉和愛玉，成了玉石工業發展的內在動力。在數千年的實踐中，先民們摸索出了一系列的治玉經驗，形成了高度發達的治玉傳統。據研究，玉石原料的開片技術，就包含了線切割、片切割和砣切割三種技術手段。其中線切割和片切割技術，最早出現於距今 9000–8000 多年前東北地區的小南山和興隆窪文化。

在王朝禮制整合的過程中，二里頭文化選擇了海岱地區起源的大型有刃玉禮器群，它們與以琮、璧、璜等為代表的良渚系玉器形成較為鮮明的對比。從治玉技術上看，二里頭文化也同時繼承了興盛於龍山時代海岱地區的片切割工藝，而有別於達到線切割技術高峰的良渚文化的治玉風格。[6]

二里頭遺址出土的玉器以禮器和裝飾品為主，其種類主要有刀、牙璋、鉞、璧戚、圭、戈、柄形器和鈴舌等，其中不乏大型器和雕刻有精美花紋的玉器。貴族墓中出土的大型刀長達 60 多厘米，牙璋器高在 50 厘米左右，戈也長達 40 多厘米。這些大型玉石器，氣勢恢宏，前所未見。以片切割技術剖割巨大玉料和使大型玉石器規整、光潔，以及線刻花紋、鑽孔鑲嵌和扉齒等裝飾，都需要相當高的工藝水平。而前述貴族墓中出土的分節獸面花瓣紋

玉石器的切割技術

線切割是指以動植物性纖維製成柔軟的繩子，帶動細砂和水在玉石器上往復運動，分割玉石器。如果以片狀硬工具加以切割，則稱為片切割。砣切割更用上了機械裝置。

[6] 鄧聰：《中國玉器素材的開片三部曲 —— 談二里頭玉器開片技術》，《二里頭遺址與二里頭文化研究》，科學出版社，2006 年。

玉柄形器，綜合了研磨切削，勾線，陰刻、陽刻浮雕，鑽孔，拋光等多種技法，工藝極其精湛。正是治玉技術所達到的如此高度，奠定了日後中國玉器文化走向輝煌的堅實基礎。

綠松石製品及作坊的發現

綠松石，一般以藍、綠兩色為基調，有蠟狀光澤。因色彩豔麗，古今中外多被用作裝飾品。在學術界，綠松石一直被作為文化意義上的「玉」而受到關注。在二里頭時代，它也的確與玉器一樣，作為高端消費品為貴族階層所使用，具有身份象徵的意義。

二里頭遺址綠松石製品可以分為兩大類，其一是小型管、珠之類的人體裝飾品，如耳飾和項飾等；其二是用於玉器、漆木器和銅器上的鑲嵌。鑲嵌綠松石使得這些貴族奢侈品作為禮器的功能得到進一步

綠松石成品及作坊區出土的綠松石料 這批石料，提供了綠松石器工藝分析的絕好標本，可以從中獲知原石開採後從打擊劈裂、切割、研磨到穿孔、拋光、鑲嵌和拼合等一系列的技術細節和工藝流程

的增強。即使是裝飾用的綠松石製品，在二里頭文化中也僅見於貴族墓，而與殷墟時期普通人即可隨意佩戴綠松石飾品的情況有所不同。可見在二里頭時代，無論是技術含量較高的各類鑲嵌製品，還是工藝相對簡單的裝飾品，綠松石製品的使用範圍只限於貴族階層。

新世紀之初，我們又在宮殿區以南的官營作坊區內發現了一處綠松石器製造作坊，發掘了一處二里頭文化晚期的綠松石料坑。料坑內出土綠松石塊粒達數千枚，相當一部分帶有切割琢磨的痕跡，包括綠松石原料、毛坯、破損品和廢料。經鑽探發掘知，料坑附近及以南不小於 1000 平方米的範圍內集中見有綠松石料。由此推測，這裡應是一處綠松石器製造作坊。從現有出土遺物看，該作坊的主要產品是綠松石管、珠及嵌片之類的裝飾品。

值得注意的是，這處綠松石器作坊緊鄰宮殿區，在其南的鑄銅作坊一帶以及宮城內的某些區域也發現有小件綠松石成品、半成品、石料和廢料等，有可能還存在着其他的綠松石作坊。這些情況都表明綠松石器的生產可能是在王室的直接控制下進行的。

高超的綠松石鑲嵌工藝

在骨器、象牙器和玉器上鑲嵌綠松石的技法，在黃河下游的大汶口－龍山文化中就較為流行；在玉器上鑲嵌綠松石的做法，也見於晉南地區的陶寺文化。上述兩地也都發現了拼嵌或粘嵌綠松石於有機質物品之上的線索。二里頭文化不僅有鑲嵌綠松石的玉器，更有鑲嵌綠松石的銅器和粘嵌在漆木類有機質托架上的大型綠松石龍形器，工藝精湛，已如前述。從其表現主題和技術傳統上看，可能更多地繼承了黃河下游龍山文化的作風。

二里頭遺址貴族墓中出土了多件圓形銅牌飾，大多鑲嵌着綠松石。這類器物，有的學者認為屬於早期銅鏡，有的認為可能是與占日或律曆有關的「星盤」，或為某種法器，似以彰顯墓主人身份地位的特

鑲嵌綠松石的圓形銅牌飾及其 X 光照片　左邊這件銅器正面周緣鑲嵌着 61 塊長方形綠松石片，形似鐘錶刻度，中間用綠松石片鑲嵌成兩周共 26 個「十」字形圖案。該器出土時為六層紡織品所包裹

殊禮器的推測更切實際。[7]

鑲嵌綠松石的銅牌飾

前文述及遺址上出土的3件圓角長方形銅牌飾，分別用200－300片形狀各異的綠松石，鑲拼成獸面紋的圖案，向人們展示了二里頭時代高超的玉石工藝水平。那些小小的綠松石片，被切割成各種形狀，長寬只有幾毫米，厚僅1－2毫米，且拋磨光潔，殊為不易。其中一件只有銅鑄的獸形框架，綠松石片原應是粘嵌在有機質的背托上，出土時背托已腐朽無存，而綠松石片尚原樣未動地懸空排列在銅牌上，保持着原來的圖案。前述大型綠松石龍形器所用綠松石片，較銅牌飾所用石片更小，且背托為立體，多有精細的凹凸之處，其粘貼鑲嵌技術之高超，則更令人歎為觀止。

作為社會上層身份地位標誌的特殊綠松石鑲嵌製品，在龍山時代還見於城址或大型聚落，但到了二里頭時代，卻只見於二里頭都邑。其他同時期遺址，即便是具有相當規模的聚落和城址，都僅有少量製作簡單的小型綠松石飾品。象徵社會等級的奢侈品的生產與消費集中於二里頭遺址，反映了二里頭都邑核心化程度急劇增強的趨勢。

漆器：另一重要的禮器品類

顧名思義，漆器是用漆塗在器物表面製成的物品。東亞大陸使用漆器的歷史，至少可以上溯到距今7000多年以前。龍山時代黃河和長江流域的考古學文化中，都有漆器出土。由於北方土壤乾燥而偏鹹

[7] 賀俊：《試論二里頭文化的銅圓形器》，《文物春秋》2018年第5期。

墓葬出土漆器的起取 因僅殘存漆皮，漆器的起取、清理和保護頗為不易

性，所以漆器的保存狀況往往較差。

二里頭文化的漆器主要出土於二里頭遺址的墓葬中，已發現了數十件。其中器形明確者以觚最多，另外還有匣、豆、盒、鉢、匕、勺、瓢狀器，以及漆鼓和漆棺。漆器上髹紅、黑、褐、白四色漆，而以紅色最為多見。

出土漆器的 10 餘座墓葬，絕大部分是規格較高的墓。漆器一般與銅、玉、陶禮器等共存，且數量和器類組合一般與墓葬等級相對應。作為酒器的漆觚，多與銅（陶）爵、陶盉相配，形成完整的禮器組合。有的漆觚在朱紅地上飾有赭色「饕餮紋」，圖案繁複，線條流暢，色彩豔麗。

圓陶片與漆觚的神秘關聯

說到漆觚，我們再聊聊一種有趣的現象。在歷年清理的二里頭遺址墓葬中，除了成組的陶質容器外，還經常出土圓陶片。這些圓陶片由器底或陶片磨成，大部分留有紋飾和內壁的麻點，並不十分精緻，但表面往往塗紅。其直徑多在 3 厘米餘，大者為 5.3−7.3 厘米。

20 世紀 80−90 年代，發掘者和研究者已注意到二里頭文化的墓葬中規格較高者往往伴出圓陶片這種小物件。小型墓偏重的均為日用盛食器，貴族墓則突出各種質料的禮器和圓陶片，這是個非常值得重視的現象。隨後的系統研究表明，二里頭文化墓葬中「圓陶片的數量一般與墓葬隨葬品的豐富程度成正比」；到了二里頭文化晚期，「圓陶片基本成為銅器墓必出的器物，而且其數量多寡一般與隨葬品的豐富程度和墓葬等級高低有着對應關係」，「因此圓陶片數量的多寡可能代表着銅器墓內部等級的區分」；但「圓陶片主要是一種身份象徵物，很難界定為禮器」。[8]

一種與墓室規模、銅玉禮器等同為墓葬等級劃分標誌物的隨葬品，又「很難界定為禮器」，這是非常不合情理的。一種普通陶容器殘片的簡單改製品，如何能成為「身份象徵物」？顯然，這種不起眼的「小件」不應是以獨立的身份而出現的，它是否有可能與鈴舌一樣，屬於某種高等級器物的附件或組成部分？多年來對二里頭文化墓葬的發

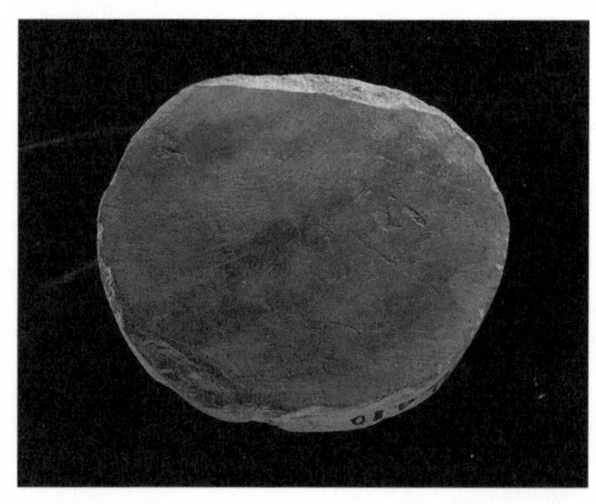

圓陶片及其出土狀況

[8] 李志鵬：《二里頭文化墓葬研究》，《中國早期青銅文化——二里頭文化專題研究》，科學出版社，2008 年。

掘與研究，都沒能給出令人滿意的答案。

出土綠松石龍形器的 3 號墓的發現，為圓陶片功用問題的探索提供了重要的線索。我們在發掘簡報中描述到：漆器種類和數量較多，見於墓內四周，而以近東壁處最為集中，有的漆器如觚的底部墊有一枚圓陶片。已有學者注意到這一信息並加以分析：「值得注意的是，M3 為了以漆成形帶圈足的觚，圈足部分必須以陶器成形，顯出以漆、陶合作，以罕見材質成形特有漆類的努力。」[9]

梳理既往圓陶片出土情況的材料，我們注意到，圓陶片與漆器的關聯性，早有蛛絲馬跡。在出有圓陶片的 22 座墓中，有 10 座出土了漆器，其中又有半數確認有漆觚。其餘 12 座未發現漆器的墓葬，大多遭到不同程度的破壞，提供的信息不全。報告和簡報中所謂圓陶片大多「塗硃（朱）」「表面粘有朱砂」「有朱砂紅痕跡」「大部分一面塗一

二里頭墓葬出土漆器

[9] 陳芳妹：《二里頭 M3 —— 社會藝術史研究的新線索》，《二里頭遺址與二里頭文化研究》，科學出版社，2006 年。

層紅彩」，或與漆器的表面着色有關。

這些圓陶片在墓葬中往往分佈範圍較為集中。1987 年發掘的一座墓中出土的 5 件圓陶片，有 3 件靠近墓室東壁，而恰恰「在墓坑的東壁上發現朱紅漆皮，形似觚」。同時，未見擺放一起的現象，在比較明確的描述和墓葬平面圖中可以看出均單置各處。如果說圓陶片的性質可能與單件的某類漆器相對應或者就是某類漆器成形的組成部分，墓葬中的圓陶片不應該擺放在一起，而且彼此之間當有一定的間隔。從目前的考古發現來看，上述推斷至少與考古現象並無矛盾處，而且可以看出圓陶片確實與漆器尤其是觚有一定的關聯性。[10]

本書「國之大事」一章曾提到嚴志斌研究員推斷玉柄形器應是榫接於木棒上置於酒器觚中以祼酒，而玉柄形器和漆觚、圓陶片往往共出。他進而指出夏商周時期墓葬中常見的圓陶片（陶圓餅）是製作漆觚時用來堵塞剜製過程中形成的孔腔使用的隔斷。因圓陶片便於保存，可以將它視為漆觚的標示物來判斷漆觚存在，從而重估墓葬隨葬品的組合。[11] 上掛下聯，問題進一步明晰起來，這是考古「探案」的一個佳例。

精製陶器、白陶與原始瓷

中國古代的陶器，從陶色上可以分為紅陶、黑陶、灰陶和白陶等。無論哪類陶器都需要放入窯內，在 1000℃左右的高溫下燒製而成。在最後的階段將窯溫緩慢降下，胎土中所含鐵的成分氧化可以燒成紅陶；將陶窯加以密封從而阻止氧氣外泄，鐵被還原，就燒成了灰陶；用一定的方式滲碳，則可以燒成黑陶。

與上述三種用普通黏土燒成的陶器不同，白陶是用富含氧化鋁而鐵的成分較少的高嶺土（或瓷土）燒製而成。高嶺土中鐵的成分越少，

[10] 許宏：《二里頭 M3 及隨葬綠松石龍形器的考古背景分析》，《古代文明》第 10 卷，上海古籍出版社，2016 年。

[11] 嚴志斌：《漆觚、圓陶片與柄形器》，《中國國家博物館館刊》2020 年第 1 期。

二里頭出土的原始瓷器 二里頭文化的這類器物已經基本具備或至少接近了瓷器產生的三大主要條件：瓷土作胎，表面施高溫鈣釉，燒造溫度為1200℃

器物越顯得白淨，因而成為日後陶瓷器的原料，備受青睞。二里頭所在的洛陽盆地以東的鞏義，就是高嶺土的重要產地，著名的唐三彩的原料即開採於此，二里頭的白陶所用高嶺土很可能也來自鞏義。

二里頭陶器以酒器和食器的製作最為精緻，它們往往被隨葬於貴族墓中，成為顯示身份與地位的禮器群的組成部分。作為酒禮器的陶鬹，流行用白陶製作，因含鐵量不同，有的色微泛紅或泛黃，器壁厚薄均勻，造型規整優雅。陶盉頂部利用流、口和泥釘，做成獸面的樣子，頗具藝術性。陶爵一般胎薄體輕，流、尾修長，器壁經反覆刮削，腹部刻劃紋飾。此外還有一些尊、壺類器具，也做工精緻，造型優美。

值得一提的是，二里頭遺址還發現了少量相當於二里頭文化早期的印紋硬陶和原始瓷殘片，它們基本上僅見於作為酒器的長流平底盉（也稱「象鼻盉」）一種器形。薄胎呈紫褐色或青灰色，堅硬緻密，吸水性弱；器表往往施透明釉。器身飾弦紋和雲雷紋等拍印的幾何花紋。該類器物中子活化分析顯示胎土成分與白陶相近，是研究由陶向瓷轉化過程的重要標本。

中國以「瓷的國度」而著稱，英文的「瓷器」即因產於中國而稱為china。在「最早的中國」二里頭，發現了最早的原始瓷器，確是一件饒有興味的事。

前述的連續幾何形印紋裝飾，也往往見於一些精製陶器如尊、罐類器。這類裝飾數量少，集中出土於二里頭遺址和等級較高的聚落如

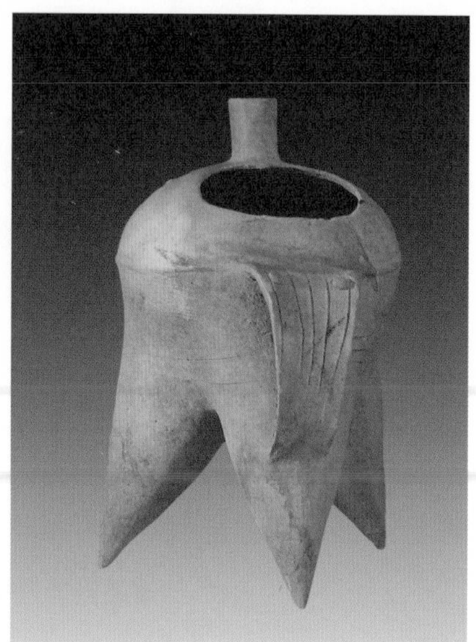

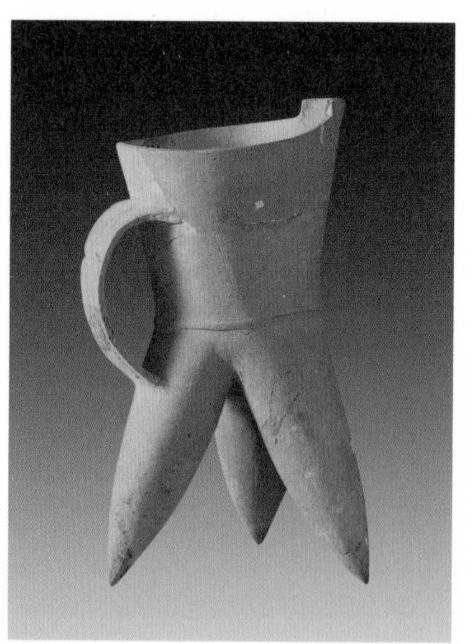

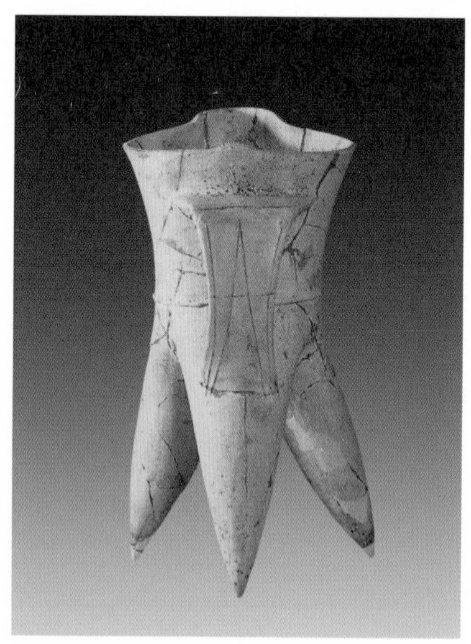

二里頭文化陶器擷英

二里頭遺址出土的陶器數量巨大，種類繁多，已復原者數千件。大體可分為酒器、食器、炊器、盛貯器、汲水器、食品加工器和雜器數種。陶器裝飾運用了磨光、滾壓、拍印、刻劃、堆塑等手法

榮陽大師姑城址等。其中雲雷紋最為學界所關注。這類紋飾製作精緻，沿用時間長，更重要的是它們同其後商周青銅器上的雲雷紋之間有着清晰的淵源關係。

絲麻溢采：紡織品的發現

在二里頭時代以前，紡織品已有較悠久的歷史。

二里頭遺址屢屢發現紡織品的實物或痕跡，主要見於貴族墓中出土的銅器和玉器上，由此可知當時有用紡織品包裹銅、玉器下葬的習俗，最多的包有 6 層紡織品，厚達數毫米。

據鑒定，這些紡織品絕大部分是平紋織物（絹），個別織物是斜紋，似為「絞經」織法。組織纖維較粗的可能為麻布，較細的應屬絲織品。麻布每平方厘米的經緯線在 8 根 ×8 根至 10 根 ×10 根之間，絲織品每平方厘米的經緯線有 30−50 根。

銅鈴上的紡織品印痕

城市民生

經濟生活舉隅

「五穀」齊備

農業經濟的發展是古代文明形成的必要前提之一。在東亞大陸多元的農業體系中，以粟和黍兩種小米為主的旱地農業是中原地區的主要生業。粟富含蛋白質和脂肪，且易於消化。在現代中國北方，婦女懷孕生產期間，以及人們每天的早餐，都還經常喝小米粥。黍（脱殼後稱黃米）有黏性，營養價值高，在中國古代多用於釀酒。粟和黍也是二里頭時代最主要的兩種農作物。

在包括二里頭遺址在內的中原地區多個遺址的二里頭時代堆積中發現了水稻、小麥和大豆。其中二里頭遺址炭化稻穀的數量約佔出土農作物總數的三分之一，僅次於炭化粟粒的數量，説明稻穀在當時人們生活中的地位日益重要。小麥可能是由西亞經中亞傳入中國的，在龍山時代的黃河流域即有發現，二里頭時代則已傳入中原地區的核心

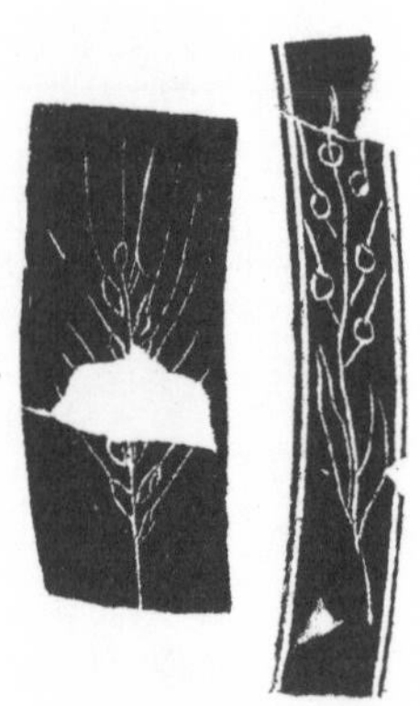

陶器上的農作物圖像

石斧

二里頭陶器上的農作物圖像與農具 二里頭遺址出土的穀物收割工具有石刀、石鐮和蚌鐮等，未見銅製農具。可見在王都還生活着不少從事農業生產的農民

石鐮

石刀

二里頭出土的「五穀」 中原地區到了二里頭時代，後世所謂的「五穀」——粟、黍、稻、麥、豆已基本齊備

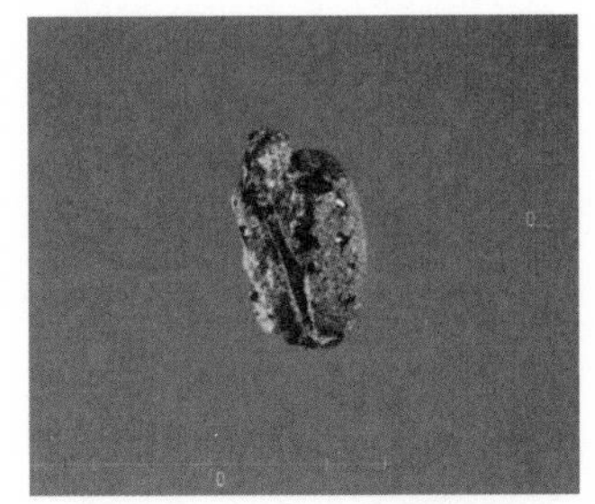

小麥

大豆

水稻

粟

黍

地帶。野生大豆在公元前 6000 多年的河南舞陽賈湖遺址就有發現，到二里頭時代，已經歷了數千年的栽培馴化。大豆等豆科植物，這時應已成為粟、黍以外的另一主要栽培作物。[1]

多品種農作物種植制度的意義不僅在於提高農業的總體產量，而且還能夠降低單系糧食種植的風險係數，是古代農業發展水平的一個

[1] 趙志軍：《公元前 2500 年～公元前 1500 年中原地區植物考古學研究》，《科技考古》第二輯，科學出版社，2007 年。

重要標誌。有的學者甚至認為這時已能夠在同一塊耕地上加以輪作。

家畜飼養與漁獵

遺址出土的動物種屬鑒定表明，二里頭人獲取的肉食資源以家畜為主，其中家豬一直佔大宗，綿羊和黃牛從早期到晚期有大致增多的趨勢，狗則始終保持着一定的比例。其中，家犬和家豬的飼養可以上溯到公元前六七千年前，而中原地區家養黃牛和綿羊的起源時間則大致為公元前2500－前2000年。由於公元前3000年以前甘青地區的史前文化遺址裡已發現了家養的綿羊，因此家養綿羊隨後出現在中原地區，很可能與文化的傳播有關。[2]

埋入祭祀坑的黃牛

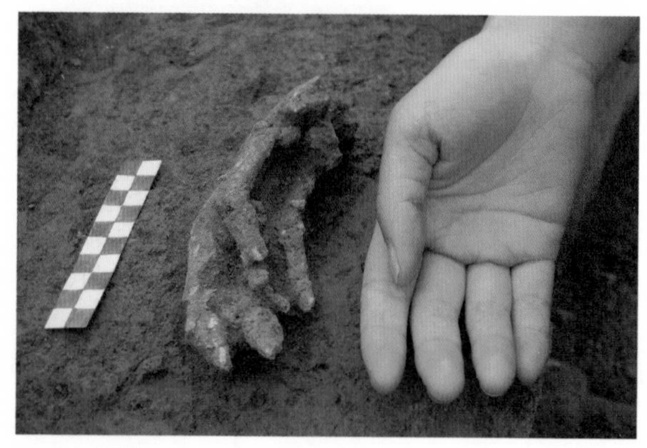

貴族墓中的豬蹄

二里頭的動物埋葬

考慮到家養黃牛和綿羊在當時和日後的宗教活動中扮演着重要的角色，人們為何馴養這兩種動物就十分耐人尋味。在龍山時代的遺址中就發現有將數頭牛整齊擺放、將綿羊捆綁後埋葬的現象。這些很可能都是與宗教相關的活動留下的遺跡。在二里頭時代的遺址中，也發現有在獸坑內

[2] 袁靖、黃蘊平等：《公元前2500年～公元前1500年中原地區動物考古學研究——以陶寺、王城崗、新砦和二里頭遺址為例》，《科技考古》第二輯，科學出版社，2007年。

埋葬多頭完整牛、羊的情況，或與祭祀有關。此後的二里崗時期，用牛和羊祭祀的實例時有發現。到了商代晚期，牛和羊成了祭祀活動中使用的主要動物，甚至被賦予了區分王與卿大夫在祭禮中的等級地位的作用。

烹調用器看庖廚

粟、黍和稻等作物，都需要脫粒和精碾，然後將粒狀的米或煮或蒸，才能食用。與小麥加工成粉狀然後做成麵包、饅頭、麵條等「麵食」不同，它是呈粒狀時就被直接做成米飯或粥，所以稱為「粒食」。用於蒸煮的器具是陶器。

為提高烹調用器的耐火性，要在胎土中羼入砂粒，考古學上稱這類器物為夾砂陶，基本上可以看作炊器的代名詞。炊器一般要做得薄些，以便熱量傳導。由於每天都要使用，所以炊器比盛物用的食器或盛貯器皿更易於破碎，因此生產量比較大。在二里頭遺址，炊器佔出土陶器的三分之一甚至二分之一左右。

日本學者岡村秀典教授對二里頭文化的炊食器有較深入的研究，這裡列舉一下他的分析。

二里頭文化的炊器主要是圜底罐和鼎。罐在從當地龍山文化發展

陶網墜

骨鏃

二里頭的漁獵工具　二里頭遺址出土有不少銅、骨箭頭，既可充作兵器，也可用於狩獵。此外還發現捕魚用的骨、蚌、銅質魚鈎，骨魚鏢和陶網墜等，表明都邑的居民還在郊外從事一定的漁獵活動。遺址中大量野生動物骨骸的發現也印證了這一點

深腹罐

鼎

鬲

刻槽盆

甑

二里頭的蒸煮器與刻槽盆　在二里頭時代，以米加水進行蒸煮的陶炊器，主要是罐、鼎和鬲三種。罐或放於地面之上，在周圍點火；或放在支腳或灶上，其下受火加熱。製作時如在罐下安上實心的三足就成為鼎，三足為空心袋狀的炊器則稱為鬲。蒸食物的盆形陶器甑底部有孔，可以放在罐或鬲上使用

而來的過程中，由平底變為圜底。圜底罐底部陶胎變薄，熱傳導效能高，但無法放置於平面，因此一般要與灶配合使用。灶內置罐，其下以火加熱，這與從罐的側面加熱的方法相比，熱能的傳導速度和利用率都有大幅度的提高。這種圜底罐在二里崗文化時期得到了繼承，但逐漸小型化，不久即為容量更小的鬲所取代。現代人類學的研究結果表明，隨着肉類等副食的不斷豐富，人類主食的消費量反而減少。隨着文明化的進程，上古先民的飲食生活得到改善，有可能是導致炊器變小的重要原因。[3]

擁有三個袋形足的鬲，最早出現於龍山時代的黃土高原，隨後向周邊地域擴散。進入二里頭時代，鬲在黃河以北的晉南（東下馮文化）和豫北冀南（下七垣文化）地區較為盛行。在二里頭文化的核心區域，除了少量輸入品外，基本上不用鬲。因此，學術界有一種觀點認為，用罐、鼎和用鬲兩種不同的炊事習慣，可以把夏人和其他族群區分開來。二里崗文化的鬲繼承了下七垣文化同類器的形制，隨着商人滅夏、商王朝的勢力範圍不斷擴大，鬲的使用在空間上也大範圍地擴展，成為最具中國特色的炊器。[4]

蒸食物用的甑與公元前 3000 年左右中國各地的酒器大體同時盛行，因此有學者推測它可能是用來蒸釀酒用的米。中原龍山文化甑的底部有許多小孔，二里頭文化繼承了其形制，但底部一般僅有 3–5 個較大的孔。孔的數量由早期至晚期逐漸減少。為避免米從孔中流下，甑底還應當鋪有竹木編的屜簾。

另外還應提到一種糧食加工工具 —— 刻槽盆。這種器物呈缽形，口沿上大多有流。內壁刻有溝槽，往往呈放射線狀。可以將芋頭或紅薯等塊根類食物磨碎食用。這種器物也繼承自中原龍山文化，多見於黃河以南地區，到二里崗文化時期，由於飲食生活的變化而衰落。

[3] ［日］岡村秀典：《夏王朝 —— 王権誕生の考古学》，講談社（東京），2003 年。

[4] 故宮博物院編，楊晶主編：《中國陶鬲譜系研究》，故宮出版社，2014 年。

盛食用器看吃法

吃喝行為都屬「進口」活動，因此飲、食用器也應當一起談才是。飲器尤其是其中居於大宗的酒器，在前文我們講了不少，這裡就不贅述了。二里頭都邑的人進餐時，盛飯菜的器皿有盆、盤和豆等，都用質地細密的黏土製成，表面經過精心打磨。與烹調用器一樣，二里頭這類器具大多由當地龍山文化的同類器演化而來。

在中國，桌椅的使用要晚到唐代以後，此前進餐都是席地而坐。筷子的普及是漢代以後的事，漢代以前則以手進食。食物和器皿分別使用的分餐制也是漢代以後才出現的，所以在家都是全家一起吃飯，所用食器也與此相應。《禮記．曲禮上》言及共餐時用一個大器皿盛菜餚大家分食，教人用手抓飯時手指要併攏以防米粒掉下，吃肉乾時不能用牙撕咬，等等。以現在的感覺看，雖吃相有些不雅，但大家一團和氣，由此可以想見那時進餐時的有趣景象。[5]

盆分為深腹圜底和淺腹平底兩種，形體都較大，口徑在 30 厘米左右。像今天中國菜使用的大盤一樣，當時也應當是全家共享的餐具。也有口徑在 10 厘米多的小盆，但出土數量較少，與其說是分餐時各人用的餐具，更可能是用來盛小菜的公用器皿。

二里頭文化中富有特色的三足盤（或稱三足皿），應源於山東龍山文化，到二里崗文化時期則基本不見。這種器物也是以口徑 30 厘米左右的大型器居多，大概也是公用器皿。

豆在新石器時代的山東大汶口文化和長江中游的大溪文化中即已出現，龍山時代則見於眾多的區域。「豆」的字形應當是仿豆這類器物的正面形狀，古典文獻中有在木質的豆中裝上供品獻祭於神的記載。二里頭時代盛行喇叭狀高柄豆，到了二里崗文化時期，器形變小，以粗矮柄豆為主。

---

[5] ［日］岡村秀典：《夏王朝 —— 王権誕生の考古学》，講談社（東京），2003 年。

二里頭的盛食用具
隨葬品的組合情況，或許反映了日常生活用器的組合

豆

三足盤

一座貴族墓隨葬的陶器「全家福」

二里頭文化墓葬中，隨葬品均為實用器，一般不隨葬烹調用器，但常見飲食用器。隨葬品中豆的出土頻率最高，應與豆用於祭祀等特殊場合有關。在二里頭文化墓葬中，豆、盆的組合較為多見，也有豆、三足盤，或豆、盆、三足盤的組合。各種器物一般只有一件，最多兩件。

二里頭人喜食「燒烤」

大家知道，在幾十萬年前的舊石器時代，東亞大陸上的先民就開始用火，烤肉恐怕是學會用火以來最早的食肉方法。陶器發明以後，人們可能學會把肉煮着吃。日本學者岡村秀典教授認為，到了二里頭時代，烤肉仍然比較盛行。在二里頭遺址以及二里頭文化的其他遺址，都發現了不少燒焦了的獸骨，豬骨和牛骨居多，構成其食文化的一大特徵。位於鄭州以西的滎陽竪河遺址中，被燒過的動物骨頭以豬骨和牛骨居多。據統計，龍山文化時期的燒骨約佔總數的三分之一，而二里頭時代則佔總數的五分之一。燒烤時把骨頭都烤焦的情況應當比較少，所以當時烤肉的比例恐怕還要高些。可知那時無論王都還是農村，烤肉和煮肉一樣，是一種較普遍的食用方法。

到了稍後的二里崗文化時期，被燒過的獸骨的數量大幅度減少。商周時代，用來煮肉的銅鼎成為最重要的禮器之一。除了把作為犧牲的動物整隻放在柴堆上燒烤的「燎祭」外，貴族們用於祭祀和食用的基本上是生肉、乾肉和用鼎煮的肉，烤肉則一般不用了。此後，在漢代的畫像石上還可以見到烤肉串的情景，但那是受了西域文化的影響。在傳統的中國菜中，把肉放在火上直接燒烤的做法基本上不見了。可以說，在中國的食文化中，隨着二里頭都邑的衰落，烤肉的傳統也中斷了很久。[6]

雙輪車轍痕與馬車起源之謎

在二里頭宮殿區南側的大路上，我們發現了兩道大體平行的車轍痕。兩轍間的距離約為 1 米。它的時代相當於二里頭文化早期。這是當時所知中國最早的雙輪車的使用痕跡（據報道，近來在河南淮陽平

[6] ［日］岡村秀典：《夏王朝 —— 王権誕生の考古学》，講談社（東京），2003 年。

糧台遺址，發現了龍山時代的車轍痕[7])。無獨有偶，20世紀90年代，在二里頭遺址的西北部也曾發現過相當於二里頭文化晚期的車轍痕，轍距為1.2米。稍晚於此的，還有偃師商城發現的二里崗文化時期的車轍，轍距也為1.2米。在偃師商城和鄭州商城還分別發現了小型的青銅車軎（軸頭）及鑄造車軎的陶範。[8] 但這些是馬車的蛛絲馬跡嗎？回答應當是否定的。

到目前為止，中國最早的馬車見於商代晚期的安陽殷墟遺址，其軌距一般為2.2–2.4米。[9] 而二里頭和偃師商城遺址車轍的軌距僅為1–1.2米，顯然比馬車的車體窄得多。因此基本上可以肯定它不是馬車，而是具有某種特殊功用的車子。至於是用人力還是其他畜力來拉動，就不得而知了。

在中國古代文獻中，人們認為舟、車的發明是聖人所為。舟、車的發明，是文明進程中的重要創造，是人類認識和利用自然的重大成就。兩河流域的蘇美爾人至晚在公元前2500年便有了用於運輸和戰爭的板輪車。公元前第二千紀初，中亞草原上已出現了馬拉戰車。始見於商代晚期的馬車究竟是本土起源還是受西亞文明或歐亞大陸遊牧民族的影響而產生，這一問題在學術界還有很大的爭議。

持本土起源觀點的學者可以舉出不少古代文獻中關於晚商以前馬拉戰車的記載，甚至認為中國養馬、馴馬和用馬的歷史可以早到龍山文化時期。但近年動物考古學的研究表明，在二里頭、二里崗時代甚至殷墟前期的遺址中都未發現馬骨，可以肯定中原地區在前殷墟時代沒有家馬存在的證據。西北地區的齊家文化和四壩文化發現有馴化的馬，其來源可能與歐亞草原文化交流有關。[10] 殷墟後期才有家馬與馬拉戰車的突然大量出現，且戰車結構完善、工藝複雜。目前還找不到

[7] 秦嶺、曹豔朋：《平糧台古城遺跡發掘研究的重要成果》，《中國文物報》2020年5月5日。

[8] 王學榮：《商代早期車轍與雙輪車在中國的出現》，《三代文明研究（一）》，科學出版社，1999年。

[9] 中國社會科學院考古研究所編：《殷墟的發現與研究》，方志出版社，2007年。

[10] 劉羽陽：《中國古代家馬研究的回顧與展望》，《南方文物》2014年第1期。

發現於宮殿區南側大路上的車轍 使用雙輪車的傳統肯定會便於東亞先民在商代晚期接受外來文化的影響，最終形成具有自身特色的車馬文化

洛陽皂角樹出土二里頭文化陶器刻符 有學者認為這應當就是目前所見最早的「車」字

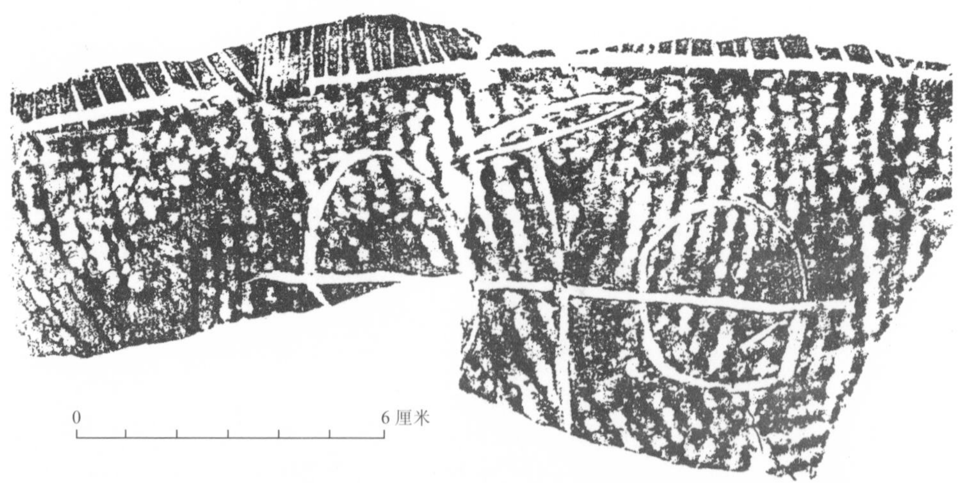

安陽殷墟商代晚期的車馬坑

它本土起源的線索。

鑒於上述，關於家馬和馬車起源的問題，應該説基本上清楚了。考古發現尤其是動物考古學家的參與是解決問題的關鍵。本無家馬和馬車的龍山時代至商代前期，在後世文獻中卻被描繪得車馬飛揚，極為熱鬧。這倒提供了一個有趣的例證，即它們的記述並非全都如實地反映史實，而是摻雜了作者所屬時代——東周至漢代乃至更晚時期才有的事物與理念。

海納百川

對外交流的興盛

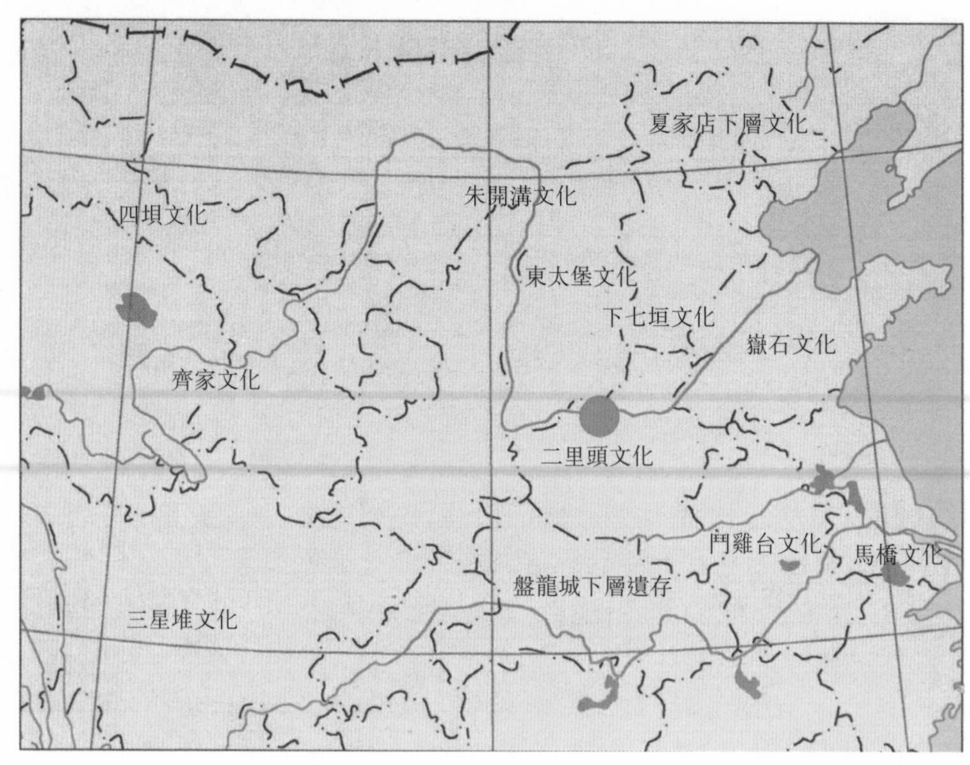

二里頭時代東亞大陸
青銅文化的分佈

江南熏風：硬陶・雲雷紋・鴨形器

前已述及，二里頭文化中存在少量的印紋硬陶和原始瓷，這類器物及其製造技術與南方的印紋陶有密切的關係，是學界所普遍認同的。但學術界對兩地間究竟哪處是最初的發源地還有不同的看法。即便是認同江浙地區為始源地，二里頭遺址中的這類器物是直接來自東南，還是受東南同期文化的影響仿製而成，還有待於進一步的研究。對硬陶與原始瓷的成分分析結果表明，二里頭文化這類器物胎土中氧化硅含量較高，氧化鋁含量較低，與我國南方硬陶、原始瓷的組成特徵相同，而且其組成點與浙江、上海和江蘇的硬陶及部分原始瓷胎比較接近。因此，二里頭文化硬陶和原始瓷的產地在南方的可能性較大。

二里頭文化的幾何印紋大多裝飾在上述精製陶、硬陶和原始瓷器

二里頭（左）與閩北（右）出土的長流盉 與二里頭遺址長流平底盉相近的器物，在浙江南部、福建北部一帶也有發現。兩地出土的這類器物有很多共性，如均製作精緻，為泥質磨光陶、硬陶和原始瓷，多飾印紋，整體形制上管狀長流、有鋬、束頸鼓腹和假圈足的特徵也都基本相同，表明二里頭文化和浙閩地區的這類盉應是同源的

上，數量極少，主要見於二里頭遺址。其中最具典型性的紋樣是雲雷紋。它最早出現於南方地區。江蘇金壇三星村出土的一件陶豆（約距今 5500 年）上就有採用鑿刻技法製作的雲雷紋。良渚文化陶器也有刻製的雲雷紋，雲雷紋也是良渚文化玉器神像的基本構圖元素。以印製方法製作的雲雷紋陶器出現於二里頭時代以前江南地區的多處遺址中；稍後，在與二里頭文化大體同時的馬橋文化中十分流行。因此，有學者認為南方應是雲雷紋的原生地，二里頭文化的雲雷紋以及其他一些文化要素是在南方文化的影響下產生的。[1]

二里頭文化（上）與馬橋文化（下）幾何印紋比較 流行於長江下游馬橋文化的雲雷紋，其紋樣風格與二里頭文化非常相似，但普及程度要比二里頭文化高得多

[1] 宋建：《二里頭文化中的南方因素》，《二里頭遺址與二里頭文化研究》，科學出版社，2006 年。

二里頭文化（左）與馬橋文化（右）的鴨形壺

二里頭文化早期墓葬中出土的鴨形壺，在江浙地區有較多的發現，曾出於上海馬橋和浙江長興上莘橋等遺址，這類造型的陶器很可能源於江南地區。相比之下，二里頭文化的鴨形壺極為罕見，應是從南方輸入的產品或仿製品。

「來路不明」的熱帶海貝

史前時代的黃河上游青海馬家窯文化遺址中，就發現有隆背具齒的海貝（或稱「貨貝」「子安貝」「寶貝」等）及其石、骨質仿製品。在早於二里頭文化的龍山時代陶寺文化中，也出土有海貝。分佈於黃河上游，與二里頭文化大體同時或稍早的齊家文化中，發現有骨貝。物以稀為貴。顯然，作為外來品，海貝及其仿製品是這些區域社會中的貴重品。在此後的商周時代，海貝又被用來作為原始貨幣大量而廣泛地使用，漢代以後逐漸淡出社會生活。

二里頭遺址出土的海貝，主要用作貴族墓中的隨葬品。前述隨葬大型綠松石龍形器的男性貴族的頸上，就戴着海貝項飾，總數達 90 餘枚。海貝絕不屬於王畿本地出產，一般認為應是自遠方交換而來，也可能是由近海之方國進貢而來。它從一個側面反映了當時的交通、遠程貿易或朝貢的情況。《禹貢》「揚州」章記「島夷卉服，厥篚織貝」。有

二里頭出土的海貝

用於隨葬的貝上有穿孔，可用絲繩穿起來，戴於頸上、胸前。墓葬規格越高，用貝越多

學者認為「織貝」為一動賓式合成詞，指把海貝（或貝製品）串聯組織在一起的一種貢品。

關於東亞大陸海貝的來源，以往眾說不一，可分為北方沿海來源說、山東半島沿海來源說以及東南沿海來源說三種，但都認為來自中國大陸沿海地區。據學者近年的研究，海貝屬暖水種，其分佈於印度洋和中國南海的熱帶海域，而絕不見於古代東海及其以北沿海。同時，從考古材料上看，海貝及各類質地的仿製貝，都以中國西北部腹地為最早，而盛行於青銅時代。秦漢以前海貝的使用地域限於長江以北，海貝的使用有自西、西北向東、東南傳播的軌跡。且從渤海到南

兩種子安貝的現存分佈[2] 海貝屬於暖水種，就東亞及鄰近地區而言，它主要分佈於印度洋和中國南海的熱帶海域

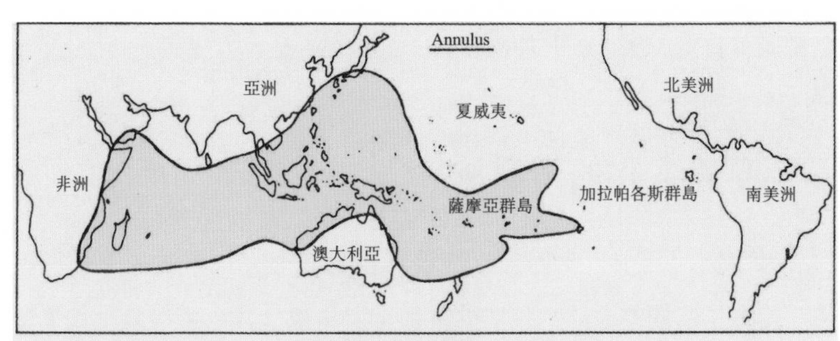

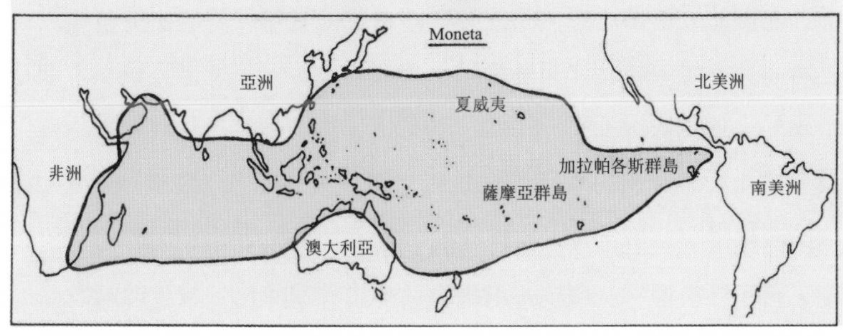

[2] 轉引自張光直著，印群譯：《古代中國考古學》，生活·讀書·新知三聯書店，2013 年。

海的中國古代濱海遺址，都沒有發現使用海貝的現象。這樣就提出了一個問題，即如果說海貝自中國南海向北傳播，那麼在跨越東南各地時竟沒有留下任何考古學跡象，這是不符合邏輯的。

鑒於此，有學者提出了中國古代海貝不是從東南向西北傳播，而有可能是從印度洋到土庫曼地區，再經歐亞草原、蒙古草原到達中國青海東部或長城地帶，進而輸入中原地區的。他們還注意到，使用海貝的史前至早期王朝階段的遺址基本上都有銅器的使用，即海貝的出現、繁盛和衰亡與青銅文化的發生、發展和消逝是大體吻合的。[3] 而在海貝使用的漸衰期和海貝在漢文化系統中消失後，中國北方遊牧民族如匈奴和鮮卑等依然保持着使用海貝的傳統，這實際上為海貝的來源提供了某種暗示。大量海貝經由連接歐亞的北方草原地帶向中國中原地區輸入的過程中，北方畜牧和遊牧族群充當了傳播的載體。

這的確是一個充滿魅力、令人產生無盡遐想的話題，產於熱帶海洋的海貝，居然是騎馬民族翻山越嶺，經歐亞大草原帶來的！如果我們把眼界放寬一些，就有理由相信，這應當不是天方夜譚。

歐亞草原文化的衝擊波

讀中國古代史，我們知道農耕與遊牧兩大文化系統的交融與折衝，構成了壯闊的中國古代史的一條重要主線。甚至可以說，如果拋開西北與北方草原地帶，完整的中國古代史就無從談起。從這個意義上講，真正的中國北方應是草原及其鄰近地區，而黃河流域一帶則是中國的中部。如前所述，「中國」的形成，與中部的粟作與南方的稻作農業文化的整合密切相關；它是否也與農耕與畜牧（遊牧）這兩大板塊的碰撞與交流這一歷史大勢有關，則是我們所特別關心的。

從全球範圍看，西亞是冶金術最早出現的地區，最早的銅製品可

[3] 彭柯、朱岩石：《中國古代所用海貝來源新探》，《考古學集刊》第 12 集，中國大百科全書出版社，1999 年。

歐亞大陸腹地的青銅時代遺址（蒙古國西部） 在西亞青銅文化向外擴散的過程中，中亞及北亞大草原的畜牧或遊牧族群通過大範圍的活動給予周邊地區以強大的文化輻射，其力量不可低估

以上溯到公元前 7000 年前。在此後的數千年間，隨着西亞文化的擴散，冶金術隨之外傳，進入東南歐的多瑙河中游、高加索和中亞的廣大地區，乃至歐亞交界的烏拉爾一帶，並繼續東漸，進入新疆和河西走廊一帶。[4]

上文我們提及東亞大陸可以分為面向海洋和面向內陸的兩大板塊。兩大板塊在氣候、生態環境等方面都存在着相當大的差異。面向內陸的一塊包括長城沿線及以外地區，這裡與黃河流域毗鄰，處於中原文明與內亞文明之間。其居民與黃河流域有着千絲萬縷的血脈和文

[4] 楊建華：《兩河流域：從農業村落走向城邦國家》，文物出版社，2014 年。楊建華、邵會秋等：《歐亞草原東部的金屬之路：絲綢之路與匈奴聯盟的孕育過程》，上海古籍出版社，2016 年。

化聯繫，對外部世界持開放的態度並具有較強的文化兼容性，使這一地區成為東西方文化交流的重要孔道和不同文化碰撞與接觸的敏感地帶。這一區域是歐亞大草原的外緣，存在着複雜多樣的古代文化。騎馬的流動牧人縱橫馳騁，使這一廣大區域內的文化交流比其他地區更快，文化交融現象更為突出。多種考古學文化中的青銅器具有較大的共性，就是頗為突出的交融現象。

在仰韶和龍山時代，西北地區的文化無疑落後於中原，但其冶金術的發展卻表現出超乎尋常的進步。這該如何解釋呢？有理由相信，中國西北地區早期冶銅業的發達，是以與內亞地區保持文化互動為前提的。對於中原地區來說，又不排除在二里頭文化向西擴展並接觸到西北地區土著文化如齊家文化等的同時，也從後者汲取了所需要的養分，而冶金術方面的信息交流和技術層面的溝通，可能就是其中最重要的內容之一。[5]

當然，這種來自歐亞大陸內地的文化影響力經過接力式的傳播、改造，本來就不斷地被弱化；加之中原地區處於上述兩大板塊的交匯地帶，從氣候、生態到文化傳統、經濟類型乃至風俗習慣，與和它毗鄰的西北及長城地帶也不相同，文化互動中的選擇性更強。到了二里頭時代，中原地區的冶金術才真正崛起並形成獨立的華夏風格。

鑒於此，學術界愈益認識到，即便二里頭文化高度發達的青銅鑄造技術孕育於當地，它也有着更深廣的發生學背景，而探討中原地區青銅冶金的起源和早期發展則必須有更為寬闊的時空視野。

遊牧文明的訊息：戰斧與環首刀

林沄教授指出，二里頭遺址貴族墓出土的青銅戰斧與環首刀，應屬於早期北方系青銅器。[6] 這裡的北方，指的是草原地帶及其鄰近地區。

[5] 李水城：《西北與中原早期冶銅業的區域特徵及交互作用》，《考古學報》2005 年第 3 期。
[6] 林沄：《夏代的中國北方系青銅器》，《邊疆考古研究》第 1 輯，科學出版社，2002 年。

二里頭出土的一件長身窄厚刃的青銅兵器，由於在中原地區從未見過這樣的器形，學者們稱呼起來就五花八門。發掘者就先後稱其為「戚」和「鉞」，其他學者在論及這件兵器時，也都從其中一說。林沄教授認為，戚是兩側有裝飾性扉齒的鉞，而這件器物窄刃長身的特徵，和早期北方系戰斧的斧身很相近。而且在斧身和裝柄部之間，有兩個向外伸出的尖齒，和一部分早期北方系刀子在刀身和刀柄之間的尖齒形狀相同。因此，這實際上是一件北方系的戰斧，只是在安柄方式上接受了中原系的影響而改為扁平的內（音納）而已。在伊朗，類似的長身窄刃戰斧的年代多被定在公元前第二千紀的中期或早期。

至於二里頭出土的唯一一件柄部有鏤孔紋飾的環首刀，林沄教授認為它也屬於北方系青銅器。因為中原起源的銅刀子本來只在有刃的刀身之後加一段無紋飾的裝柄部，用以夾入其他質料的柄中，二里頭就出土過這類刀子。在早期金文中，象形性很強的刀形符號都與這類刀子形狀一致。而這件環首刀連鑄出可以直接把握的銅柄，柄上有紋飾和鏤孔，刀背有凸沿，刀柄厚而刀身薄，這是早期北方系銅刀習見的特點。具有上述特點的刀子廣佈於我國西北地區、蒙古國和俄羅斯的草原地帶。

還有的學者認為，二里頭文化中的嵌綠松石十字圖案圓形銅牌

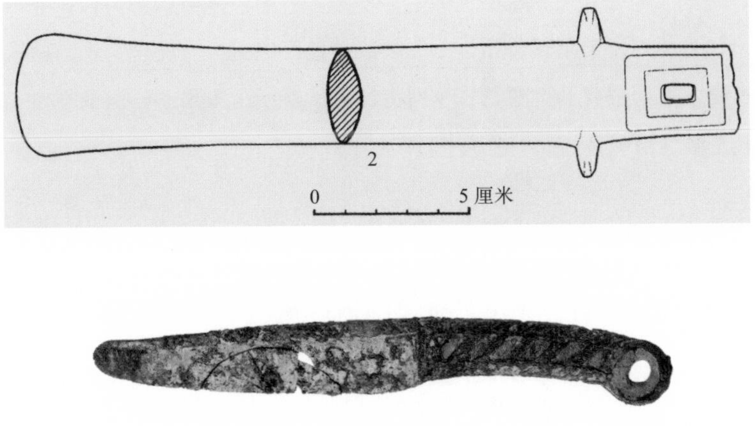

二里頭出土的青銅戰斧（線圖）、環首刀 從世界考古學的角度來看，歐亞大陸草原地帶及其毗鄰地區有不少年代早於二里頭文化的青銅文化存在。因此，從二里頭遺址中出土的個別北方系青銅器或有北方系成分的青銅器，應是傳達了這個最早崛起於農耕地區的高度的青銅文明，直接或間接地與歐亞草原文化有着某種程度的交流

飾，獸面紋銅牌飾甚至銅爵、觚等容器器形，也可能與中亞地區古代文化有着一定的關聯。[7]

鄰近文化因素的匯聚

前文我們已經提到，從二里頭文化陶禮器的淵源看，用於飲酒禮儀的鬶、盉甚至爵都應是以大汶口－山東龍山文化的鬶為原型創造出來的。大型有刃玉禮器如牙璋、刀和鉞等也源自山東龍山文化。[8]

二里頭遺址出土的器物中，有的具有鮮明的同時代鄰近地區其他文化的特徵。如器表帶有篦狀刮痕的夾砂褐陶器，以及半月形雙孔石刀等，都與二里頭文化傳統器物風格迥異，而同海岱地區嶽石文化的同類遺物相似。對帶有嶽石文化風格的陶器胎土所做的中子活化分析表明，它們應是受嶽石文化影響而生產於二里頭當地的。二里頭文化出土的罐類器口沿上常飾有捺壓的花邊裝飾。這種裝飾作風最早見於龍山時代晚期中原以西以北的黃土高原地帶，在與二里頭同時代的朱開溝文化（分佈於內蒙古中南部一帶）中有較為集中的發現。有學者認為二里頭遺址所見這類花邊器應是受到了朱開溝文化的影響。二里頭文化的陶器群中，還有不少來自豫北、冀南地區的文化因素，甚至還能看到關中地區瘪襠鬲的影子。[9]

二里頭遺址貴族墓出土的玉鳥形飾，與嵩山東南麓禹州瓦店龍山時代墓葬中所出同類器相近，也頗類於長江中游肖家屋脊文化的鷹紋玉笄。有的學者甚至認為二里頭遺址貴族墓所出玉鳥形飾以及某些玉柄形器，都應是長江中游的「舶來品」。

---

[7] ［美］胡博：《齊家與二里頭：遠距離文化互動的討論》，《遠方的時習——〈古代中國〉精選集》，上海古籍出版社，2008 年。李學勤：《談伊朗沙赫達德出土的紅銅爵、觚形器》，《歐亞學刊》第一輯，中華書局，1999 年。黃銘崇：《邁向重器時代——鑄銅技術的輸入與中國青銅技術的形成》，《「中央研究院」歷史語言研究所集刊》第八十五本第四分，2014 年。

[8] 欒豐實：《東夷考古》，山東大學出版社，1996 年。

[9] 中國社會科學院考古研究所編著：《中國考古學．夏商卷》，中國社會科學出版社，2003 年。

二里頭出土、具有鄰近文化因素的器物

西北高原土著風格的花邊罐

嶽石文化風格的陶斝

下七垣文化風格的束頸盆

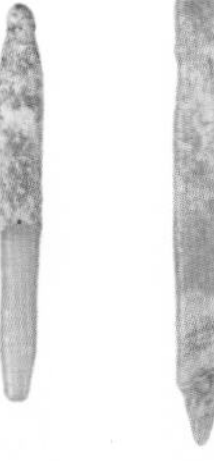

肖家屋脊文化風格的玉器

銅原料來源之謎

用於冶鑄青銅器的銅、錫等原料在中國各地分佈普遍。在二里頭文化的周邊，從河南北部到山西南部就分佈着銅礦，尤其是山西最南部的中條山一帶，是歷史上有名的高產量銅產地。此外，中條山北麓運城盆地的河東鹽池自古以來盛產食鹽，供應內陸相當大區域內的人民用鹽。位於中條山南麓、黃河北岸的垣曲盆地，就是二里頭文化的直接分佈區，這裡與二里頭遺址的直線距離僅 100 多公里。有學者認為二里頭文化因素的陶器越過黃河向這一地區擴散，應與二里頭人來此獲取早期國家所必需的重要青銅原料和食鹽有關。[10]

長江中下游地區的湖北和江西一帶，是中國銅礦儲藏量最為豐富的地區。這裡已發現含有二里頭文化因素的遺存，有的學者甚至認為這

[10] 劉莉、陳星燦：《中國早期國家的形成 —— 從二里頭和二里崗時期的中心和邊緣之間的關係談起》，《古代文明》第 1 卷，文物出版社，2002 年。

一帶應當已是二里頭文化分佈區的最南端，而二里頭文化在該地區的出現，顯示了二里頭國家獲取長江流域銅礦資源的最初衝動。但目前的材料還不足以說明二里頭國家在何種程度上控制了該地區的銅礦資源。

但從青銅器的鉛同位素分析結果看，二里頭遺址青銅器的銅原料，似乎並非取自一直以來學界所認定的中條山，而可能來自中原的東方（山東）或東北方（內蒙古東部至遼寧西部）。或認為二里頭文化晚期出土銅器的鉛礦來源，可能來自山東半島地區。當然，對這類分析推論，學者還大都持審慎的態度，認為需要更多的證據來檢核。

內蒙古東部至遼寧西部，在二里頭時代是夏家店下層文化的分佈區，這是與二里頭文化有一定的交流關係的一支青銅文化。在夏家店下層文化分佈區的內蒙古東部和遼西一帶，就分佈有較多的銅礦和鉛

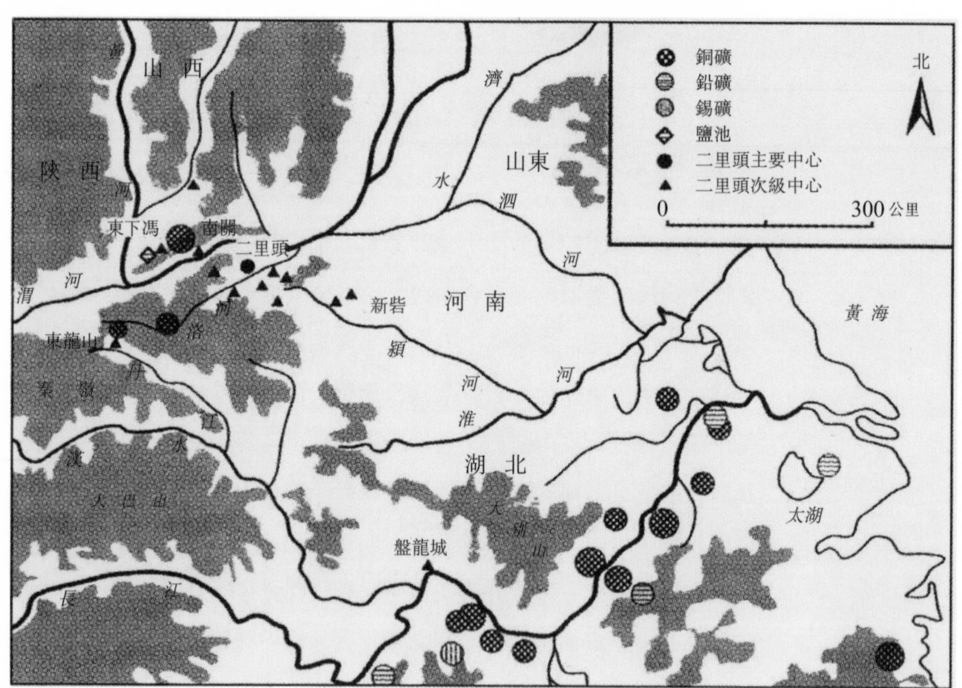

二里頭文化遺址與周邊自然資源的分佈 [11]

[11] 劉莉著，陳星燦等譯：《中國新石器時代：邁向早期國家之路》，文物出版社，2007 年。

礦。有學者推測，從這一文化的大甸子遺址貴族墓隨葬有二里頭文化風格的陶酒器看，在這裡採掘的銅原料，有可能通過貴族階層間的交易傳入二里頭都邑。

「金道錫行」：交通網的蠡測

水運是中國古代重要的交通手段。黃河、濟水、泗河、淮河等河流，為中原和周圍地區的交流提供了重要的通道。但早期王朝時代的河流走向與今天有所不同。在西漢以前，黃河於河南武陟轉向東北，經河北平原，最後在天津附近注入渤海。而作為黃河重要支流的濟水，原本是大致沿着現在的黃河下游及小清河流入渤海的。魯西南的泗河，曾經南北連通淮河與濟水。

在東周時期一件銅器上長達近 90 字的銘文中，曾記載周代為了得到鑄造青銅器所需合金原料，開闢了通往淮河下游的金（銅）錫之路，即所謂「金道錫行」。（曾伯霥簠銘文：「克逖淮夷，印燮繁湯，金道錫行。」）這條道路經過繁湯（繁陽，今河南東南部新蔡縣境內），是連接南北的交通要道。繁湯似乎是通往銅礦資源的重要據點，因此在東周時期銅器銘文中反覆出現。這一區域有數條河流或北連淮河，或南達長江，這些河流和沿河道路可能極大地便利了南北交流。位於淮河支流汝河沿岸的繁湯，正處於南北交通的重要孔道上。

在學者梳理出的三條連通中原與長江中下游地區的交通主幹線中，上述經過繁湯的一條被稱為中路。東路由長江下游的揚州，穿過長江、淮河和泗河經濟水、黃河，到達中原。西路則從長江中游的荊州經過長江、漢江、丹江、洛河，到達中原。[12]

在中路和西路沿線，已發現了屬於二里頭文化或含有二里頭文化因素的遺址，文化遺存兼具南北混合的特徵，似乎支持古代文獻的記

[12] 劉莉、陳星燦：《中國早期國家的形成——從二里頭和二里崗時期的中心和邊緣之間的關係談起》，《古代文明》第 1 卷，文物出版社，2002 年。

曾伯霥簠及其銘文

（中國國家博物館藏）

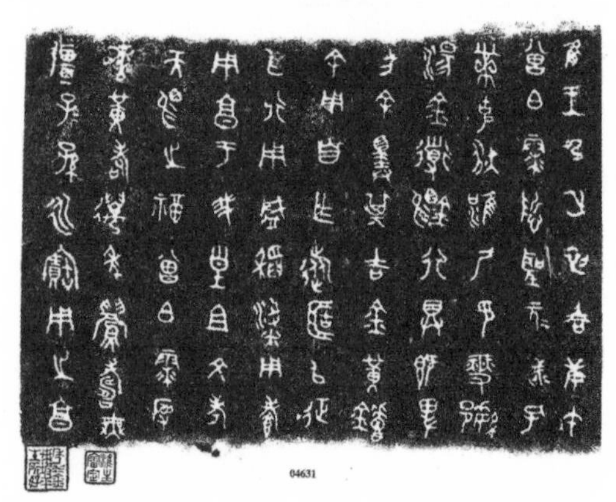

載。豫南地區的駐馬店楊莊遺址圍以環壕，出土建築飾件以及大量石矛、石鏃等兵器，暗示其具有殖民據點的性質，而農業經濟上則以水稻耕作為主。位於漢江支流丹江上游的陝西商州東龍山遺址，在相當於二里頭文化早期時還使用具有濃厚的當地特色的陶器群，到了二里

頭文化晚期時，已與二里頭王都的陶器群極為相近，表明此時這裡可能已被納入二里頭文化的控制範圍。值得注意的是，這一帶的山區本身就富含各種自然資源。而從遺址稍向北，即可到達黃河水系的洛河上游。這或可説明連接中原腹心地區和長江中下游地區的交通線，早在二里頭時代即已開通。

由晉南河東鹽池，有數條通道可以把鹽運往周圍地區。黃河、渭河以及許多其他河流在古代都應曾被用作連接京畿與東西部地區的交通要道。其中的不少線路，在二里頭時代也可能已經開通。

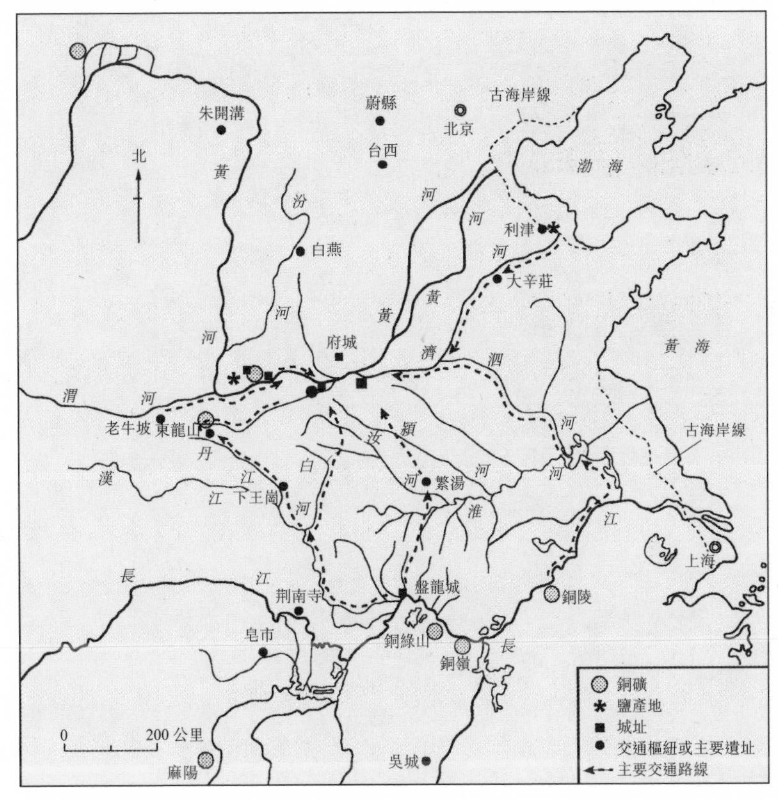

早期王朝時代的水陸交通 [13] 有學者根據《尚書・禹貢》等文獻記載和青銅器銘文，把連接中原都城和長江中下游地區的主要交通路線分為東、西、中三路。他們進而推測這幾路「金道錫行」的歷史可能較周代還要早得多

[13] 劉莉、陳星燦：《中國早期國家的形成 —— 從二里頭和二里崗時期的中心和邊緣之間的關係談起》，《古代文明》第 1 卷，文物出版社，2002 年。

強勢輻射

「中國」世界的雛形

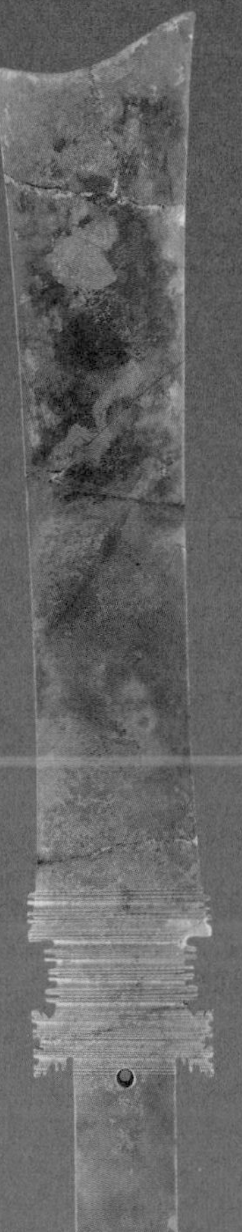

酒器擴散的歷史背景

從二里頭文化因素的波及範圍看，它已不限於與鄰近地域的鬆散交流，而是大範圍地向外擴散。例如，盉（鬹）、爵等二里頭風格的陶禮器向北見於燕山南北的夏家店下層文化，南及由浙江到四川的長江流域一帶，西達黃河上游的甘肅、青海一帶。[1]

有學者指出，這些陶禮器分佈的疏密程度，並非與距中原的空間距離成反比。其出土地點，多位於距二里頭文化區頗遠的分佈範圍最大界限附近。這與日用陶器的傳播方式不同，暗示着這些禮器連接各區域社會的中心據點，超越空間距離，傳佈於當地的社會上層之間。這表明來自中原王朝的禮器被作為權力地位的象徵物而接受，而中原王朝與某些區域的社會上層之間，甚至有可能已出現了程度不同的政治結盟。[2]

長城外驚現二里頭式「酒禮」

一個較為典型的例子，見於內蒙古敖漢旗大甸子遺址夏家店下層文化墓地。這是一處地處長城以外遼河流域的農耕聚落，夯土城垣外分佈着公共墓地。

這裡的墓葬中出土陶器，大體可以分為風格迥異的兩群，一群以筒腹鬲和彩繪陶器為代表，主要體現了當地土著文化的風格，另一群則是與二里頭文化關係密切的陶爵、鬹、盉，屬於外來文化因素。在大甸子墓地已發掘的 800 多座墓葬中，陶爵、鬹、盉只見於 13 座規模較大、規格較高的貴族墓中，墓主多為男性。它們相對集中於墓地北部的四個家族塋域內。在大甸子墓地出土的彩繪陶禮器中，以獸面紋器最珍貴，共見於 16 座墓中，其中 15 座是規模較大的高等級墓

[1] 中國社會科學院考古研究所編著：《中國考古學．夏商卷》，中國社會科學出版社，2003 年。
[2] ［日］岡村秀典：《夏王朝 —— 王権誕生の考古学》，講談社（東京），2003 年。

內蒙古敖漢旗大甸子墓地出土的陶爵、鬹和彩繪陶器 大甸子墓隨葬的陶器，很多都是在具有當地風格的鬲和罐上施以彩繪，而源於二里頭文化的酒器則數量極少。由於它們基本上都隨葬於最高等級的墓中，可知大甸子的權力階層壟斷了與二里頭文化的交流

葬。而這些高等級的墓葬，有一半與隨葬陶爵、鬹、盉的墓葬分佈在同一家族塋域內，出土的海貝也最多。由此可見，陶爵、鬹和獸面紋彩繪陶器，是只有當地某些上層人物才能擁有的特殊禮器。彩繪陶器上的獸面紋，與二里頭文化的獸面紋十分相似。[3] 總體上看，二里頭式的各類酒器齊備，形制和尺寸也相當接近。有理由相信，通過酒器來完成的飲酒禮儀，可能被相當完整地直接「照搬」過來。

長江上中下游颳起二里頭風

公元前第二千紀，馬橋文化出現於長江下游的東南沿海地區。馬橋文化陶器的來源頗為複雜。其中，浙江和上海等地出土的陶酒器如管流鬹和觚顯然是受二里頭文化影響而出現的器物。這是該文化

[3] 中國社會科學院考古研究所編著：《大甸子：夏家店下層文化遺址與墓地發掘報告》，科學出版社，1996 年。

選擇性地接受外來文化因素的結果。在安徽境內的江淮地區也曾發現過具有二里頭文化因素的青銅器如銅斝、銅鈴，陶禮器如爵、鬹、觚等。

大體與此同時，在長江中游的湖北境內江漢和峽江地區也發現了具有二里頭文化因素的陶禮器如盉、鬹、觚等。盉、鬹的數量較少，形制也發生了一定的變化，器身細長，應是以二里頭酒器為原型在當地製成的「仿品」。

長江上游的四川盆地，在聞名於世的三星堆文化中，源於二里頭文化的數種玉器、嵌綠松石銅牌飾以及陶酒器盉，與大量富有當地特色的陶器共存。陶盉較長江中游所見同類器更為細長。

值得注意的是，與大甸子墓地不同，上述二里頭文化風格的陶酒器都出土於生活區的文化層中，而非隨葬於貴族墓。有學者指出，這似乎表明在夏家店下層文化的大甸子墓地，作為身份地位象徵的飲酒禮儀是被權力階層主動地從二里頭文化「引進」的；而在長江流域，這些酒器則應是作為庶民生活用器的一部分而被吸納的。

長江流域出土的含有二里頭文化因素的風格器物

安徽出土的銅斝

上海馬橋出土的陶觚

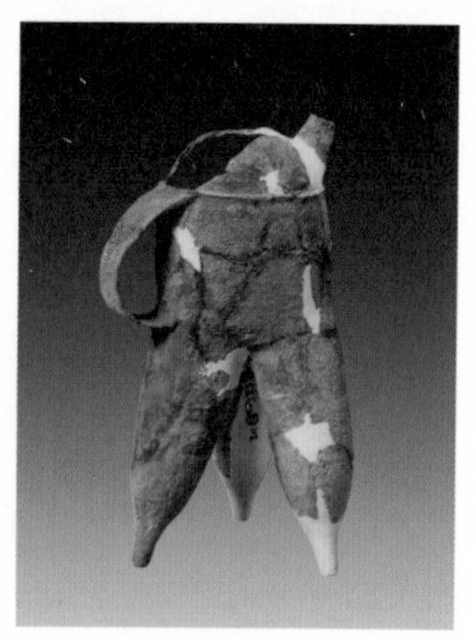

四川三星堆出土的陶盉

以牙璋為首的玉器的擴散

在二里頭文化出現前夜的龍山時代，起源於海岱地區龍山文化的數種大型有刃玉石器如牙璋、斧、刀等向西傳播。在地處黃土高原的陝北地區大量出現，又從那兒擴散至黃河上游。進入二里頭時代，牙璋又從中原地區向長江中上游，甚至嶺南一帶傳播。

始見於龍山時代、持續興盛至二里頭時代的牙璋，可以大體上分為兩類。一類因最早見於龍山時代的海岱地區而被命名為龍山式，一般器形簡單、無紋飾，有一組（一對）對稱的扉齒或扉齒低矮；一類習見於二里頭文化晚期，器形和紋飾趨於複雜，一般有多組扉齒，刻有細線紋（平行線紋和網格紋），這類牙璋被命名為二里頭式。從考古發現的情況看，由龍山式演變為二里頭式的時間，大概在二里頭文化

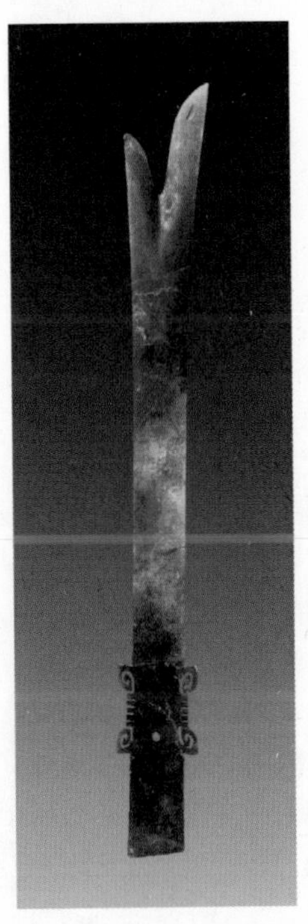

四川三星堆（左）和越南北部出土的玉石牙璋（右）

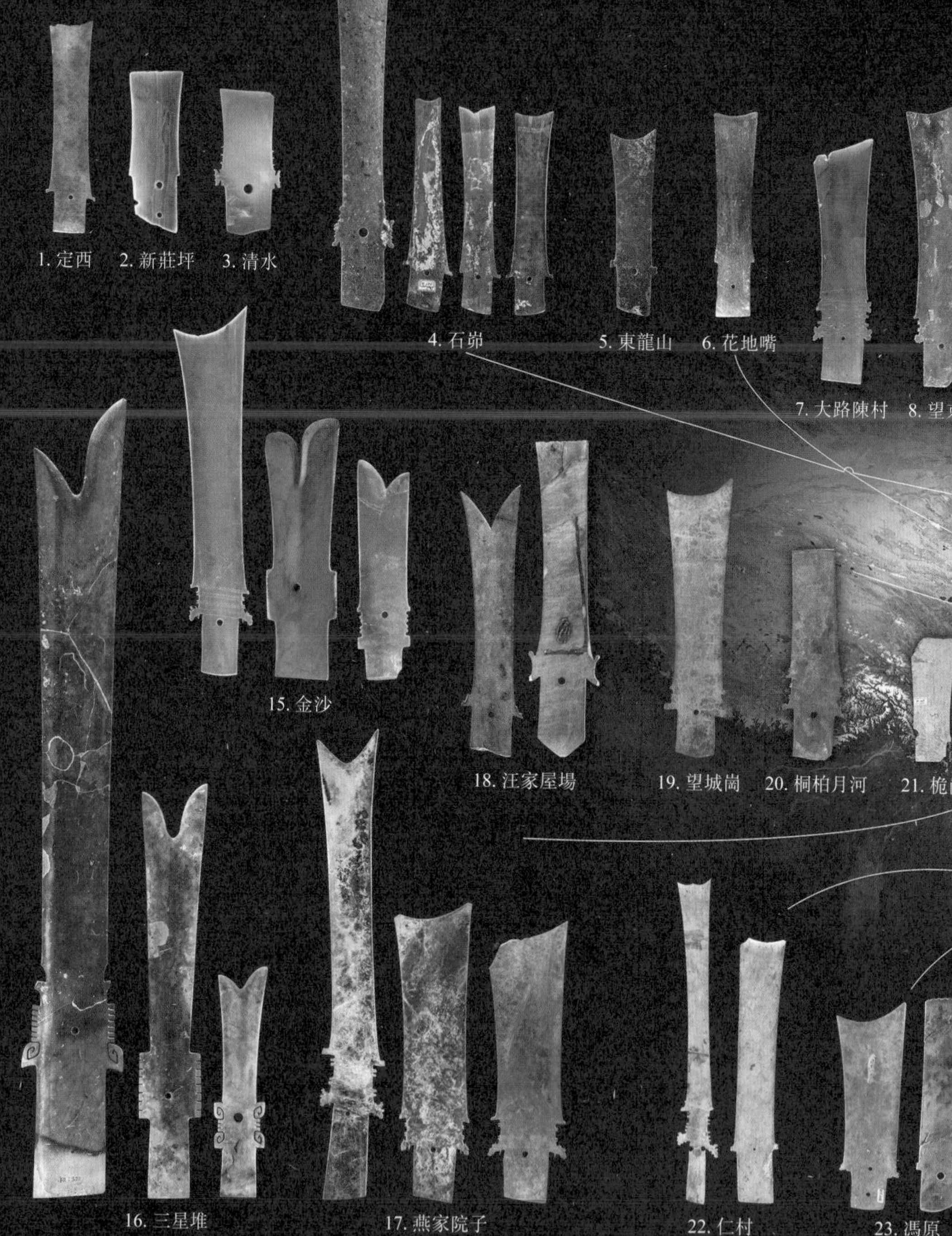

東亞玉石牙璋的分佈（鄧聰製作）

這些牙璋的年代，因往往缺少共存遺物，且有長期傳世後埋藏者，並不單純。不過，如果把這些相距甚遠的出土地點聯繫起來看，可知位於其分佈中心的二里頭遺址應是其擴散的起點或者中介點

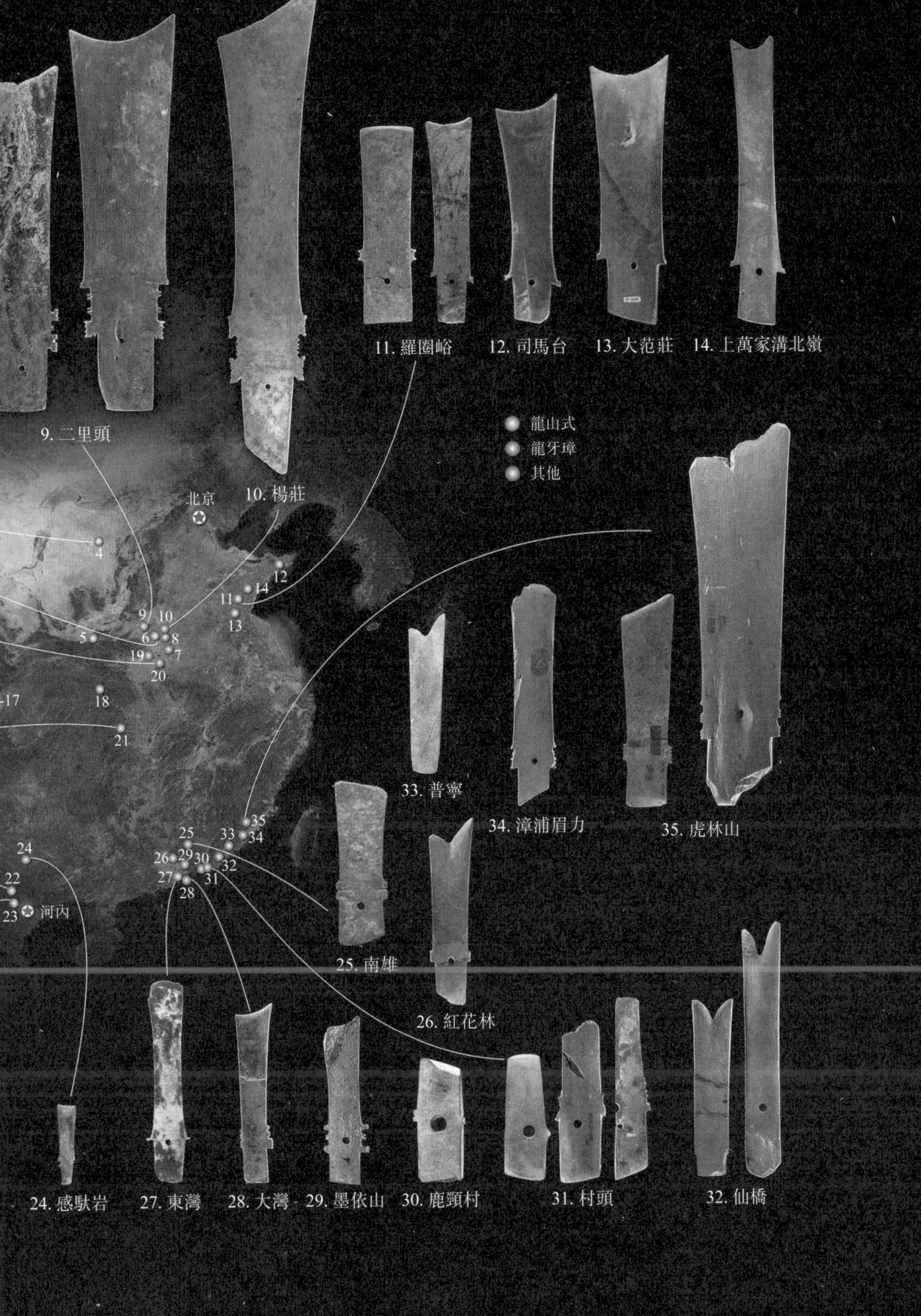

11. 羅圈峪
12. 司馬台
13. 大范莊
14. 上萬家溝北嶺
9. 二里頭
10. 楊莊
龍山式
龍牙璋
其他
北京
33. 普寧
34. 漳浦眉力
35. 虎林山
河內
25. 南雄
26. 紅花林
24. 感馱岩
27. 東灣
28. 大灣
29. 墨依山
30. 鹿頸村
31. 村頭
32. 仙橋

的早、晚期之際。[4]

前述地處南北要衝的陝南商州東龍山二里頭時代遺址，在一座相當於二里頭文化早期的墓葬中，出土有玉（石）牙璋、鉞、斧三件有刃器和圓形的璧，有刃器的組合與二里頭遺址略同。牙璋為龍山式，以黑玉製成，應是從外地輸入的。

地處河南南部的南陽盆地，以至再由此南下即可到達的長江中游湖北、湖南一帶，龍山式牙璋和二里頭式牙璋互見，有的形制上有所變化。在一些遺址，龍山式、二里頭式牙璋與陶盉共出，表明它們是同時使用的。此外還見有二里頭文化所特有的璧戚。

從長江中游再向南，在東南沿海的福建、廣東、香港乃至越南北部，龍山式和二里頭式牙璋都有發現。其中也有龍山式和二里頭式牙璋同出於一處的例子，這應是長江中游的牙璋組合向南擴散的結果。長江上游四川盆地三星堆文化的牙璋基本上屬二里頭式，有的端部演變為戈形，屬於新見的形制。這些牙璋顯然都是模仿二里頭式牙璋在當地製作的。它承繼了長江中游牙璋的風格，與陶盉一道延續至商後期。同出的還有玉圭、玉戈以及玉璧等。

要之，南傳的牙璋，應當與陶盉（鬶）一樣，都是以二里頭文化興盛期文化因素的擴散為契機的。

二里頭以外的獸面紋銅牌飾

如前所述，嵌綠松石獸面紋銅牌飾，是具有極高工藝水平和審美價值的銅嵌玉珍品。目前見於世界各地的博物館者，總計達十餘件。經發掘出土的這類銅牌飾，僅見於二里頭遺址的幾座貴族墓，而不見於二里頭文化的其他遺址。可見它與二里頭文化的銅容器一樣，也是

[4] 鄧聰編：《南中國及鄰近地區古文化研究》，香港中文大學出版社，1994 年。鄭州市文物考古研究院、香港中文大學中國考古藝術研究中心編：《牙璋與國家起源：牙璋圖錄及論集》，科學出版社，2018 年。

為二里頭都邑的貴族所獨佔的寶物。

在四川盆地三星堆文化的中心聚落三星堆遺址發現的一處祭祀坑中，出土了 3 件銅牌飾，與其共出的還有大量玉石器。3 件牌飾中有一件係在變形的獸面紋銅牌上鑲嵌綠松石，另外兩件是飾有鏤空的變形藤蔓紋的銅牌。在三星堆遺址西北 10 公里處，也採集到了變形的獸面紋銅牌飾。[5] 一般認為，三星堆文化的銅牌飾是以二里頭文化的同類器為原型仿製而成。[6] 但也有學者認為，從形制、鏤孔、穿孔方式等方面看，成都平原的銅牌飾與新疆哈密出土的未嵌綠松石銅牌飾聯繫更為緊密。[7]

另外，在黃河支流渭河流域的甘肅省天水市，也採集到了一件獸面紋銅牌飾，與二里頭遺址出土銅牌飾相類。銅牌飾上部的一對外捲的雲紋，有學者認為應是與西北地區土著文化密切相關的「羊首紋」[8]。甘肅東部的齊家文化遺址中曾出土二里頭式的陶盉或其仿製品，獸面紋銅牌飾

甘肅天水採集銅牌飾

四川廣漢三星堆出土銅牌飾

[5] 四川省文物考古研究所三星堆工作站、廣漢市文物管理所：《三星堆遺址真武倉包包祭祀坑調查簡報》，《四川考古報告集》，文物出版社，1998 年。敖天照、王有鵬：《四川廣漢出土商代玉器》，《文物》1980 年第 9 期。

[6] 中國社會科學院考古研究所編著：《中國考古學．夏商卷》，中國社會科學出版社，2003 年。

[7] 陳小三：《試論鑲嵌綠松石牌飾的起源》，《考古與文物》2013 年第 5 期。

[8] 張天恩：《天水出土的獸面銅牌飾及有關問題》，《中原文物》2002 年第 1 期。

的發現，為探索二里頭文化與西北地區古代文化的關係提供了實物資料。

需指出的是，目前各地所見二里頭文化因素較為複雜，時間上也有早晚之別。有的可能與二里頭文化大體同時，有的則要晚到二里崗文化甚至屬於商代晚期的殷墟文化時期。有的大概屬於早年的「傳世品」，有的則可能是模仿二里頭文化的器物而製作於當地，因而加入了若干當地的文化因素。四川三星堆遺址出土的多件牙璋和銅牌飾，其器物間的製器作風與時代就有很大的不同。有的文化因素還可能是經多次「接力」而間接向外傳播的。由於傳播距離的遙遠，器物形制和裝飾風格在不斷變化，年代上也會大大晚於二里頭時代。

從二里頭到二里崗

如果不考慮考古學並不擅長的族屬國別問題，僅從文化面貌上看，設若二里崗文化是商王朝的早期階段，那麼二里頭文化就應當是最大、最主要的「先商文化」了。換言之，二里頭文化是二里崗文化的直接前身，二者在禮制文化的內涵與王朝社會政治結構乃至控制區域上都一脈相承，且續有發展。

二里崗期和殷墟期商王朝繼承發展了二里頭文化以來的社會統御方式，吸納了更廣大的區域內的宗教祭祀形式，從而確立了具有華夏文明特色的禮制。這包括宮室制度、墓葬制度和以青銅禮器為核心的器用制度的整合，因祭祀祖先而盛行的動物殉牲和人殉、人牲，王權在神的名義下實施的占卜行為，以及記錄占卜結果的文字的出現，等等。僅就青銅禮器而言，器物組合所標示的等級制度進一步明確，佔有鼎和其他青銅禮器與否以及數量的多寡，成為貴族身份地位的重要表徵。

鑒於此，美國漢學家艾蘭教授指出，從二里頭到周代的整個中國青銅文明，由禮器、禮儀（祭祖）活動到禮書上的「禮」，無論器用層面還是其中所顯示的貴族文化的底蘊，都是一以貫之的。禮器模仿的背景，是社會政治理念的共享和趨同，也是中國之所以為「中國」的核心

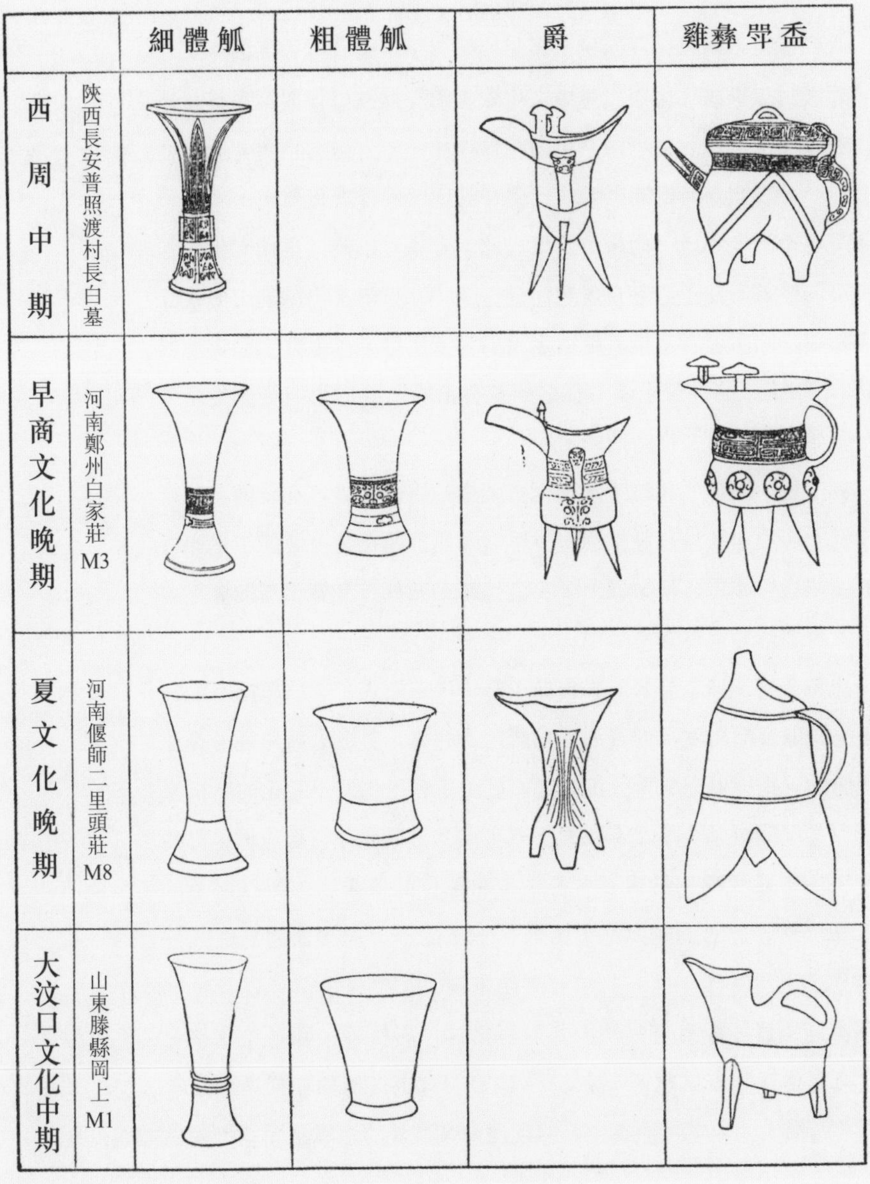

		細體觚	粗體觚	爵	雞彝斝盉
西周中期	陝西長安普照渡村長白墓				
早商文化晚期	河南鄭州白家莊M3				
夏文化晚期	河南偃師二里頭莊M8				
大汶口文化中期	山東滕縣岡上M1				

三代青銅禮器的傳承與演變[9] 從大汶口－龍山文化的陶酒器起步，到二里頭最早的青銅酒器和青銅鼎，禮器制度得到不斷的規範和完善。爵和觚成為商王朝青銅禮器群的核心，而鼎的地位則大幅度提升

[9] 鄒衡：《夏商周考古學論文集》，文物出版社，1980 年。

之所在。而二里頭則可以當之無愧地被看作「中國文明」的早期形態。[10]

我們還可以陶器生產為例，窺見國家對手工業管理力度的不斷增強。經過對二里頭文化與二里崗文化炊煮用陶器的口徑與容量等指標的比較研究，可知與二里頭文化的陶器相比，二里崗文化陶器的尺寸較為均一，表明當時的陶器製作已存在着一定的標準化要求。就器類而言，也有減少和統一的趨勢。鑒於此，有學者推測二里頭文化的陶器，可能還是業餘工匠各自燒製而成；到了二里崗文化時期，應當已是越來越少的生產者掌控日益固定化的陶器類型，有專業工匠對陶器進行「標準化」的批量生產。從這個意義上講，城市化的陶器生產可能是肇始於二里崗文化時期的。[11]

到了這一階段，超越了地域社會架構的國家組織，在政治上的統合度進一步增強，控制範圍進一步擴大。商王朝在畿內地區二里頭時代的區域性中心聚落增築城垣，在畿外修築城址作為資源集散據點，派駐人員進行管理控制。

研究表明，商王朝資源物資向王都集中的模式，可以概括為納貢和再分配的互酬制度。即資源和物資向王納貢，而由王將作為身份地位標誌的青銅禮器向下再分配，從而確立了對王朝的一元化的納貢制度。[12] 然而，在青銅禮器集中於王都的二里頭時代，它是居於王都的王及統治階層所獨佔的寶器，是權力和地位的象徵物；而以賜予的形式擴散到各地的應主要是陶禮器。不過賜予青銅禮器的制度或可上溯至二里頭時代。進入二里頭文化末期，在二里頭遺址以外也發現有青銅禮器，如河南鄭州、滎陽西史村、高村寺、新鄭望京樓，以及河南洛寧和安徽肥西（採集）。這表明青銅禮器的使用階層在空間上有所擴大。以二里頭為中心的畿內地區以外的地域集團，可能也

---

[10] [美] 艾蘭：《二里頭與中華文明的形成：一種新的範式》，《早期中國歷史、思想與文化（增訂版）》，商務印書館，2011 年。

[11] 袁廣闊、秦小麗：《早商城市文明的形成與發展》，科學出版社，2017 年。

[12] 王宇信、徐義華：《商代史．卷四　商代國家與社會》，中國社會科學出版社，2011 年。

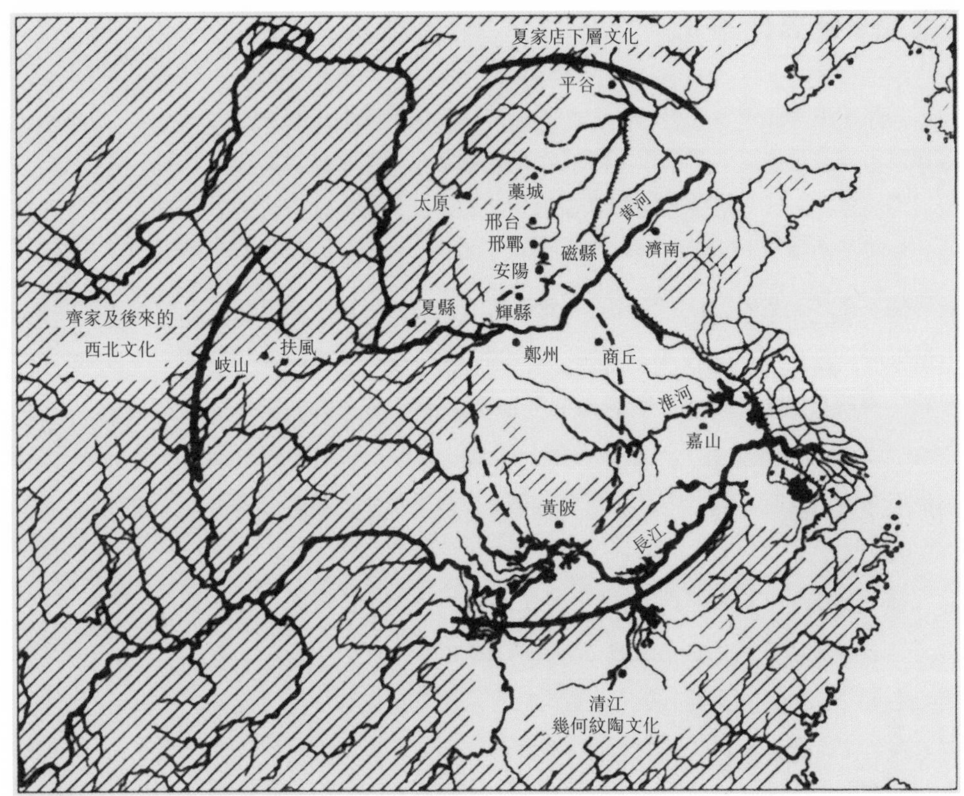

二里崗期商文明的擴張[13] 商王朝二里崗期，將下七垣文化（一般認為屬二里崗文化的前身）的分佈區，即太行山東麓的豫北冀南地區，和原屬於二里頭文化分佈區的鄭州和洛陽一帶，都納入商王朝的畿內地區。位於其外圍的晉中南、冀北、魯西、長江中游北岸、陝西關中平原東部，大致屬於間接控制的畿外地區

被納入以青銅禮器為核心的等級秩序範圍內，從而形成更廣闊的統治結構。

要之，相當於商王朝的二里崗期和殷墟期，以商文明為主幹，在東亞大兩河流域形成更大的地域性青銅文化的交流網。這一文化交流網絡的擴展，構成此後以周王朝為代表的中國青銅文明的進一步拓展，乃至秦漢帝國版圖形成的前提。可以説，二里頭時代以二里頭文化為核心的社會整合與制度建設，通過商周王朝的擴展與分封達到普世化，奠定了古代「中國」的基礎。

[13] 張光直著，印群譯：《古代中國考古學》，生活．讀書．新知三聯書店，2013 年。

「中國」世界的雛形

二里頭文化影響的大幅度擴展，首先與其自身的擴張密切相關。這種擴張應當是中原王朝政治意圖的外在體現，除了軍事目的以外，或許還與獲得關係王朝命脈的重要資源，以及確保廣大地域內政治經濟聯繫網的暢通有關。另外的一個重要因素是，「由於文明帶來力量與昌盛，在其他文明受其影響或者有意模仿其成就的時候，文明有向外擴展的傾向」[14]。考古學研究表明，在東亞大陸，秦漢帝國問世前的春秋戰國時代，中原式直刃青銅劍的分佈基本上可代表文化意義上「中國」的擴展範圍。其北、南、西界分別及於長城、嶺南和四川成都平原。這一範圍，與上述二里頭文化陶、玉禮器的分佈範圍大體相合，意味深長。[15]

這一範圍，甚至突破了《尚書・禹貢》所載「九州」的範圍。

已有學者通過對中國各地考古學材料與古文獻的整合研究，指出《禹貢》中的「九州」既不是中國古代的行政區劃，也不是戰國時的託古假設，而是自公元前兩千年前後就實際存在的、源遠流長的、自然形成的人文地理區系。公元前第二千紀，以中原為中心的文化區系先後建立起淩駕於其他區系之上的中央王國，成為三代京畿之地。中央王國以軍事、政治的紐帶把已經自然形成的中華兩河流域文化圈進一步聯結在自己的周圍，迫使各區進貢其文化精華，並予以消化、提煉，再創造出更高層次的文明成果，從而迅速地發展壯大了自身，並以這些成果「賜予」、傳播至周圍各區，加速了各區文明發展的進程，同時也削弱了它們的獨立性，從而產生了具有雙重來源或多源的（各區之間亦有交往）商代方國文化、周代侯國文化。[16]

古文字學家指出，商業的「商」字本來就是賞賜的「賞」，交易的

[14] [美]皮特・N. 斯特恩斯等著，趙軼峰等譯：《全球文明史》（第三版），中華書局，2006年。

[15] [日]西江清高：《「中国」的文化领域の原型と「地域」文化》，《文化人類学》第8號，1990年。[日]小澤正人、谷豐信等：《中国の考古学》，同成社（東京），1999年。

[16] 邵望平：《〈禹貢〉「九州」的考古學研究》，《考古學文化論集（二）》，文物出版社，1989年。

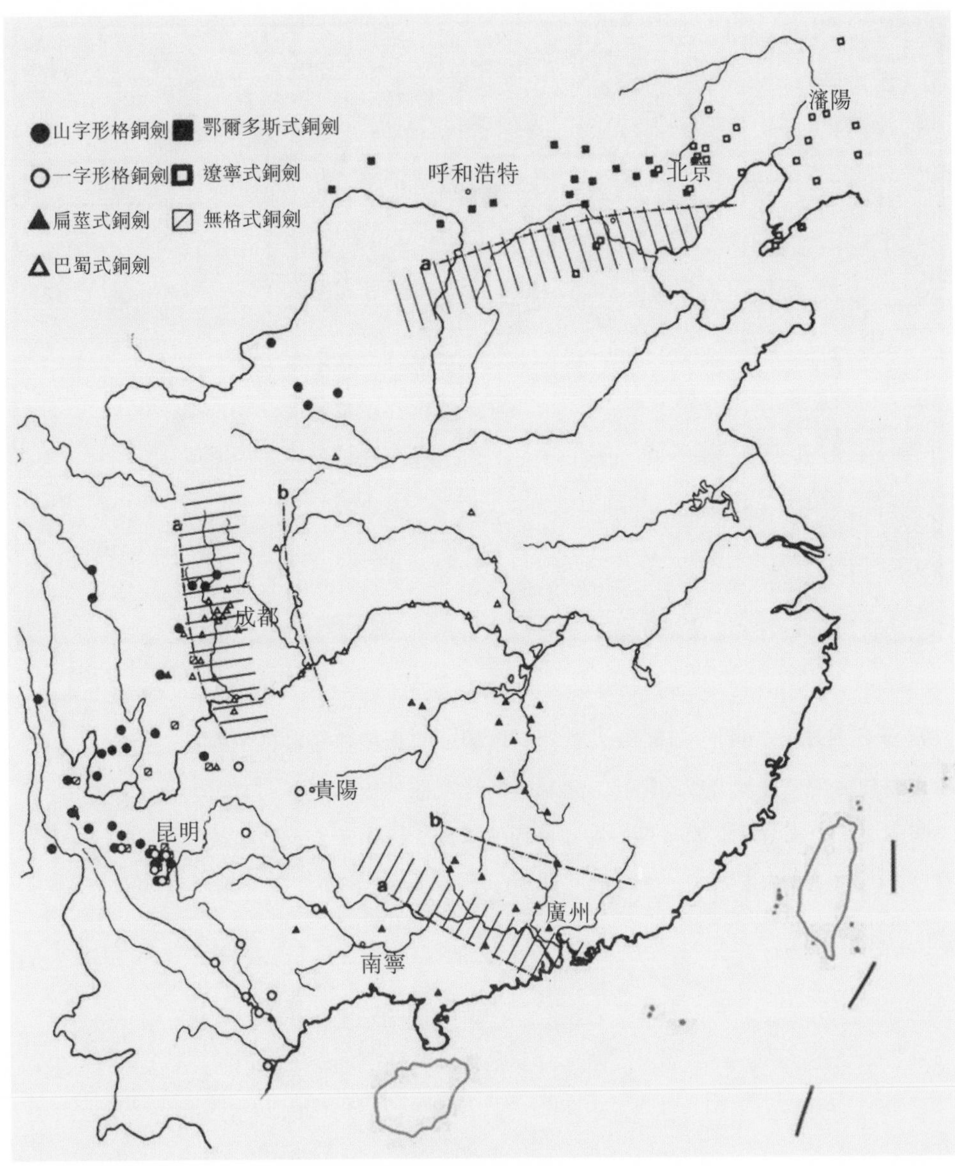

東周中原式青銅劍的分佈 [17] 如果我們將此與二里頭時代前後玉石牙璋的分佈相比較，就可以得出這樣的結論：或許，「中國」世界的空間輪廓，早在公元前二千紀前葉的二里頭時代，就已顯現出了它最早的雛形

[17] [日] 小澤正人、谷豐信等：《中国の考古学》，同成社（東京），1999 年，有改動。

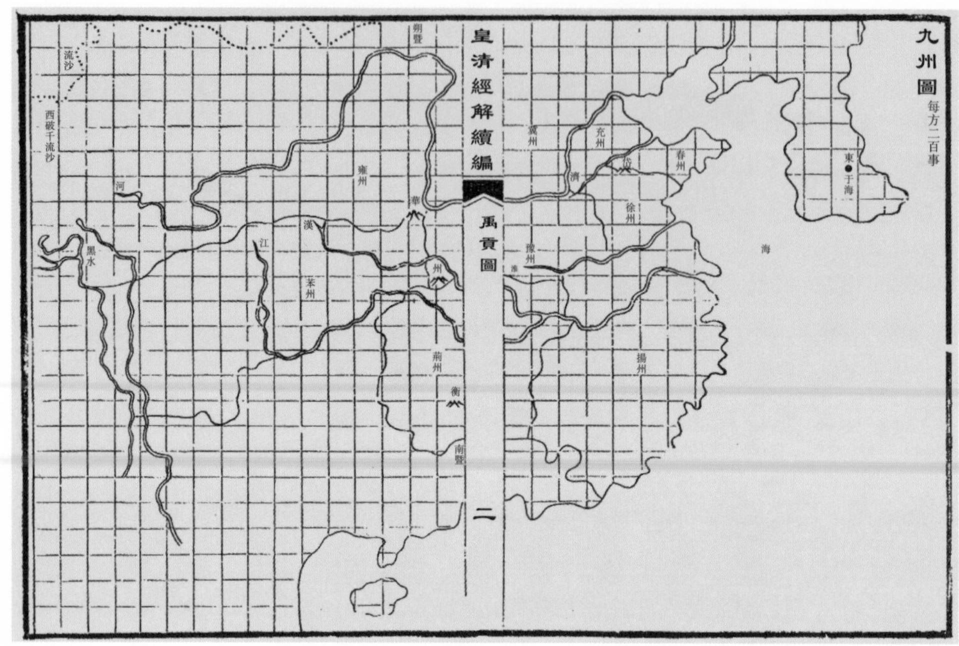

《禹貢》「九州」圖

「易」就是賞賜的「賜」，不同層級的社會組織之間正是通過送禮，通過賞賜和納貢來實現交換的關係。這種進貢與反饋的雙向、多向文化交流形成了中國古代文明發展的複雜進程。因此，以中華大兩河流域為基地的中國古代文明既是多源的，又是以中原為中心的。

最後的問題：何以「中國」

著名歷史學家黃仁宇指出：地理條件和歷史的發展極有關係，尤其是當我們把地理的範圍放寬、歷史的眼光延長時，更是如此。易於耕種的纖細黃土、能帶來豐沛雨量的季候風和時而潤澤大地時而氾濫成災的黃河，是影響中國命運的三大因素。它們直接或間接地促使中國要採取中央集權式的、農業形態的官僚體系。天候—地理—人事，賑災—治水—邊防，構成了數千年跌宕起伏的中國歷史的主線。[1] 換言之，中國的團結出於自然力量的驅使，地理大勢決定了古代中國的走向。這些着眼於歷史時期的論述，在早期王朝形成的探索中應當也具有重要的啟發意義。

自萬年左右原始農業產生以來，廣袤的東亞大陸上的先民們，上演了一幕幕具有連續進化特色的歷史劇。其中國家社會產生前的史前時期所佔的時間超過了一半，秦漢帝國以來兩千餘年文明時代的演變軌跡，應當繼承了早期王朝乃至更早時期深厚的文化基因。在早期歷史的研究中，積極地將考古成果轉換為可供當代社會應用的知識體系，深入發掘「中國」之所以為「中國」的環境與文化底蘊，無疑會更全面地澄清我國統一的多民族國家形成的歷史軌跡。對中國歷史的長程觀察有助於了解最早的「中國」何以誕生。

肇始於二里頭文化，以祖先崇拜為內核、重世俗功利、重王權而把宗教置於適當位置的中原禮樂文明，何以能在嚴酷的社會競爭和人與自然的競爭中脱穎而出，發展壯大，最終成為華夏文明的主流；而巫術色彩濃厚的其他非禮樂系統文化為何在其光燦一時的同時又具有

[1] 黃仁宇：《赫遜河畔談中國歷史》，生活．讀書．新知三聯書店，1992 年。黃仁宇：《中國大歷史》，生活．讀書．新知三聯書店，2007 年。

脆弱性和短命的一面，終致社會畸形發展而相繼退出歷史舞台？其中的深層原因，仍是今後需要深入探究的重要課題。

通觀我們從考古學的角度探索早期中國的歷程，可以說，新的考古發現在不斷地提供解決問題的線索，同時又提出更多新的問題，引發我們不斷地去思考、去探索。而這，正是考古學的魅力之所在。在對早期中國的探索中，還有許多謎團有待破解。有志青年不妨再踏着我們的足跡，去繼續追尋祖先遠去的身影。

金黃的麥浪下是曾經輝煌的宮殿區

主要參考書目（以漢語拼音為序）

[美] 艾蘭著，楊民譯：《早期中國歷史、思想與文化（增訂版）》，商務印書館，2011 年。

北京大學歷史系考古教研室商周組編著：《商周考古》，文物出版社，1979 年。

《中國大百科全書》總編委會編：《中國大百科全書 · 考古學》，中國大百科全書出版社，1992 年。

[加] 布魯斯 · G. 崔格爾著，徐堅譯：《理解早期文明：比較研究》，北京大學出版社，2014 年。

鄧聰編：《南中國及鄰近地區古文化研究》，香港中文大學出版社，1994 年。

杜金鵬、許宏主編：《偃師二里頭遺址研究》，科學出版社，2005 年。

杜金鵬、許宏主編：《二里頭遺址與二里頭文化研究：中國 · 二里頭遺址與二里頭文化國際學術研討會論文集》，科學出版社，2006 年。

[俄] E. H. 切爾內赫、C. B. 庫茲明內赫著，王博等譯：《歐亞大陸北部的古代冶金：塞伊瑪－圖爾賓諾現象》，中華書局，2010 年。

[日] 飯島武次：《中國夏王朝考古學研究》，同成社（東京），2012 年。

傅熹年：《中國科學技術史 · 建築卷》，科學出版社，2008 年。

[日] 岡村秀典：《夏王朝 —— 王権誕生の考古学》，講談社（東京），2003 年。

[日] 岡村秀典：《中国文明：農業と礼制の考古学》，京都大學學術出版會（京都），2008 年。中文版見，岡村秀典著，陳馨譯：《中國文明：農業與禮制的考古學》，上海古籍出版社，2020 年。

高明：《古文字類編》，中華書局，1980 年。

[英] 格林 · 丹尼爾著，黃其煦譯：《考古學一百五十年》，文物出版社，1987 年。

葛劍雄：《統一與分裂：中國歷史的啟示》，生活 · 讀書 · 新知三聯書店，1994 年。

[日] 宮本一夫著，吳菲譯：《從神話到歷史：神話時代　夏王朝》（中國的歷史 01），廣西師範大學出版社，2014 年。

顧頡剛等編著：《古史辨》（全七冊），上海古籍出版社，1982 年。

河南省地方史志編纂委員會編纂：《河南省志 · 地貌山河志》，河南人民出版社，1994 年。

黃仁宇：《赫遜河畔談中國歷史》，生活 · 讀書 · 新知三聯書店，1992 年。

黃仁宇：《中國大歷史》，生活 · 讀書 · 新知三聯書店，2007 年。

井中偉、王立新編著：《夏商周考古學》，科學出版社，2013 年，2020 年（第二版）。

[德] 雷德侯著，張總等譯：《萬物：中國藝術中的模件化和規模化生產》，生活 · 讀書 · 新知三聯書店，2005 年。

黎承賢、韓忠厚等：《洛陽》，中國建築工業出版社，1990 年。

李伯謙：《中國青銅文化結構體系研究》，科學出版社，1998 年。

李濟：《安陽》，上海人民出版社，2007 年。

李濟：《中國文明的開始》，江蘇教育出版社，2005 年。

李季：《千秋索隱　百年尋覓——中國文明的起源》，四川教育出版社，1998 年。

李孝聰：《中國區域歷史地理》，北京大學出版社，2004 年。

[英] 理查德 · 奧弗里等編著，毛昭晰等譯：《泰晤士世界歷史》，希望出版社、新世紀出版社，2011 年。

林沄：《林沄文集》，上海古籍出版社，2019 年。

劉莉著，陳星燦等譯：《中國新石器時代：邁向早期國家之路》，文物出版社，2007 年。

劉莉、陳星燦：《中國考古學：舊石器時代晚期到早期青銅時代》，生活 · 讀書 · 新知三聯書店，2017 年。

欒豐實：《東夷考古》，山東大學出版社，1996 年。

[美] 皮特 · N. 斯特恩斯等著，趙軼峰等譯：《全球文明史》(第三版)，中華書局，2006 年。

容庚編著：《金文編》，中華書局，1985 年。

(清) 阮元校刻：《十三經注疏》，中華書局，1980 年。

[美] 斯塔夫里阿諾斯著，吳象嬰等譯：《全球通史：從史前史到 21 世紀》(第 7 版修訂版)，北京大學出版社，2006 年。

宋鎮豪：《夏商社會生活史》(增訂本)，中國社會科學出版社，2005 年。

宋鎮豪主編：《商代史》(全十卷)，中國社會科學出版社，2010−2011 年。

蘇秉琦主編：《中國通史 · 第二卷 · 遠古時代》，上海人民出版社，1994 年。

蘇秉琦：《中國文明起源新探》，生活 · 讀書 · 新知三聯書店，1999 年。

王國維：《觀堂集林》，中華書局，1959 年。

王震中：《中國古代國家的起源與王權的形成》，中國社會科學出版社，2013 年。

夏商周斷代工程專家組編著：《夏商周斷代工程 1996−2000 年階段成果報告 (簡本)》，世界圖書出版公司，2000 年。

[日] 小澤正人、谷豐信等：《中国の考古学》，同成社 (東京)，1999 年。

[日] 松丸道雄、池田溫等編：《世界歷史大系：中國史 1——先史～後漢——》，山川出版社 (東京)，2003 年。

徐旭生：《中國古史的傳説時代》(增訂本)，文物出版社，1985 年。

許宏：《先秦城邑考古》，金城出版社、西苑出版社，2017 年。

許倬雲：《萬古江河：中國歷史文化的轉折與開展》，上海文藝出版社，2006 年。

嚴文明：《農業發生與文明起源》，科學出版社，2000 年。

偃師縣誌編纂委員會編纂：《偃師縣誌》，生活 · 讀書 · 新知三聯書店，1992 年。

楊建華、邵會秋等：《歐亞草原東部的金屬之路：絲綢之路與匈奴聯盟的孕育過程》，上海古籍出版社，2017 年。

楊鴻勳：《宮殿考古通論》，紫禁城出版社，2001 年。

[日] 伊東俊太郎：《文明の誕生》，講談社（東京），1988 年。

張光直：《中國青銅時代》，生活 · 讀書 · 新知三聯書店，1999 年修訂版。

張光直著，印群譯：《古代中國考古學》，生活 · 讀書 · 新知三聯書店，2013 年。

張光直著，張良仁等譯：《商文明》，生活 · 讀書 · 新知三聯書店，2013 年。

張芝聯、劉學榮主編：《世界歷史地圖集》，中國地圖出版社，2001 年。

鄭傑祥編：《夏文化論集》，文物出版社，2002 年。

鄭州市文物考古研究院、香港中文大學中國考古藝術研究中心編：《牙璋與國家起源：牙璋圖錄及論集》，科學出版社，2018 年。

中國青銅器全集編輯委員會編：《中國青銅器全集：夏、商（一）》，文物出版社，1996 年。

中國社會科學院考古研究所編著：《考古精華》，科學出版社，1993 年。

中國社會科學院考古研究所編著：《二里頭陶器集粹》，中國社會科學出版社，1995 年。

中國社會科學院考古研究所編著：《中國社會科學院考古研究所考古博物館洛陽分館》，文化藝術出版社，1995 年。

中國社會科學院考古研究所編著：《偃師二里頭（1959 年 ~1978 年考古發掘報告）》，中國大百科全書出版社，1999 年。

中國社會科學院考古研究所編著：《中國考古學 · 夏商卷》，中國社會科學出版社，2003 年。

中國社會科學院考古研究所編：《中國早期青銅文化 —— 二里頭文化專題研究》，科學出版社，2008 年。

中國社會科學院考古研究所編著：《二里頭（1999~2006）》，文物出版社，2014 年。

中國社會科學院考古研究所、中澳美伊洛河流域聯合考古隊編著：《洛陽盆地中東部先秦時期遺址：1997－2007 年區域系統調查報告》，科學出版社，2019 年。

中國社會科學院考古研究所編著，許宏、袁靖主編：《二里頭考古六十年》，中國社會科學出版社，2019 年。

鄒衡：《夏商周考古學論文集》，文物出版社，1980 年。

2019 年春季二里頭工作隊「全家福」，遠處是建設中的遺址博物館。在中國，每一個考古隊的構成都大致如此：作為「幹部」的業務人員或大學考古專業師生、長年聘用的技師和被稱為「民工」的當地老鄉。這些或年輕生動或寫滿滄桑的臉龐，見證了一項項激動人心的發現。我們的收穫，也要歸功於樸實的當地鄉親的付出

感謝的話

為文之道，有如烹飪。原料乃至半成品，大部出自他人之手，最顯廚師個人特色之處，在於搭配。本書就是採擷眾多學者專家研究成果的結晶，當然配料方案，即從這樣的視角以這樣的方式成文，是我要文責自負的。

由於本書內容和體例的限制，無法一一列出引用的大量考古與文獻資料和研究論著。這裡僅對有惠於此書的學界師友致以誠摯的敬意與謝意！

除了有限的註釋中列舉的已刊佈資料和論著的作者和編者外，我還得到了多方的支持與協助。山東大學鄧聰教授、王青教授，我所杜金鵬研究員、趙志軍研究員、劉建國研究員，甘肅省文物考古研究所郎樹德研究員等提供了重要的照片和圖，尤其是鄧聰教授及其團隊拍攝的精美照片，使本書大為增色。在收集資料的過程中，還得到了中國社會科學院世界歷史研究所的劉健研究員、徐建新研究員，清華大學溫靜博士，我所嚴志斌研究員以及資料信息中心諸同仁的大力協助。

尤應提及的是，二里頭遺址的巨大收穫，是幾代考古人前赴後繼、共同努力的結果，在此謹向在二里頭遺址工作過的所有前輩和同仁致敬。其中，新世紀以來的田野工作的進展，得益於我們這個團隊的齊心協力。我的隊友趙海濤、陳國梁，以及技師王宏章、王法成、王叢苗、郭淑嫩、趙靜玉等，都是我要感念的。

同時，限於學力，涉及材料與研究成果時肯定有表述不確之處，敬請方家指正。對給予這本小書以中肯的意見和建議的諸位師友，這裡一併表示感謝！

這本小書的問世，更離不開科學出版社文物考古分社閆向東社長與責任編輯曹明明女士的努力和辛勤投入。

新版後記

轉眼，距《最早的中國》初版問世，已有12個年頭了。這是我面向公眾的第一本小書，我當然對它懷有特別的感情，一本小書的誕生與流佈的歷史，咀嚼起來，也是回味無窮的。

回想起來，這本小書，是被科學出版社文物考古分社閆向東社長，在2006年初冬用一份午餐盒飯及此後的不斷激勵「哄」出來和「逼」出來的，是閆向東社長這樣的優秀出版人，喚起了我作為考古人的社會責任感。後來沉浸在思考和寫作的興奮與快樂之際，書稿最終殺青之際，直到現在新版即將問世，我都是懷着一份深深的感激之情的。沒有這樣的契機，這些耕耘思考的靈感和收穫就很難被梳理出來與大家分享。之後一印再印，是對我們致力公眾考古探索的最大的肯定。

當十餘年前越來越濃重的社會責任感被激發起來時，當我以此為契機開始全面梳理前輩和我們這個團隊的探索歷程，開始從比較文明史的宏闊視角來看二里頭乃至它所代表的「最早的中國」，開始試圖發掘一件件文物背後蘊含的豐富的歷史信息時，我已經不把這本書的寫作看作學者的一項副業，它已經成為我治學的一個重要組成部分。

繼本書出版之後，我又相繼寫了《何以中國 —— 公元前2000年的中原圖景》《大都無城 —— 中國古都的動態解讀》，與本書新版大致同時，《東亞青銅潮 —— 前甲骨文時代的千年變局》也將面世。此次《最早的中國》再版，增加了副標題「二里頭文明的崛起」，使得它的立意更為明確。且無論內容、題目抑或設計，都達成了一個系列。至此，我的「解讀早期中國」系列作品（一套四冊）可以較完整地呈獻在公眾面前。

各書成書的過程，當然有不少機緣的成分在裡面。但「後見之明」的分析，居然可以把這四本小書的成書捋出一個內在的邏輯關聯來。

如果說《最早的中國》寫的是自己長期主持田野工作的二里頭王都這一個點，講的是「二里頭文明的崛起」故事，那麼《何以中國》則展開了一個扇面，試圖從對「公元前2000年的中原圖景」的描繪，上推二里頭文明這個「最早的中國」的由來。這就從「微觀」上升到「中觀」的範疇。《大都無城》則以二里頭為起點，在對「中國古都的動態解讀」中，縱覽整個華夏古代文明的流變了。而《東亞青銅潮》，則已不限於中國文明的腹心地區，而是對整個東亞大陸「前甲骨文時代的千年變局」做了鳥瞰式的掃描。這後二書，可謂「宏觀」和「大宏觀」的視角。

《最早的中國》初版之際，是我接手二里頭遺址考古工作的第十個年頭。此後的十年間，我們的集體成果大型考古報告《二里頭(1999~2006)》《洛陽盆地中東部先秦時期遺址：1997−2007年區域系統調查報告》和集成性專著《二里頭考古六十年》以及其他科研成果相繼刊佈於世。在接任第20個年頭的2019年結束領隊工作，我隨即用這些最新的成果來充實、完善新版《最早的中國》，這是我作為一名資深考古人所至感欣慰的。

尤應提及的是，二里頭遺址的巨大收穫，是幾代考古人前赴後繼、共同努力的結果，在此謹向在二里頭遺址工作過的所有前輩和同仁致敬。其中，新世紀以來的田野工作的進展，得益於我們這個團隊的齊心協力。所有同甘共苦的隊友，我都感念於心。本書也是採擷眾多學者專家研究成果的結晶，但由於體量和體例的限制，還是無法一一列出引用的大量考古與文獻資料和研究論著，謹對所有有惠於此書的學界師友致以誠摯的敬意與謝意。

任何對歷史的闡述都包含了當代社會的需求。這本小書，也不過是我作為二里頭遺址的發掘者，對二里頭都邑及其所代表的文明的一種解讀而已。換句話說，它展現的僅是我眼中的二里頭，一個使我興奮的「最早的中國」的存在。這裡沒有定論，不是權威發佈，唯願讀者諸君能從中有所收穫、有所啟發，進而有所思考。

該書從初版到新版的問世，離不開科學出版社與三聯書店領導的關切和努力，以及責任編輯曹明明女士由始至終的辛勤投入。我與明明女士因此書而結緣，新版的編輯修訂，是又一次愉快的合作。

藉新版修訂之機，作者和責編訂正了初版中的錯謬之處，增補了部分文字和照片，標註了文獻出處。誠望大家繼續指正，希望它更「好讀」、更「好用」。願與諸君共勉 —— 讓我們做更好的書，讀更好的書，做更好的自己。

許宏

2020 年 7 月